TYP. DRAEGER ET LESIEUR, 118, RUE DE VAUGIRARD.

SOUVENIRS
DU RÈGNE
DE LOUIS XIV

TOME IV

OUVRAGES DU MÊME AUTEUR

Souvenirs du règne de Louis XIV. Renouard, éditeur. 4 vol. in-8. Prix de chaque volume.......................... 7 fr. 50
— Et pour quelques volumes tirés sur vélin à très-petit nombre. 12 fr.

Mémoires de Daniel de Cosnac, archevêque d'Aix, conseiller du roi en ses conseils, commandeur de l'ordre du Saint-Esprit. Renouard, éditeur. 2 vol. in-8. Prix............................. 24 fr.
— Avec supplément très-rare, tiré du Bulletin de la Société de l'histoire de France. Prix................................. 30 fr.

De la Décentralisation administrative. Dentu, éditeur. Paris, 1844. Brochure.

Questions du jour : République, Socialisme et Pouvoir. Lecou, éditeur. Paris, 1849, à présent chez Douniol. 1 volume. Prix. 2 fr.

Question romaine, Croisades. Douniol, éditeur. Paris, 1860, Brochure. Prix... 1 fr.

Discours à la Commission de décentralisation. Dentu, éditeur, 1870. Prix.. 1 fr.

L'Évangéliste de la Guyenne (Nouvelle édition d'une *Mazarinade*). 1872. Librairie ancienne de A. Claudin, 3 et 5, rue Guénégaud.

Midas ! Le roi Midas a des oreilles d'âne ! Dentu et Douniol, éditeurs, 1873. Prix... 2 fr.

CORBEIL, TYP. ET STÉR. DE CRÉTÉ FILS.

SOUVENIRS
DU RÈGNE
DE LOUIS XIV

PAR

LE COMTE DE COSNAC
(GABRIEL-JULES)

CHEVALIER DE LA LÉGION D'HONNEUR
ET DE LA COURONNE DE CHÊNE (PAYS-BAS)
ANCIEN MEMBRE DE LA COMMISSION EXTRA-PARLEMENTAIRE
DE DÉCENTRALISATION DE 1870
ANCIEN CONSEILLER GÉNÉRAL

Ouvrage honoré de la souscription du Ministère
de l'Instruction publique.

TOME QUATRIÈME

PARIS
LIBRAIRIE RENOUARD
HENRI LOONES, SUCCESSEUR,
LIBRAIRE DE LA SOCIÉTÉ DE L'HISTOIRE DE FRANCE
6, Rue de Tournon, 6

1874
Droits réservés.

A LA MÊME LIBRAIRIE

EXTRAIT DES PUBLICATIONS DE LA SOCIÉTÉ DE L'HISTOIRE DE FRANCE

Prix de chaque volume grand in-8 : 9 fr.

HISTOIRE ECCLÉSIASTIQUE DES FRANCS, par Grégoire de Tours ; 1836 à 1838, *texte latin seul*, 2 vol. — *Traduction française* (épuisée).
MÉMOIRES DE PIERRE DE FENIN ; 1837. 1 vol.
LA CONQUESTE DE CONSTANTINOPLE, par Villehardouin ; 1838. 1 vol.
ORDERICI VITALIS HISTORIA ECCLESIASTICA ; 1838-1855. 5 vol.
CORRESPONDANCE DE L'EMPEREUR MAXIMILIEN ET DE SA FILLE MARGUERITE ; 1839. 2 vol.
ŒUVRES COMPLÈTES D'EGINHARD ; 1840 et 1843. 2 vol.
LETTRES DE MARGUERITE D'ANGOULÊME, sœur de François Ier, reine de Navarre ; 1841. 1 vol.
PROCÈS DE JEANNE D'ARC ; 1841 à 1849. 5 vol.
LES COUTUMES DU BEAUVOISIS, par PHILIPPE DE BEAUMANOIR ; 1842. 2 vol.
MÉMOIRES ET LETTRES DE MARGUERITE DE VALOIS ; 1842. 1 vol.
CHRONIQUE DE GUILLAUME DE NANGIS ; 1843. 2 vol.
MÉMOIRES DE COLIGNY ET DU MARQUIS DE VILLETTE ; 1844. 1 vol.
RICHER, Histoire de son temps (*texte et trad.*) ; 1845. 2 vol.
REGISTRES DE L'HOTEL DE VILLE DE PARIS pendant la Fronde ; 1847 et 1848. 3 vol.
VIE DE SAINT LOUIS, par LE NAIN DE TILLEMONT ; 1847-1851. 6 vol.
BIBLIOGRAPHIE DES MAZARINADES ; 1850-1851. 3 vol.
CHOIX DE MAZARINADES ; 1853. 2 vol.
MÉMOIRES DE MATHIEU MOLÉ ; 1854-1857. 4 vol.
INTRODUCTION AUX CHRONIQUES DES COMTES D'ANJOU. 1 vol.
CHRONIQUES D'ANJOU ; 1856. 1 vol.
CHRONIQUES D'ERNOULD ET DE BERNARD LE TRÉSORIER. 1 vol.
LES MIRACLES DE SAINT BENOIT. 1 vol.
CHRONIQUE DES QUATRE PREMIERS VALOIS (1327-1393) ; 1862. 1 vol.
MÉMOIRES DE BASSOMPIERRE, t. I et II.
MÉMOIRES DU MARQUIS DE BEAUVAIS-NANGIS ; 1862. 1 vol.
CHRONIQUES DE J. FROISSART, t. I à IV.
CHRONIQUE DE MATHIEU D'ESCOUCHY ; 1863. 3 vol.
CHRONIQUES DES ÉGLISES D'ANJOU. 1 vol.
CHOIX DE PIÈCES INÉDITES relatives au règne de Charles VI ; 1863-1864. 2 vol.
ŒUVRES COMPLÈTES DE PIERRE DE BOURDEILLE, SEIGNEUR DE BRANTOME, t. I à VI.
COMPTES DE L'HOTEL DES ROIS DE FRANCE aux XIVe et XVe siècles. 1 vol.
ROULEAUX DES MORTS DU IXe AU XVe SIÈCLE. 1 vol. in-8.
ŒUVRES COMPLÈTES DE SUGER. 1 vol.
MÉMOIRES DE MADAME DE MORNAY. 2 vol.
HISTOIRE DE SAINT LOUIS. 1 vol.
ANNALES DE SAINT-BERTIN ET DE SAINT-VAAST D'ARRAS. 1 vol.
HISTOIRE DE BÉARN ET NAVARRE (1517 à 1572).

CHAPITRE XXIX.

Retour aux événements de Paris et de ses alentours. — Faveurs répandues par le cardinal Mazarin. — Ses tentatives de négociations avec le duc de Lorraine. — Un gentilhomme du duc de Lorraine dépouillé aux portes de Paris. — Le duc de Lorraine se range décidément au parti des princes. — La Fronde revient à l'espérance et à la joie. — Passages d'une lettre de Marigny. — Maladie du prince de Condé. — Ses illusions. — Marche stratégique du maréchal de Turenne. — Lettre inédite du maréchal à Le Tellier, du 27 août. — Le maréchal de Turenne modifie son plan de campagne. — Lettre inédite du maréchal à Le Tellier, du 31 août. — Ordre de la cour au maréchal de Turenne basé sur un espoir chimérique. — Le maréchal transgresse les ordres de la cour. — Arrivée à Paris du duc de Lorraine. — Il demande son pardon à Mademoiselle. — Collisions entre les habitants de Paris et les soldats de l'armée des princes. — Commissions délivrées par le duc d'Orléans pour l'organisation de deux régiments volontaires contre le maraudage. — Faute militaire avouée par le maréchal de Turenne. — Le maréchal occupe Villeneuve-Saint-Georges sans pouvoir empêcher la jonction de l'armée du duc de Lorraine avec l'armée des princes. — L'avantage du poste appartient aux armées combinées. — Le prince de Condé juge la temporisation plus avantageuse que l'attaque. — Ses illusions sur ce point. — Confiance du maréchal de Turenne plus affectée que réelle. — Retour du secours envoyé par le prince de Condé à son château de Montrond.

(1652.)

Lorsque l'aperçu nouveau des efforts de la noblesse pour établir un gouvernement représentatif et le récit des événements de la Fronde, en Guyenne, nous ont fait quitter le cours des faits qui se déroulaient à Paris et aux alentours, le duc d'Orléans et le prince de Condé, au milieu même des apparences du succès de leur politique, trempaient en réalité leurs lèvres à la coupe amère des déceptions. L'éloignement du cardinal Mazarin n'était nullement, ainsi que de prime abord ils se l'étaient figuré, l'avénement du jour de leur triomphe : la cour à laquelle ils s'étaient crus certains de pouvoir dicter leur souveraine loi, refusait même de les entendre. Par un concours de circonstances particulièrement fâcheux pour leurs intérêts, l'Espagne, guidée par une politique que nous avons expliquée, faisait retirer ses troupes au moment où leur appui eût été décisif. Aussi avons-nous vu le maréchal de Turenne dégagé de l'étreinte de l'armée espagnole, revenir en arrière pour une entreprise moins périlleuse, mais difficile encore, consistant à tenir dans un double échec, en les empêchant de se réunir, l'armée du prince de Condé et l'armée du duc de Lorraine. Celle-ci, de la frontière, s'avançait sur Paris pour donner la main à la première.

Le 17 août, jour où le cardinal Mazarin était parti pour son second exil, le maréchal de Turenne avait momentanément quitté son armée pour conduire lui-même, avec une escorte, jusqu'à Sédan le ministre toujours tout-puissant. Le Tellier, ministre secrétaire d'état de la guerre, faisait partie du cortége ; de Sédan, ce dernier regagnait la cour, tandis que le maréchal rejoignait son armée. Le départ du cardinal n'était qu'une feinte habile destinée à calmer l'effervescence des moins clairvoyants, c'est-à-dire du nombre ; en réalité, le premier ministre ne cessait pas d'être présent à la cour par sa souveraine influence. Il y avait laissé des amis nombreux et fidèles, les uns déjà gagnés par des faveurs obtenues, les autres non moins attachés à sa fortune par des espérances et des promesses. Marigny instruisit Lenet de quelques-unes des faveurs répandues :

« Enfin il faut que je vous dise que le Mazarin, avant que de partir, pour se laisser des amis en cour qui le servent en son absence, a laissé des lettres de duc à MM. de Roquelaure, de Créqui, de Souveray, et en faveur de M. le comte de Maure ; madame de Mortemart, sa femme, a déjà eu le tabouret. On dit aussi ce soir que M. de Miossans est maréchal de France[1]. »

Sur le chemin de son exil, le cardinal passant à proximité des quartiers de l'armée lorraine n'avait

[1] Lettre du 28 août 1652 ; papiers de Lenet, Bibliothèque nationale, Fonds français, 6709, f° 112.

pas manqué de tenter sur son chef quelques-unes de ses séductions. Il s'était abouché avec le duc de Lorraine ; de part et d'autre l'occasion d'entamer quelque négociation nouvelle était trop séduisante pour y résister. Si l'on s'entendait, chacun pouvait y trouver son compte. Le duc de Lorraine, au prix de certaines satisfactions, aurait une seconde fois trahi avec bénéfice la cause du duc d'Orléans, son beau-frère. Le cardinal Mazarin caressait l'espoir de capter le duc sans autres frais peut-être que des promesses, monnaie dont il était loin d'être avare ; en tout cas, il était certain de recueillir un avantage : le seul fait de leur entrevue rendrait les intentions du duc suspectes dans une certaine mesure au parti qu'il allait secourir.

Ce soupçon ne fut probablement pas étranger à la mésaventure d'un messager du duc de Lorraine. Le 25 du mois d'août, un gentilhomme envoyé par le duc auprès des princes arrivait à Paris et en repartait le lendemain porteur des dépêches des princes pour le duc. Sur la route de Saint-Denis, ce messager est rencontré par un détachement du régiment allemand de Charnen, du parti des princes ; il a beau protester qu'il sert la même cause et montrer ses dépêches, il est dépouillé complétement nu et déclaré prisonnier. Il est probable que, par quelque ordre secret, les princes avaient voulu s'assurer s'il ne portait

pas avec leurs propres dépêches quelque missive
cachée du parti contraire. Vingt-quatre heures
après, un parti de l'armée royale ayant attaqué
et fait prisonnier le détachement de Charnen, l'envoyé du duc de Lorraine fut conduit au maréchal
de La Ferté qui refusa de lui donner un passe-port
pour continuer son voyage, par la raison que le duc
de Lorraine avait refusé une seconde entrevue à
Château-Thierry avec le cardinal Mazarin ; mais il
lui donna un trompette pour le reconduire à Paris
avec ses dépêches auxquelles le maréchal n'avait
pas voulu toucher [1].

Le duc de Lorraine avait évité de se prononcer
avec le cardinal Mazarin ; mais au fond il lui parut
plus conforme à ses intérêts de donner suite à son
alliance avec le parti des princes, plutôt que de se
laisser prendre aux amorces d'un ministre en route
pour l'exil, dont il pouvait croire la faveur sérieusement compromise. Les avantages qui emportèrent
sa décision, étaient, disait-on, l'assurance de la restitution de Clermont par le prince de Condé et
l'abandon par ce même prince de cent mille écus
en lettres de change envoyées d'Espagne et payables à Bruxelles [2].

[1] Nous avons tiré cet épisode inédit de la *Relation de ce qui
s'est passé en France depuis le 5 janvier* 1652, *jusqu'au 26 avril*
1653. Manuscrits de la Bibliothèque nationale, Fonds de Sorbonne, n° 1257.

[2] *Relation de ce qui s'est passé en France depuis le 5 janvier*

La légèreté instinctive qui n'abandonnait jamais la Fronde dans ses dehors et qui a fait prendre le change à tant d'historiens sur sa portée véritable, ne pouvait laisser passer le départ du cardinal Mazarin et le secours amené par le duc de Lorraine sans quelques manifestations joyeuses. D'ailleurs l'horizon s'ouvrait de nouveau aux espérances ; il n'en fallait pas davantage pour rendre à un parti s'accommodant peu de l'assombrissement qui avait suivi les massacres de l'Hôtel-de-ville, sa gaieté accoutumée. Les fêtes, les repas, les soupers surtout se succédaient ; le verre en main, les chansons plaisantes coupaient les conversations animées pour célébrer surtout l'exil de celui que l'on n'appelait pas autrement que le *vilain* !

Marigny, dans sa verve inépuisable en ce genre, fait à Lenet le récit d'une de ces journées commencée par un repas chez le duc de Beaufort, auquel étaient invités avec MM. de Fontraille et de La Hillière, Broussel, le nouveau prévôt des marchands, les nouveaux échevins et tous les conseillers de ville :

« On ne peut dans la saison traiter plus magnifiquement ; on y but fort à la santé du roy et de toute la maison royale, on y chanta, enfin on s'y divertit fort agréablement. Après cela, j'allay voir Son Al-

1652 *jusqu'au* 26 *avril* 1653. Manuscrits de la Bibliothèque nationale, Fonds de Sorbonne, n° 1257.

tesse Royale qui me fit l'honneur de me penser faire boüillir la cervelle au soleil et il falloit rire sur le départ du *vilain* et chanter ; et afin que vous en ayez part, voicy ce que je fis sur l'air que l'on chante en vostre Guyenne, *Filles de la légèreté*, etc.

> « Fronde, au croc, si le vilain
> « S'en va tout de bon demain ;
> « Mais s'il va plonger
> « De peur du danger,
> « Et qu'il revienne sur l'onde,
> « Par ma foy, sans beaucoup songer,
> « Je reprendrai ma fronde. »

« Le soir nous souppames dans le cabinet de M. le prince, je le trouvay fort guéry ; on y rit, on y chanta, cela me fait croire que ses affaires vont selon son désir...

« Le soir chez Son Altesse, après avoir veu la relation du combat naval, on parla fort du départ du cardinal, et un ami se trouvant de bonne humeur au soupper, s'écria sur le second voyage du pèlerin Mazarin :

> « Pèlerin, beau pèlerin,
> « Remettez-vous en chemin,
> « Il faut que Gaston
> « Et nostre Bourbon
> « Demeurent tous deux les maistres,
> « Et pour vous, pauvre pantalon,
> « Que vous fixiez vos guestres. »

« Il faut que vous preniez patience en lisant ces folies.... [1]. »

La maladie dont le prince de Condé était en voie de guérir était une violente fièvre d'accès, fruit des fatigues de cette année 1652, certainement la plus agitée de son existence ; elle l'avait contraint de quitter le commandement direct de son armée. Sur son lit de souffrance, son activité faisait succéder les conseils à l'action ; mais aux premiers son aptitude était moindre. Au milieu des ardeurs de la fièvre sans doute, il poussa l'illusion des succès déjà réalisés en imagination, jusqu'à disposer dans un conseil tenu dans ses appartements, des grandes charges et des gouvernements du royaume et à aviser aux mesures à prendre vis-à-vis du roi, de la reine-mère et de la cour, dont il se voyait déjà le maître [2].

Plus positif que le prince de Condé, le maréchal de Turenne calculait froidement les moyens de conjurer les dangers que la retraite de l'armée espagnole était loin d'avoir fait complétement disparaître. Le plan dont il poursuivait la réalisation consistait à se poster de manière à intercepter à l'armée du duc de Lorraine le chemin de Paris.

---

[1] Fragments d'une lettre de Marigny à Lenet, datée de Paris, le 21 août 1652. *Manuscrits de Lenet*, Bibliothèque nationale, Fonds français, 6709, f° 146.

[2] Voy. les *Mémoires* du comte de Tavannes.

Dans ce but, il marcha sur Sainte-Mesme, où il établit son camp. Malheureusement pour ses projets, la nécessité de parer aux attaques ennemies sur plusieurs points à la fois, l'obligea de détacher deux régiments pour l'armée d'Italie et un corps de cavalerie pour aller renforcer le comte de Palluau au siége de Montrond.

De son camp de Sainte-Mesme le maréchal écrit au ministre Le Tellier :

« Monsieur,

« Je croi que vous aurez reçeu la lettre que je me donnois l'honneur de vous escrire par laquelle je vous mandois comme nous avions destaché de la cavallerie qui joincte à celle de M. de Montbas fait sept ou huit cens chevaux effectifs qui partirent du camp jeudi au soir ; ils ont passé vendredi à Corbeil et marchent droit à Gien pour joindre M. de Palluau.

« Il y passa hier icy un homme qui venoit de Paris, qui disoit que Monsieur le prince avoit eu nouvelles que M. de Colligny avoit desfaict quelque cavallerie de M. de Palluau, sans le secours de cette cavalerie qui est partie de Paris ; ce que je ne trouve pas guère apparent.

« J'ay envoyé ce matin une escorte à M. le président de Mesme qui s'en va à Pontoise, je le verray icy auprès en passant. Au lieu des deux cents hommes commandés, j'y ai envoyé le régiment de Grancey qui se trouvoit avoir le mesme nombre d'hommes que Messieurs du Parlement demandoient et seulement sept ou huict officiers sans bagages.

« Il y a ici trois compagnies franches, celle de M. le cardinal Antoine, de Monsieur de Vendosme et de M. le mareschal du Plessis qui disputent le rang. Les uns demandent de marcher par l'ancienneté des commissions, les autres par le rang que tiennent leurs capitaines ; s'il vous plaist de mander la volonté de la cour, ils y obéiront sans dispute.

« Monsieur le Cardinal n'a fait scavoir nulles nouvelles de son abouchement avec Monsieur de Lorraine. Je vous supplie de me croire.

« *Le régiment de Ville n'estoit point parti ces jours passés pour aller en Italie, je luy ai donné ordre, et à celui de Carignan, d'y marcher.*

« Monsieur,

« Vostre très-humble et très-affectionné serviteur

« Turenne.

« Au camp de Sainte-Mesme, le 27ᵉ aoust 1652 [1]. »

---

[1] Lettre inédite, *Archives du Ministère de la guerre*, vol. 134. Le maréchal a intercalé de sa main le paragraphe reproduit en lettres italiques, entre le corps de la lettre et la finale. Le corps de la lettre est de la main d'un secrétaire.

Les circonstances forcent rapidement le maréchal de Turenne, au risque de voir l'armée lorraine se rapprocher de Paris, à abandonner son plan de lui en intercepter directement la route. Le duc de Lorraine vient de se renforcer par la jonction du duc de Wurtemberg à la tête du petit corps de troupes laissé en France par les Espagnols [1]; dès lors le maréchal trouve inopportun de risquer un combat; de plus il appréhende le danger de laisser la cour isolée à Pontoise à la merci d'un coup de main de l'armée des princes. Il se résout en conséquence à commencer un mouvement de retraite sur la Brie. Il annonce à Le Tellier la marche qu'il va suivre :

« Monsieur,

« Comme je craindrois que les courriers fussent mal payés, cela est cause que l'on ne vous en envoie pas souvent. Celle-cy est par un laquais que j'envoye pour scavoir des nouvelles de la santé de ma sœur [2]. Nous marchons aujourd'huy et

---

[1] Voy. tom. II, p. 319.
[2] Nous ne savons de laquelle de ses sœurs le maréchal veut parler dans sa lettre : il en avait eu six, dont une était morte; les cinq autres survivantes étaient Marie, mariée, en 1619, à Henri de la Trémoille, duc de Thouars; Élisabeth, mariée la même année à Gui-Aldonce de Durfort, marquis de Duras et de Lorges; Julienne-Catherine, mariée, en 1627, à François de La Rochefoucauld, comte de Roye et de Rouci; Henriette-Catherine, mariée, en 1629, à Amauri Goyon, marquis de la Moussaye; Charlotte, morte sans alliance en 1662.

passons la Marne à Lagni pour nous loger au delà dans la Brie, sur ce que nous avons appris que Monsieur de Lorraine joinct avec les trouppes du duc de Wirtemberg s'approche de Montmirail. Son capitaine des gardes avec un homme qui est à luy passèrent hier par ici pour aller à Paris, et je reçus par luy une lettre de M. Bartet.

« On n'a point de nouvelles des trouppes de cette armée commandée vers Montrond, et c'est bon signe de quoy les nouvelles de Paris n'en confirment point le secours.

« Le gentilhomme que j'avois envoyé vers M. le duc de la Force ne le trouva point à la Boulaye ; il estoit desja parti pour aller à la cour. Par la lettre qu'il m'escrit, je ne le trouve guère disposé à aller en Guyenne. Je vous asseure que j'eusse fort desiré qu'il eust fait ce voyage-là : et comme vous aurez sceu par luy sa dernière résolution, je ne vous diray rien davantage sur ce subject, si ce n'est que je vous supplie très-humblement, dans l'amitié que vous m'avez promise, de vouloir mesnager M. le duc de la Force, sachant bien qu'il n'a point d'autre intention que celle de servir le Roy. Il m'arriva hier des chevaux de Normandie pour mes régiments ; et toute la cavalerie en fait venir de là ou de Paris sous main pour se remonter. Si nous ne voyons quelque chose qu'on ne pust pas dire gris au donne jour, nous ne nous approcherons pas de M. de Lorraine que l'on n'ait nouvelles de Montrond, ou que les troupes que l'on y a envoyées ou quelques autres ne nous ayent joinct. On n'a point jugé raisonnable de s'approcher de luy avec un petit corps, il faudra le faire avec toute l'armée ensemble. Luy et le duc de Wirtemberg ont un corps très-considérable. Je ne les estime pas moins de cinq ou six mille chevaux. Quand nous aurons passé la rivière, nous saurons mieux leurs forces, n'ayant point pris de prisonniers.

« Le duc de Wirtemberg a six pièces de canon et un pont de batteaux. C'est un corps assez considérable.

« Je vous supplie de croire que je suis,

« Monsieur,

« Vostre très humble et très affectionné serviteur.

« TURENNE.

« Au camp de Sainte-Mesme, le 31 aoust 1652 [1]. »

La cour se berçait de la chimérique espérance que les germes d'accommodement que le cardinal Mazarin avait tenté de jeter dans l'esprit du duc de Lorraine, arriveraient sans tarder à un heureux résultat. Pour leur donner le temps d'éclore, elle

---

[1] Lettre inédite, *Archives du Ministère de la guerre*, vol. 134. La formule finale est seule de la main du maréchal.

avait transmis au maréchal de Turenne l'ordre de suspendre sa marche et de ne gêner en rien les mouvements de l'armée lorraine. Si d'une armée ennemie la cour parvenait à se faire une armée auxiliaire, n'y avait-il pas avantage à l'avoir sous la main aux portes de Paris pour anéantir d'un seul coup l'armée et le parti des princes !

La lettre suivante adressée à Le Tellier, nous fait connaître l'ordre de la cour et en même temps le peu de confiance du maréchal dans l'espoir qu'elle manifeste, car il s'arrête à peine sur cet espoir et s'attache surtout à prévoir les dispositions qu'il doit prendre à la suite de l'insuccès des négociations. Il n'est guère douteux pour lui qu'il faudra en venir à repousser par la force jusqu'aux frontières l'armée du duc de Lorraine ; mais il dispose de forces insuffisantes ; il faudrait que le corps de cavalerie qu'il a détaché vers Montrond soit venu le rejoindre ; il faudrait aussi que les levées récemment ordonnées soient venues rallier son armée [1] :

« Monsieur,

« Je receus hier la lettre qu'il vous avoit pleu me faire l'honneur de m'escrire. Nous estions desjà arrivés à Saint-Germain près du pont-aux-

---

[1] Voy. tom. II, p. 320, 321.

dames, où nous séjournerons le temps que vous me marquez par vostre lettre. Et sy cela ne produit point quelque accommodement, nous sommes résolus de nous approcher davantage que nous ne sommes de monsieur de Lorraine. Non point que nous puissions respondre de le pousser, estant avec le duc de Wirtemberg beaucoup supérieur à nous de cavallerye ; mais seulement pour le resserer davantage et peut estre l'obliger à se retirer. Sy cette cavallerye revient promptement de Montrond et que nous puissions estre fortiffiés de quelques-unes de ses nouvelles levées, je croyt que nous pourrions espérer de le pousser. C'est pourquoy sy vous voyez quelques-uns qui nous puissent promptement joindre, il seroit bon de les faire haster. On a assurément beaucoup d'envye de faire les choses que l'on croira les plus advantageuses pour le service du roy.

Je suis bien marry de ce que les affaires de monsieur le duc de la Force ne luy ont pas permis de prendre l'employ dont Sa Majesté l'avoit voulu honorer et bien ayse de quoy le Roy lui a donné la charge de mareschal de France. Je suis,

« Monsieur,

« Vostre très humble et très affectionné serviteur.

« TURENNE.

« Du camp de Saint-Germain, le premier septembre 1652[1]. »

[1] Lettre inédite, *Archives du Ministère de la guerre*, vol. 134.

Le maréchal avait du reste si peu de confiance dans la sincérité du duc de Lorraine qu'il ne se gêna pas pour dire au secrétaire du duc qui lui avait apporté l'ordre de suspension de marche, « *Que les promesses de M. de Lorraine et rien étaient pour lui la même chose.* » En effet, malgré l'ordre de la cour, le maréchal, plaçant l'intérêt du service du roi avant l'obéissance, se décida à lever son camp de Saint-Germain [1] pour se porter en avant, afin d'être mieux en mesure d'observer les mouvements de l'armée lorraine [2].

La cour et le cardinal Mazarin furent en définitive les dupes des négociations secrètement ouvertes avec le duc de Lorraine ; grâce à elles, il était parvenu sans obstacle à conduire son armée presque sous les murs de Paris. Le prince lorrain, abandonnant provisoirement le commandement de ses troupes au prince de Ligne, s'était rendu seul à Paris où l'attiraient les séductions du séjour d'une grande capitale, agréable diversion à la rudesse de sa vie militaire. Comme il faisait profession de galanterie, et qu'il ne se dissimulait pas avoir beaucoup à se faire pardonner à cause de sa défection après le siége d'Étampes, il avait écrit au prince de Condé : « Si vous voulez que j'aille vous trouver, obtenez mon pardon de Mademoi-

---

[1] Saint-Germain, petit village près de Cressy, en Brie.
[2] Voy. les *Mémoires* du duc d'York.

selle; qu'elle me le commande et madame de Frontenac aussi : sans cela je n'irai jamais. » Ces dames n'avaient pas manqué de lui adresser en réponse à cette avance, des lettres pressantes pour l'assurer de leur pardon.

La première rencontre entre mademoiselle de Montpensier et le duc de Lorraine, après les préliminaires épistolaires de leur réconciliation, eut lieu fortuitement près de la porte Saint-Germain. La princesse allait en carrosse chez son père au Luxembourg; le duc se rendait à cheval chez la princesse; il en descendit, et, se mettant à genoux dans la rue, ne voulut pas se relever avant que Mademoiselle lui eût verbalement confirmé son pardon [1].

Pendant ces galantes puérilités, l'armée des princes demeurée inactive depuis le combat du faubourg Saint-Antoine, recevait le 31 août l'ordre de quitter ses positions de Saint-Cloud et de Suresnes pour rentrer à Paris dans ses quartiers des faubourgs Saint-Victor et Saint-Marcel. Au moment des vendanges, les habitants de Suresnes et de Saint-Cloud avaient réclamé avec instance ce changement, au grand déplaisir des habitants de Paris. Deux cavaliers du comte de Holack s'étant jetés dans un jardin des faubourgs pour y cueillir des fruits,

[1] Voy. les *Mémoires* de mademoiselle de Montpensier.

quelques bourgeois tirèrent sur eux ; les cavaliers ripostèrent, un attroupement nombreux s'ensuivit, le feu continua contre les soldats du régiment de Holack accourus au secours de leurs camarades ; deux cavaliers furent tués. Au son du tocsin les bourgeois attaquèrent encore sur différents points les soldats de l'armée des princes ; de nouvelles décharges de mousqueterie furent échangées et, de part et d'autre, il y eut une douzaine de morts au nombre desquels un lieutenant de la garde bourgeoise. Ces collisions duraient depuis deux heures et menaçaient de se prolonger en s'aggravant, lorsque, pour y mettre fin, l'ordre fut donné aux troupes d'aller camper en dehors des faubourgs, à la Salpêtrière.

Le prince de Condé, pour faire un exemple de sévérité, prescrivit à Vallon, lieutenant-général de jour, de faire ranger ses troupes en bataille pour le lendemain, se proposant d'en passer la revue. Ce prince s'y rendit ; mais ne trouva point les troupes réunies, Vallon n'ayant point exécuté son ordre. Condé fit alors prendre les armes et s'adressant à Vallon lui commanda que chaque régiment eût à fournir un homme pour être pendu ; ajoutant qu'il avait amené avec lui des échevins pour être témoins de la justice qu'il allait faire. Un refus formel de Vallon provoqua de la part du prince de Condé la scène de violence que nous avons rapportée, lorsque nous avons groupé les vivacités dangereuses auxquelles ce prince avait le tort de se laisser emporter et qui détachaient un à un de sa cause ses plus zélés partisans [1].

Le maraudage des soldats des divers partis était tel que des volontaires s'offrirent pour le réprimer et pour tenir libres les chemins des environs de Paris. Le duc d'Orléans délivra deux commissions, le 5 septembre, l'une au duc de Beaufort, l'autre au marquis de la Boulaye, pour organiser ces volontaires en deux régiments chacun de trente compagnies [2]; mais la marche rapide des événements ne permit pas à cette organisation de s'accomplir.

Le maréchal de Turenne rendu à son entière liberté d'action par l'arrivée à Paris du duc de Lorraine qui ne laissait plus aucun doute sur le parti auquel il s'était rangé, revint franchement à son plan de s'interposer entre Paris et l'armée lorraine. Celle-ci, grâce aux trompeuses espérances dont la cour s'était bercée, de Châlons s'était librement avancée dans la Brie et tendait à gagner les bords de la Seine entre Corbeil et Paris. Un jour de repos perdu par l'armée royale à Lagny permit

[1] Voy. tom. II, p. 293 et suiv.
[2] *Relation de ce qui s'est passé en France depuis le 5 janvier 1652 jusqu'au 26 avril 1653.* Bibliothèque nationale, Fonds de Sorbonne, n° 1257.

aux Lorrains, sans que leur marche eût été interceptée, de paraître devant Brie-Comte-Robert, où les avant-gardes des deux armées se rencontrèrent. Le maréchal de Turenne, qui avoue sa faute [1], provenant d'un manque de célérité, se résolut alors à gagner au plus vite le poste de Villeneuve-Saint-Georges qu'il jugeait propre à la réalisation de ses vues.

L'armée lorraine voulut tendre au même but; mais, retardée par le passage d'un ruisseau, elle fut devancée par l'armée royale qui y établit son camp. Un certain nombre de bateaux descendaient alors le cours de la Seine, le maréchal de Turenne s'en empara et s'en servit pour jeter deux ponts qui assurèrent ses communications avec la rive opposée.

En même temps, dans la nuit du 6 septembre et dans la matinée du lendemain, le prince de Condé fit partir du camp de la Salpêtrière sa cavalerie d'abord, son infanterie ensuite, avec les bagages et dix-huit pièces de canon [2], pour se porter à Maugiron, proche Villeneuve-Saint-Georges, à la rencontre de l'armée lorraine; il la rejoint en face d'Ablon sans que le maréchal de Turenne eût pu réussir à s'y opposer. Cette jonction porta les forces

---

[1] Voy. les *Mémoires* du maréchal de Turenne.
[2] Voy. la *Relation de ce qui s'est passé en France depuis le 5 janvier 1652 jusqu'au 26 avril 1653*. Bibliothèque nationale, Fonds de Sorbonne, n° 1257.

des princes à quatre-vingts escadrons et huit mille fantassins, tandis que l'armée royale ne comptait que vingt-huit escadrons et cinq mille hommes d'infanterie.

L'armée des princes n'a pas seulement la supériorité du nombre ; elle possède de plus des communications faciles dans toutes les directions ; les approvisionnements peuvent lui parvenir en abondance. Au contraire, le maréchal de Turenne, dans le poste qu'il a choisi, se trouve resserré dans l'angle formé par la rencontre de deux rivières, l'Yères [1] et la Seine ; sans les ponts de bateaux qui permettent à ses fourrageurs, fort harcelés du reste, de se ravitailler sur la rive gauche de la Seine et sans la prise du château d'Ablon dont la garnison de cent cinquante mousquetaires est enlevée par un coup de main, prise qui lui permet de communiquer avec Corbeil, il eût été promptement obligé de capituler par famine. Comme compensation à ces inconvénients, l'assiette du camp royal trouvait une formidable barrière contre toute agression dans le cours des deux rivières. Un rideau de bois couvrait le troisième côté de ce triangle formé par la nature ; seulement une batterie

---

[1] L'Yères, après avoir pris sa source à 14 kilomètres au nord-est de Provins, se joint à la Seine par la rive droite, à Villeneuve-Saint-Georges, après un parcours de 80 kilomètres environ.

avantageusement placée par le prince de Condé lançait ses boulets par-dessus le bois jusqu'au milieu de l'armée royale inquiétée, sans être sérieusement menacée.

En définitive, l'avantage de la situation est si marqué du côté de l'armée des princes que l'impétueux Condé juge la temporisation plus propice encore au succès qu'une prompte attaque. Les appréhensions qui devaient en résulter pour la cour, rendraient, pensait-il, celle-ci plus souple que naguère pour lui faire de brillantes conditions; mais si la cour s'obstinait dans une résistance insensée, le manque de subsistances augmentant pour l'armée royale avec les longueurs de la temporisation, il ne lui serait même pas nécessaire de chercher à forcer celle-ci dans ses lignes dont la faim la chasserait elle-même. Comme le maréchal de Turenne ne pouvait quitter ses positions qu'en s'exposant au plus grand péril, le prince guettant ce moment, comme l'aigle qui s'apprête à fondre sur sa proie, infligerait à l'armée royale une irréparable défaite! Alors la cour, définitivement humiliée, courberait la tête sous les fourches caudines de son vainqueur.

Il entrait néanmoins plus d'illusions que de réalité dans les espérances du prince de Condé ; le maréchal de Turenne, qui ne voulait pas que la cour traitât sous l'impression de la situation difficile dans laquelle elle pouvait le croire placé avec son armée, afin de ne diminuer en rien sa confiance, l'assurait qu'ayant toute la Brie derrière lui, il lui était loisible de se retirer, quand il le voudrait, sans risquer nulle défaite.

C'est à ce moment qu'en ouvrant la Gazette, nous lisons sous la rubrique de Paris, 7 septembre 1652 :

« Le 3, le sieur de Briolle retourna ici avec les troupes qui avoyent esté détachées de l'armée des princes pour tenter le secours de Montrond : dont le gouverneur n'ayant pu être secouru dans le temps porté par la capitulation faite le 15 du passé, a esté obligé de rendre la place au comte de Paluau, qui a fait paroistre en ce long siége une vigueur et une prudence extraordinaires. »

En effet le château de Montrond assiégé par le comte de Palluau auquel le maréchal de Turenne avait envoyé le renfort de troupes dont il parle dans sa lettre du 27 août, venait de succomber. La perte de cette place était un grave échec pour la cause des princes. Nous allons donner le récit détaillé de cet épisode intéressant auquel les historiens, ignorant les détails, ont à peine jusqu'ici consacré quelques lignes.

CHAPITRE XXX.

ÉPISODE

Caractère particulier du siége de Montrond. — Origines historiques de ce château. — La seigneurie de la ville de Saint-Amand et la seigneurie de Montrond, d'abord distinctes, puis réunies. — Fortifications de Montrond, successivement augmentées et perfectionnées par Sully et le prince de Condé. — Description du château au moment du siége. — Le marquis de Persan, gouverneur de la place. — Le comte de Palluau, général des troupes assiégeantes. — Prise de Saint-Amand. — Exactions commises dans le Berry par les deux partis. — Guy de Léans, sieur de Zereaux, dit Desheraut, ses déprédations, ses violences, ses aventures. — Prise de divers châteaux par les troupes royales. — Tristes particularités de la guerre dans les campagnes. — Lenteur du siége de Montrond. — Lettre inédite du 1er mai de l'intendant Le Tellier au ministre Le Tellier. — Réflexions sur cette lettre. — Lettre inédite du 4 mai du comte de Palluau au ministre Le Tellier. — Sarcasmes au sujet des lenteurs du comte de Palluau. — La Cour assigne un délai pour la prise de Montrond. — Lettre inédite du 20 juillet du comte de Palluau au ministre Le Tellier. — Le duc d'Angoulême prisonnier dans le camp royal. — Aperçu de la Fronde en Provence. — Claude Biet, maire de Bourges, enfermé dans le château de Montrond avec d'autres prisonniers. — Il est menacé d'être pendu. — Le comte de Palluau rejette sur l'intendant la responsabilité des lenteurs du siége. — Lettre inédite du 30 juillet du comte de Palluau au ministre Le Tellier. — La Cour assigne un nouveau délai, après lequel le siége doit être levé. — Refus du comte de Palluau d'obtempérer à ces ordres. — Progrès du siége. — Lettre inédite du 7 août du

comte de Palluau au ministre Le Tellier. — Marche du siége
retracé d'après un plan authentique inédit. — Lettre inédite
du 21 août du comte de Palluau à Le Tellier. — Capitulation
conditionnelle de Montrond, signée le 22 août. — Lettre
inédite du 22 août du comte Bussy-Rabutin à Le Tellier. —
Le maire de Bourges mis en liberté sous condition. — Secours de Montrond tenté par Briord, soutenu par les marquis de Lévis, de Coligny, de Valançay, de Saint-Geran. —
Contre-secours conduit par le vicomte de Montbas. — Rencontre sanglante entre les habitants de Châteauroux et
d'Issoudun. — Le tocsin sonne dans tout le Berry. — Briord
tente une charge infructueuse de cavalerie ; sa retraite. —
Rapport inédit du dernier août du comte de Palluau au
ministre Le Tellier. — Le comte de Persan rend le château
de Montrond. — Le comte de Palluau nommé maréchal de
France. — Ordre de raser Montrond. — Démarches et menaces du prince de Condé pour empêcher cette destruction.
— Lettre inédite du 9 septembre du roi au maréchal de
Turenne. — Lettre inédite du 10 septembre du comte de
Palluau au prince de Condé. — Note inédite de Lenet sur
la valeur de Montrond et sur l'armement du château. —
Ordre de destruction maintenu ; douze milliers de poudre
font sauter les fortifications. — Visite des ruines de Montrond
par l'auteur de ces *Souvenirs*.

(1652.)

Le siége de Montrond mérite son histoi particulière comme un épisode à part des guerres de
a Fronde. Sur les autres champs de combats se dé-
roule la lutte des partis, sur celui-ci cette lutte se
présente encore, mais avec un caractère tout spécial : guerre de seigneur contre son suzerain. C'est
la dernière des passes d'armes de la féodalité.

Montrond placé sur les confins du Berry et du
Bourbonnais était en 1652 une puissante place

forte. En remontant aux antiques origines, on trouve le château de Montrond possédé par l'importante maison de Déols. Dans la vie de Saint Louis par le Nain de Tillemont, nous rencontrons cette mention sur l'époque où ce château fut pour la première fois fortifié :

« Le château de Montrond, en Bourbonnais, sur le Cher, fut fortifié en ce temps-ci par Renaud de Montfaucond ; il donna acte au roy que cette place ne feroit aucun tort ni à luy, ni à son royaume ; et que si cela arrivoit, le roy pourroit saisir tout ce qu'il tenoit de luy, jusqu'à ce que le tort eust été réparé à sa volonté. L'acte est du mois de février 1225, à Melun[1]. »

Renaud Ier, sire de Montfaucond, mentionné dans cet acte était devenu seigneur de Montrond par son mariage avec Mathilde de Déols-Charenton.

Dans le cours de ce même siècle, la seigneurie de Montrond vint augmenter par héritage les possessions de la maison de Sully, qu'il ne faut pas confondre avec celle de Béthune-Sully à laquelle appartient le grand ministre de Henri IV. De cette maison de Sully, dont Sully-sur-Loire fut le berceau, elle passa à la maison de Champagne-Sully. On trouve la seigneu-

---

[1] Vie de Saint Louis, par le Nain de Tillemont, p. 372, édit. de la *Société de l'histoire de France*.

rie de Montrond mentionnée au nombre des fiefs possédés en Berry par Henry de Sully, boutillier de France, seigneur de la Chapelle, des Aix-Dam-Gillon [1], d'Argent, d'Orval, etc., d'une branche cadette des comtes de Champagne séparée de la tige principale au siècle précédent en la personne de Guillaume de Champagne, fils de Henry de Champagne, dit Etienne, comte de Sancerre. Guillaume exclu, malgré son droit d'aînesse, de la succession du comté de Sancerre, autant par les pratiques de sa mère qu'en raison de la faiblesse de son esprit et des infirmités de son corps — il était bègue et contrefait — prit le nom et les armes de sa femme, Agnès de Sully, fille et héritière de Gillon, deuxième du nom, sire de Sully [2]. En 1104, il assistait avec elle à la dédicace de l'église de l'abbaye de Saint-Satur, au-dessous de Sancerre. Cette branche cadette de Champagne-Sully tomba en quenouille à la onzième génération en la personne de Marie de Sully, fille de Louis, sire de Sully, et d'Isabeau de Craon. Marie, puissante héritière, était dame de Sully, de Craon, de la Chapelle, des Aix-Dam-Gillon, de Château-Meillant, de Bruyères-sur-Cher, de Sainte-Hermine, de l'imposant châ-

[1] Ancienne orthographe du bourg des Aix d'Angillon, en Berry. Le nom de Gillon lui venait de Gillon Ier, sire de Sully, qui en avait fait bâtir le château.
[2] Voy. l'*Histoire généalogique du P. Anselme*; art. de la maison de Champagne.

teau de Chalusset [1], en Limousin, donné en 1313 avec l'historique château de Chalus [2] à son bisaïeul par le roi Philippe le Long, en échange de la seigneurie de Lunel ; elle était encore dame de Montrond, d'Orval, et de bien d'autres terres. En premières noces, elle épousa Guy, quatrième du nom, sire de la Trémoille, garde de l'oriflamme de France, qui mourut à Rhodes des suites de ses blessures reçues, en 1398, à la bataille de Nicopolis ; en secondes noces, Marie de Sully épousa Charles, premier du nom, sire d'Albret, comte de Dreux, connétable de France, tué à la bataille d'Azincourt, le 15 octobre 1415, fils d'Arnaud Amanjeu, sire d'Albret, et de Marguerite de Bourbon. Marie ayant eu des enfants de ses deux mariages, les terres de Sully et de Craon passèrent dans la maison de la Trémoille ; celles de la Chapelle, des Aix-Dam-Gillon, d'Argent, de Bruyères, de Château-Meillant [3], d'Orval, de Montrond, etc., passèrent dans la maison d'Albret.

[1] Ancien château des vicomtes de Limoges, situé à 16 kilomètres de cette ville ; il présente encore une des ruines les plus belles et les plus imposantes de la France féodale.

[2] Devant lequel fut tué Richard Cœur-de-Lion.

[3] Le château de Meillant, l'une des antiques possessions de la maison de Déols, dont nous venons de suivre plusieurs transmissions, devint l'héritage de la maison d'Amboise ; le cardinal Georges d'Amboise fit du château, grâce au ciseau du dominicain Joconde, l'un des plus merveilleux monuments de l'art de la Renaissance. En l'année 1652, Meillant était la posses-

Guillaume d'Albret, second fils de Charles d'Albret et de Marie de Sully, hérita des seigneuries de Bruyères, de Saint-Amand, de Montrond, d'Orval ; mais, étant mort sans alliance, ces fiefs revinrent à son frère aîné Charles d'Albret, deuxième du nom, marié à Anne d'Armagnac. Celui-ci institua héritier de ses fiefs du Berry son troisième fils Arnault Armanjeu d'Albret, qui porta le titre de seigneur d'Orval et fut la tige de la branche d'Orval de la maison d'Albret. Il épousa Isabeau de la Tour, fille de Bernard de la Tour, comte d'Auvergne. Isabeau mourut le 8 septemtre 1488. Leur fils aîné Jean d'Albret, sire d'Orval, n'eut que trois filles de son mariage avec Charlotte de Bourgogne, comtesse de Réthel, fille de Jean de Bourgogne, comte de Nevers et de Réthel. Marie d'Albret, leur fille aînée, porta par son mariage célébré le 15 janvier 1504 avec Charles de Clèves, comte de Nevers, le château de Montrond dans la maison de Gonzague. En 1606, Charles de Gonzague vendit Montrond au ministre et à l'ami fidèle de Henri IV, Maximilien de Béthune, baron de Rosny, que son roi créa duc de Sully, en 1606, après l'acquisition qu'il fit, de la maison de la Trémoille, du château et de la terre de Sully. Le premier ministre de Henri IV se trouva réunir de nouveau sur une même tête les fiefs de Sully

sion d'Alphonse de Brichanteau, marquis de Nangis ; il appartient aujourd'hui à M. le duc de Mortemart.

et de Montrond que le double mariage de la dernière héritière de la maison de Champagne-Sully avait séparés depuis deux siècles. L'acquisition de la seigneurie de Saint-Amand était jointe à celle de la seigneurie de Montrond.

La ville de Saint-Amand située au pied du château de Montrond est appelée par une association de noms, Saint-Amand-Montrond ; elle était précédemment dans une connexité plus apparente que réelle avec le château qui la dominait. Quelle que fût leur proximité, Montrond et Saint-Amand avaient formé en effet deux seigneuries distinctes appartenant à des familles différentes. Saint-Amand avait un vieux château dont l'emplacement touchait à l'église paroissiale qui subsiste encore ; ce fief avait appartenu à l'ancienne et illustre maison de Culant qui possédait aussi la seigneurie de Châteauneuf-sur-Cher, en Berry [1], et dont les générations ont fourni un amiral et un maréchal de

[1] François de Culant, baron de Châteauneuf, vendit, le 12 septembre 1565, le fief de Châteauneuf à Claude de l'Aubespine. Charles de l'Aubespine, marquis de Châteauneuf, garde des sceaux, mort en 1653, était son descendant. Le marquisat de Châteauneuf passa ensuite à la maison des maréchaux de L'Hôpital ; la bisaïeule de l'auteur de ces Souvenirs, la marquise de Lostanges, née de L'Hôpital, vendit la terre de Châteauneuf un million au moment de son départ pour l'émigration ; elle n'en put toucher le prix qui fut saisi par les autorités révolutionnaires (voy. la note de la p. 272 du 2⁰ volume). Châteauneuf appartient aujourd'hui à M. le duc et à madame la duchesse de Maillé.

France. Par alliance ou par acquisition, nous n'avons pas retrouvé la trace exacte de la transmission; la seigneurie de Saint-Amand se trouva réunie au quinzième siècle à la seigneurie de Montrond, possédées l'une et l'autre, ainsi que nous venons de le voir, par la maison de Champagne-Sully.

L'antique séparation entre Montrond et Saint-Amand subsiste encore dans la dénomination d'une rue appelée *rue entre les deux villes*. La plus ancienne des deux cités était celle qui se groupait autour du vieux château de Saint-Amand ; la seconde, celle qui se rapprochait de la base du château de Montrond devait son origine plus récente à l'événement suivant : En 1410, le château d'Orval ayant été pris et saccagé par les Anglais, les feudataires allèrent rebâtir leurs demeures au pied du château de Montrond. Le connétable d'Albret, pour encourager la construction de la ville nouvelle, lui accorda des franchises semblables à celles dont l'ancienne ville était en possession. Charles d'Albret, son fils, étendit ces priviléges et aida les deux villes réunies à s'envelopper dans une même enceinte fortifiée qui fut achevée en 1435. Depuis les deux seigneuries ne furent plus séparées.

Les bruits de guerre avaient plus d'une fois retenti sous les murs du château de Montrond; la faiblesse primitive de ses fortifications jointe à la trahison, avait amené sa prise. En 1576, il fut emporté par les protestants ; en 1590 et 1591, il fut pris et repris par les ligueurs commandés la seconde fois par le maréchal de la Châtre en personne.

Lorsque l'illustre Sully fut frappé de la disgrâce sans retour qui suivit la fin tragique de Henri IV, appliquant à sa vie privée les règles méthodiques de sa vie publique, il fixa l'été et l'hiver pour son séjour dans son château de Villebon, en Beauce, le printemps et l'automne pour habiter ses terres du Berry. Triste de quitter les affaires, plus triste encore de la mort de son roi, il épancha sa mélancolie dans des vers, dont nous rappelons les premiers :

« Adieu maisons, chasteaux, armes, canons du roy,
« Adieu conseils, trésors déposez à ma foy. »

Son âme forte ne pouvait languir dans une vaine oisiveté. Il dictait ses Mémoires ; il appliquait dans ses domaines sa maxime favorite quand il gouvernait l'État : « Labourage et pasturage, voilà les deux mamelles de la France, les vraies mines et trésors du Pérou. » Il s'occupait donc d'agriculture ; il embellissait ses nombreuses demeures ; il plantait autour d'elles ses ormes chéris. Se faisant en outre le continuateur de l'œuvre de Renaud de Montfaucond, il ne négligeait pas de fortifier d'une manière toute spéciale le château de Montrond.

Ce soin n'avait rien d'anormal relativement aux idées qui régnaient alors ; bien que sujet fidèle au jeune roi Louis XIII, il pouvait avoir à craindre la politique du ministre favori de la régente ; il redoutait même tellement les nouvelles influences que le jour de l'assassinat de Henri IV., il n'osa pas se présenter au Louvre ; or dans ces temps, les âmes fières appelaient volontiers l'épée au service de leurs droits méconnus. Il fortifia Montrond de manière à en faire sa retraite imprenable, si jamais il était menacé dans sa vie ou dans sa liberté. La vieille demeure féodale tirait de son assiette dominante cette force naturelle recherchée pour les châteaux du moyen-âge. Cette assiette se composait d'un escarpement de rochers au milieu de la plaine, appuyé par un contre-fort moins élevé, désigné sous le nom de petit tertre. Sur ce haut piédestal déjà fortifié par la nature, s'élevaient les tours et les courtines. Leur élévation ajoutée à celle de l'escarpement du rocher, rendait, à moins de famine, de surprise, ou de trahison, la prise de la place par un assaut bien difficile, et l'assaut était cependant le seul genre d'agression que l'on pût tenter ; les rares machines employées au moyen-âge pour l'attaque des places et la démolition de leurs murailles, ne pouvant atteindre des constructions dont la base était placée à une si grande hauteur. Ce fait de la force des châteaux relativement beaucoup plus grande que celle des villes murées, parce qu'une assiette escarpée était autrement facile à trouver pour un château que pour une ville, est une cause qui n'a pas été assez remarquée de la puissance longtemps conservée par la féodalité. Un château fort était à une ville fortifiée, ce qu'un chevalier bardé de fer était aux milices du même temps. L'invention de la poudre à canon vint modifier ces conditions ; elle le fit toutefois avec plus de lenteur pour l'attaque des places fortes que pour la lutte des armées en rase campagne ; mais à mesure des progrès de l'artillerie et des autres moyens d'attaque, la hauteur des murailles devint, au lieu d'une force, une faiblesse, les trouées du canon ou les mines souterraines pouvaient d'autant mieux renverser des murailles sapées par leur base, qu'elles étaient plus élevées ; leur hauteur et leur poids facilitaient leur chute. On fut donc amené, pour paralyser les effets de l'artillerie, à ces fortifications modernes qui se dissimulent derrière les glacis.

Sully qui avait réuni et réunissait encore les dignités, les grades et les genres de mérite les plus divers, surintendant des finances et grand voyer du royaume, grand maître de l'artillerie et maréchal de France, économiste et financier aussi habile que guerrier brave et expérimenté, avait lui-même fait faire des progrès notables à l'art de l'artillerie jusqu'à lui dans l'enfance ; aussi sous la force appa-

rente de Montrond, reconnaissant sa faiblesse, il
enveloppa le château d'une nouvelle enceinte bastionnée, et il en fit ainsi une place qui passait
pour l'une des plus fortes de France. Dans cet
asile, le ministre d'Henri le Grand pouvait se livrer
au repos, et quitter au besoin la plume de l'écrivain ou la charrue de l'agronome, pour appuyer en
vieux gentilhomme la main avec confiance sur la
garde de son épée. Cette entreprise que la force
n'eût pas osé tenter, la dépossession du seigneur, un
abus d'influence réussit à l'accomplir : nous avons
dit comment Sully fut amené malgré lui à vendre
Montrond au prince de Condé, père du grand
Condé [1].

Ce prince, gouverneur de la province de
Berry, voulut aussi, mais plus injustement que
Sully, se donner des garanties contre la cour. Devenu possesseur de Montrond, il chargea un ingénieur du nom de Sarrasin [2] de continuer et de
perfectionner l'œuvre de Sully, en rendant cette
citadelle plus formidable encore. Nous avons dit
ailleurs comment une partie de la première enfance
du grand Condé s'y écoula dans les travaux de
l'esprit et dans les exercices du corps ; ensuite nous
y avons retrouvé ce prince avec son frère de Conti,
la duchesse de Longueville et la princesse de Condé

[1] Voy. tom. I*er*, p. 90.
[2] Voy. les *Mémoires* de Lenet.

réunis pour arrêter les nouveaux plans de la Fronde, avant de se rendre dans la Guyenne[1]; et laissant au départ le gouvernement de la place à François de Vaudetar, marquis de Persan.

Montrond, qui touchait à sa ruine, était alors au comble de sa splendeur ; ce n'était pas seulement un château fort, c'était encore une splendide résidence digne du riche possesseur du brillant château de Chantilly. Sa première enceinte enveloppait un espace d'une lieue de tour qui renfermait au niveau de la plaine des vergers, des jardins, des bosquets, des bassins, des canaux, des fontaines alimentées par la petite rivière du Chignon. Une rampe monumentale construite par Sully, d'une grande largeur et accessible aux voitures, grâce au développement qui en adoucissait la pente, contournant les flancs du rocher, conduisait de la première enceinte à la seconde. Celle-ci était occupée en partie par une vaste cour et par un jardin dont les allées étaient ombragées par des charmilles; aux angles de cette enceinte s'élevaient des tours; contre l'une d'elles, haute de cinquante pieds, était adossée la chapelle. A l'intérieur étaient peints en pied les douze apôtres ; au-dessus du tabernacle un tableau représentait, dans le jardin des Oliviers, Jésus-Christ auquel un ange pré-

---

[1] Voy. tom. Ier, p. 287 et suivantes.

sentait un calice. Sur cette même cour s'élevait le château proprement dit consacré à l'habitation, formant un parallélogramme de soixante-dix pieds sur quarante, encadré par deux pavillons d'inégale grandeur. Au rez-de-chaussée, étaient les cuisines, les boulangeries, les offices ; au premier étage, de vastes et somptueux appartements décorés de peintures, de bas-reliefs et de statues.

A l'un des angles de cette seconde enceinte se dressait le réduit du château, la grosse tour, construite en pierres de taille, de quarante pieds de diamètre, haute de cent vingt pieds. Ses murailles avaient neuf pieds d'épaisseur ; sa plate-forme crénelée était surmontée d'une colonne de douze pieds de haut, surmontée elle-même d'une statue de Mercure.

L'une et l'autre enceinte renfermaient des logements pour les gens de guerre, des celliers, des granges, des écuries, des étables. De vastes souterrains permettaient de conduire les animaux à l'abreuvoir sur les bords du Cher [1].

Dès le commencement du mois d'octobre 1651, Philippe, comte de Palluau, connu plus tard sous le nom de maréchal de Clérembault, alors revêtu de la charge de mestre de camp de la cavalerie légère,

---

[1] Nous avons emprunté la majeure partie de ces détails à un manuscrit de Jean-Thomas Hérault, curé de Saint-Bonnet-le-Désert, publié par M. Chevalier de Saint-Amand, *Bourges*, 1845.

vint avec des troupes former le siége de Montrond. Le parti des princes ne fit aucune tentative sérieuse pour défendre contre le parti royal la ville de Saint-Amand; il lui eût fallu des forces beaucoup plus considérables que celles dont il disposait sur ce point. Dans la nuit du 16 octobre, le comte de Palluau dirigea contre la ville une vive attaque et il s'en empara après avoir éprouvé une courte résistance. Il établit son quartier général dans la ville même abandonnée par la plupart de ses habitants. Ceux-ci avaient fui emportant leurs meubles les plus précieux; un certain nombre s'étaient réfugiés dans le château de Montrond. En prévision d'un long siége, la garnison du château avait fait des réquisitions de denrées au loin dans la campagne. Ces réquisitions ne laissent pas d'être une page lamentable de l'histoire de nos guerres civiles; car il serait difficile de distinguer la nuance qui les sépare des exactions. Les spoliations qui s'accomplirent furent un des remords qui plus tard tourmentèrent le prince de Conti, alors qu'il avait adopté les pratiques de la plus haute piété; il voulut les apaiser par la réparation et ordonna des restitutions à ceux qui avaient le plus souffert des événements dont il avait été l'un des principaux instigateurs. C'est ainsi qu'il ordonna dans son testament daté de 1664, que réparation fût faite à un marchand de Toulouse du nom de Rougieri qui, malencontreusement de passage sous les murs de Montrond, avait été dépouillé de cinq cents écus.

Un des partisans du prince de Condé qui fut puni de ses manières d'agir par une fâcheuse aventure et par d'émouvantes perplexités, fut Gui de Léans, sieur de Zéreaux, dit Deshéraut, officier de la maison de ce prince. Il avait levé une compagnie dans le Berry pour soutenir la guerre civile et commettait avec elle de nombreux dégâts, tels que grains enlevés et bâtiments ruinés. Un soldat de sa compagnie qu'il avait mécontenté, déserta pour s'enrôler dans l'armée royale, et se croyant alors tout permis pour se venger de son capitaine, il guetta sa femme au passage et après l'avoir volée et lui avoir fait subir les derniers outrages, il lui cassa une côte. Deshéraut courut à cheval à la poursuite du soldat, il le saisit, l'enferma dans sa maison, où, ayant assemblé quelques amis, il le condamna à mort. Après lui avoir donné un confesseur, il le pendit à un arbre. Lors de la réaction provoquée en 1665 par Louis XIV pour poursuivre des faits punissables, et surtout pour abattre les derniers vestiges de la puissance féodale, Deshéraut fut poursuivi pour ses méfaits de 1652. Il fut arrêté et l'instruction fut commencée au parlement de Paris; mais la cour des Grands Jours que le roi avait envoyée tenir ses terribles assises à Clermont, en Auvergne, évoqua l'affaire. Deshéraut, assisté de sa femme, se retrancha pour ne pas répondre sur ce que les pièces justificatives étaient restées au greffe du parlement de Paris ; mais les Grands Jours avaient un président, M. de Novion, et un avocat général, M. Talon, qui ne demandaient que condamnations et exécutions, et qui firent rendre un arrêt par lequel il fut décidé qu'on lui ferait son procès comme à un muet volontaire. Le motif le plus réel des poursuites entreprises contre Deshéraut était, paraît-il, l'acquisition qu'il avait faite d'une terre fort enviée et qui lui avait créé de puissants ennemis. Sa situation semblait des plus compromises ; car on lui reprochait moins la mort du soldat, s'il l'avait tué sur-le-champ, que l'irrégularité de la procédure ; on rappelait en même temps ses déprédations ou d'autres violences commises pendant la guerre de la Fronde, bien qu'il fût couvert par l'amnistie accordée lors de la pacification générale. Huit voix opinèrent pour la mort, sept voix pour le renvoi de l'affaire au parlement de Paris ; la majorité pour la condamnation n'étant pas suffisante, le renvoi au parlement de Paris fut prononcé [1].

---

[1] Voy: les *Mémoires* de Fléchier sur les Grands Jours d'Auvergne (Hachette, édit. 1856). L'auteur parle de l'empressement de Talon, dès son arrivée, pour s'assurer si les prisons étaient assez spacieuses pour contenir tous les accusés qu'il comptait bien y faire renfermer. M. Sainte-Beuve, dans la préface dont il a fait précéder cette édition, ne manque pas de faire ressortir la pointe d'iniquité de M. de Novion, préoc-

L'arrivée des troupes royales força la garnison de Montrond à cesser ses excursions au dehors; aussi les soldats du comte de Palluau furent de prime abord accueillis dans les campagnes environnantes comme des libérateurs. Ce général, afin de ne pas être inquiété pendant les opérations du siége, laissa devant la place des forces suffisantes pour la surveiller, et entreprit de soumettre tous les châteaux d'alentour qui tenaient pour le parti des princes. Il força le Châtelet, bravement défendu par M. de Bar, à se rendre après cinq jours de siége. Culan, Château-Meillant, Préveranges se rendirent aussi après une héroïque résistance; Poysieux et Pille-Voisin capitulèrent à la première sommation. Au bout de peu de temps toutes les contrées environnantes étaient soumises à l'autorité royale; mais leurs malheureux habitants ne tardèrent pas à apprendre que loin de trouver des libérateurs, ils n'avaient fait que changer de spoliateurs. L'indisci-

cupé surtout du soin de faire sa cour au monarque et conduisant de front les fêtes où il dansait avec ses deux filles et les exécutions sanglantes. Il est curieux de constater dans cette œuvre de Fléchier à quel point ces Grands Jours avaient excité chez les paysans d'Auvergne les espérances, les prétentions et les convoitises les plus désordonnées. La monarchie, pour se rendre populaire en punissant avec fracas quelques abus ou quelques crimes qu'elle pouvait réprimer avec moins d'éclat, travaillait avec une inconscience inouïe à l'œuvre de la révolution et de sa propre ruine chez le peuple le plus conservateur de la terre, si l'autorité était toujours conservatrice.

pline des troupes royales que nous avons eue à signaler en tant de lieux différents n'était pas moindre en Berry qu'en Poitou, ou dans l'Ile-de-France ; dans la région dont nous nous occupons, la tradition en a conservé dans les campagnes de douloureux souvenirs. Les paysans se réunissaient, quand ils osaient, pour résister aux pillards ; et malheur alors aux soldats du comte de Palluau qui s'aventuraient isolés ou en trop petit nombre. Parfois l'audace des paysans armés de fourches ou de simples bâtons, se précipitant sur les arquebuses rendues impuissantes par la soudaineté de l'attaque, était telle qu'il en est resté cette légende racontée de nos jours encore au village de Touchay : parmi les paysans, il y avait des charmeurs qui rendaient la poudre sans force et les arquebuses sans effet ; alors les soldats étaient impitoyablement massacrés. Les paysans d'Ineuil racontent aux veillées que leurs ancêtres précipitaient dans le vaste étang de Villiers qui baigne le village, les cadavres des soldats qu'ils avaient tués, et que longtemps après on trouvait des fragments d'ossements humains dans le corps de brochets monstrueux. Aux environs de Lignières, un gentilhomme nommé Déletang eut, à la tête d'une troupe de paysans, un engagement sanglant contre un détachement des troupes royales, et les chiens des fermes voisines étaient accourus en si grand nombre pour dévorer les cadavres. des deux partis que le théâtre de l'événement vit son nom de la Chaume-Parcy changé en celui de la Chaume-des-Chiens.

Le comte de Palluau avait établi son camp dans la plaine sous Montrond en un lieu appelé la *Noirie*, à cause du grand nombre des noyers dont il était planté ; mais l'hiver et l'insuffisance des moyens dont il disposait, l'empêchèrent, pendant le cours de plusieurs mois, de faire dans ses attaques de bien sensibles progrès. Il tenait plutôt la place en état de blocus qu'il ne l'assiégeait de vive force. Une lettre de l'intendant Le Tellier adressée au ministre Le Tellier conservée aux archives du ministère de la guerre, nous apprend qu'au bout de sept mois, c'est-à-dire le 1er mai 1652, la circonvallation de Montrond ne faisait que s'achever, et que seulement alors on considérait les opérations du siége comme sérieusement commencées.

Nous avons lieu de croire que cet homonyme du ministre était Charles Le Tellier, maître des comptes, son frère cadet, remplissant les fonctions d'intendant auprès du corps d'armée du comte de Palluau. Sa lettre datée de Bourges le 1er mai 1652, débute par un compte rendu des rentrées de finances difficilement opérées en Berry, puis il aborde divers détails assez intéressants pour que nous donnions en entier cette partie de sa missive :

« ... Ils (les receveurs des tailles de Châteauroux,

du Blanc et de la Chastre) demandent un arrest du Conseil, comme aussy un pour commettre M. Le Large en la place du sieur Foucauld, ci-devant intendant de M. le prince et gendre du sieur Granchamp, dont la femme a esté gouvernante des princes de Condé, Conti, et de madame la duchesse de Longueville, et de M. Ranot, bon guerroyeur, mais très meschant financier, qui ont mis dans le recouvrement des années dernières, une si grande confusion que je ne voudrois pas en six mois de temps entreprendre d'y voir clair et les remettre dans l'ordre. Dieu merci ma mission a un autre sujet. Si l'argent que promet M. Vallancay[1] en ce pays, estoit aussi comptant que ses sollicitations, par l'entremise d'un nommé La Solaye, près les gentilshommes de cette province, il y auroit déjà trois-cents chevaux sur pied pour le secours de Montrond, et en attendant que cet argent vienne de Paris, il tient cette noblesse en alesne.

« On achève la circonvallation de Montrond et on commence à se réjouir en cette province que c'est tout de bon que l'on assiége cette place. Je laisse à M. de Palluau à vous rendre un compte

---

[1] Évidemment, Dominique d'Estampes, marquis de Valençay, député de la noblesse du Berry à l'assemblée d'États-généraux qui devait se réunir à Paris, en 1649, et qui mourut en 1691, âgé de 96 ans. Il était neveu du bailly de Valençay, ambassadeur à Rome, dont il a été question à l'occasion de la promotion du coadjuteur de Paris au cardinalat.

plus particulier, ne voulant pas entreprendre sur sa charge. Le sieur de Montaut[1] coucha la nuit du 29 au 30 d'avril en cette ville où il a donné force lettres. Lui et le sieur Lévi[2] sont allés vers Chasteauroux chez le sieur de Lage, beau-frère du sieur de Sarzay[3] qui commande le régiment de Condé, qui y est arrivé depuis huit jours. Quand j'ay parlé icy à quelques eschevins qu'ils devoient avoir arresté ledit sieur Montaut, cy-devant gouverneur de Montrond, ils m'ont dit qu'ils n'avoient aucun ordre et qu'ils avoient souvent escrit à la Cour; mais qu'on ne leur faisoit point de réponse. La créance que j'ay que vous aurés agréable la liberté que j'ay prise de vous entretenir de tout ce que dessus, me fait vous l'écrire et me dire,

« Monsieur,

« Vostre très-humble et très-obéissant serviteur,

« Létellier[4]. »

[1] Probablement Philippe de Montaut, baron de Benac, sénéchal et gouverneur de Bigorre, créé duc de Lavedan en 1650, mort en 1654. Les lettres patentes de l'érection de son duché-pairie ne furent point enregistrées.

[2] Le marquis de Lévi, celui que nous avons vu accompagner le prince de Condé, dans son aventureux voyage, en quittant la Guyenne.

[3] Voy. sur le marquis de Sarsay, tom. 1er, p. 457.

[4] *Lettre inédite*, datée du 1er mai 1652, *Archives du Ministère de la guerre*, vol. 133.

Comme nous parcourons le dix-septième siècle non-seulement en historien des faits, mais encore en observateur du mouvement social, le style même de la lettre de l'intendant Le Tellier mérite bien que nous nous y arrêtions : avec quel sans-façon il parle des sieurs de Montaut et de Sarsay, des sieurs Valençay et Lévi ; les formes du langage sont un signe du temps, elles ont leur importance; quand elles sont polies ou respectueuses, elles indiquent un état social qui tend à l'élévation et à la grandeur ; quand elles sont communes et impolies, elles indiquent un état social qui tend par le nivellement à l'abaissement et à la décadence. L'appellation de citoyen est venue marquer par un mot toute une phase historique. Ces formes choquantes de langage ne s'employaient guère que de supérieur à inférieur ; sous la plume d'un intendant et d'un commissaire des comptes en mission, elles font voir le flot de la bourgeoisie qui monte. La royauté qui voulait se placer si haut que tout individu parût petit au-dessous d'elle, avait pris pour habitude de Chancellerie dans ses lettres-patentes et pièces officielles d'appliquer la dénomination modeste de sieur à tous ses sujets, quel que fût leur rang; par suite les parlements et tous les tribunaux qui rendent la justice au nom du roi firent de même ; ainsi l'autorité elle-même devint le levier de la démocratie dont le triomphe devait emporter la vieille monarchie. Toutefois dans le style épistolaire qui comporte d'autres formes, l'intendant Le Tellier le prend de bien haut avec de fort grands seigneurs ; pour quelques-uns même, il retranche la particule. Ainsi l'on marchait au développement du système qui devait humilier tous les fronts non-seulement devant le souverain, mais encore devant ceux qui le représentent à un degré quelconque. Ce style se ressent de cet esprit bourgeois qui veut abaisser moins par principe, que par jalousie ; car il veut monter lui-même à ce rang et à ces titres qu'il envie. Ces travailleurs au profit du nivellement, qui flattaient et servaient le penchant de la royauté afin d'obtenir les emplois et les faveurs, n'étaient point guidés par d'autre mobile : le sieur Le Tellier comptera bientôt dans sa famille des marquis de Barbézieux, de Louvois, Courtenvaux, de Souvré, de Montmirail, un comte de Gisors, etc.

Charles Le Tellier s'abstient par procédé pour le comte de Palluau d'entrer dans le détail des faits militaires, bons rapports qui devaient peu durer. Quatre jours plus tard, le général des troupes royales écrivit au ministre la lettre annoncée par l'intendant :

« A Saint-Amand, ce 4 May 1652.

« Monsieur,

« Ne pouvant plus avoir de vos nouvelles sans envoyer exprès en apprendre, j'envoye M. le chevalier de Nantouillet[1] pour scavoir l'estat des affaires générales, et pour vous faire scavoir celuy de ce pays. Je fais travailler autant qu'il m'est possible, tant dans le Nivernois que dans le Berry, aux outils et boulets nécessaires pour l'attaque de Montrond. Combien que cela n'aille pas si viste que je voudrais, j'ay peur que cela soit encore plustost en estat que la poudre que j'espérois qui viendroit du costé de Lyon. Je laisse le sieur de Louat auprès de Son Éminence pour ce sujet, lequel on m'a dit estre encor à la Cour ; si cela est, il faudra se donner la patience que les sommes qui ont esté imposées sur les villes, tant du Bourbonnois que du Berry, soient levées pour achepter de la poudre, et payer les marchés que j'ay faits des autres munitions ; cela sera tellement long que je consommeray le fonds de mon pain devant que j'aye de quoy faire mes attaques. Je vois assez de seureté pour le recouvrement des fonds dont M. Le Tellier a traité ; mais comme l'argent ne

---

[1] De la maison de Prat.

doit venir que de terme en terme, je ne m'en scaurois servir pour les achapts des munitions de guerre sans lesquelles on ne scauroit attaquer une place de force. Si la commodité des affaires avoit peu permettre à Son Eminence de faire faire les avances de poudre et autres munitions, comme elle en avoit le dessein, nos affaires eussent esté promptement en bon estat, et il y eust eu avec peu de temps grande seureté pour le recouvrement de cette avance. Je vous prie de me mander ce que je dois espérer sur tout cela, afin que je prenne mes mesures.

« Je fais toujours travailler à la circonvallation ; j'espère que dans trois jours elle sera en l'estat que je la veux mettre.

« La désertion de la place continue toujours. Le reste du régiment de Mercœur est arrivé en ce lieu sans armes ; les officiers se mettent en devoir de l'armer. Je ne scaurois vous dire de quel nombre il est, que je ne l'aye veu sous les armes. Les officiers assurent qu'ils ont quatre cents hommes, sans comprendre ce qui est à Agen. Pour celuy de Roannés, les officiers sont venus à l'ordre, il y a six jours ; du depuis je n'en ay pas ouï parler. Cela vous fait clairement voir qu'il faut des commissaires pour faire marcher les régimens, autrement ils n'arrivent jamais aux lieux où on en a besoin, les officiers s'amusant à courre toutes les provinces pour en tirer de l'argent. Comme l'impunité est générale, ils font cette vie là et ruinent le royaume sans aucun péril, et le service du Roy demeure en arrière. Je n'ay point encore de nouvelles de celuy de Lyonnois. Je l'attens avec impatience; car estant un corps en qui j'ay grande confiance, s'il m'avoit joint, je serois en estat de ne guère appréhender le secours qu'on dit qui se préparent du costé de deçà. Depuis que les marquis de Lévy et Coligny sont dans le Bourbonnois, l'on continue à dire que l'on s'assemble pour tenter un secours ; cela m'oblige à marcher demain droit aux lieux où on m'a dit qu'ils estoient ; et si ils sont dans leurs maisons, je les attaqueray et les prendray, si je puis. Cependant j'ay creu devoir rendre une ordonnance contre tous ceux qui desservent le Roy, où je les ay nommés tous deux ; je vous en envoye la copie et vous prie de m'envoyer un ordre du Roy qui m'ordonne de pratiquer cette sévérité en toutes les provinces où le service du Roy le requerra, et qu'il soit de plus vieille date que madite ordonnance. Vous voyez mon sens et vous ferez faire, s'il vous plaist, l'ordre comme vous scavez qu'il doit estre. Vous feres, s'il vous plaist, ordonner qu'on m'envoye des officiers d'artillerie pour exécuter huict pièces ; car devant qu'on les ait peu ramasser, je voy qu'on aura bien eu le temps d'avoir des munitions, ne pouvant m'imaginer que Son Eminence n'ait pas

donné les ordres à Lyon pour avoir des poudres
comme il me l'a fait espérer, scachant bien qu'il
n'a rien au monde si à cœur que les choses de la
nature de celles où je suis engagé. J'ay icy plusieurs
corps de cavalerie de tant de sortes de nature qu'on
ne scauroit comprendre ce que c'est ; je vous envoye une liste de leurs noms et de leur force. Je
vous supplie de me faire scavoir de vos nouvelles et
de croire que je suis avec passion.

« Monsieur,

« Votre très-humble et très-
obéissant serviteur,

« Paluau [1].

« Un gentilhomme du Bourbonnais nommé Revol
qui avoit pris une compagnie de cavalerie dans le
régiment de Chasteauneuf, dans l'espérance que
c'étoit pour le service du roy, a quitté cet engagement là quand il a connu qu'il s'était trompé. Il
me demande une commission de cavalerie pour
amener icy vingt-cinq ou trente maîtres au service
du roy, et ne demande aucun argent, ny quartier

---

[1] Le comte de Palluau signe son nom par un seul *l*; mais
nous l'avons toujours écrit dans notre texte avec deux *l*, suivant sa véritable orthographe. Nous avons déjà eu occasion
d'observer, à l'occasion du maréchal de L'Hôpital, à quel point
on était peu soigneux à cette époque de l'orthographe de son
propre nom.

pour la levée. J'ay creu que cela ne se devoit pas refuser et luy ai dit de s'assurer de nouveau de ses cavaliers, jusqu'à ce que j'eusse eu de vos nouvelles et vostre volonté sur ce sujet. Si vous jugez qu'on se doive servir de cet homme, m'envoyant la commission, je le ferois joindre à la compagnie de Pionzac [1], ainsy ce seroit un commencement de régiment sans qu'il en coustat rien.

« Je vous envoye une lettre que j'ay prise que M. de Persan escrivoit à Monsieur le prince ; comme je n'y puis rien comprendre et qu'elle est en chiffre, vous en ferez ce qu'il vous plaira.

« Depuis ma lettre escrite, un gentilhomme de condition, nommé Bisseret, est venu trouver M. de Baradat [2] et luy dire qu'il avoit trente maîtres à cheval et en estat de servir, et qu'il désire estre dans le régiment de la Reine, Bretagne, et comme mon dit sieur de Baradat l'estime extrêmement, il m'oblige de vous prier, comme je fais, de m'envoyer

---

[1] La compagnie de Jacques de Chabannes, comte de Pionzac, pourvu par lettres-patentes, du 23 août 1650, de la charge de lieutenant du roi en Bourbonnais. Il mourut au mois d'août de l'année 1652.

[2] François de Baradat (la véritable orthographe est Baradat, bien que la plupart des historiens aient écrit Baradas), ancien favori de Louis XIII, qui avait été longtemps exilé pour s'être battu en duel dans la chambre du roi, contre le commandeur de Souvré. Il avait épousé à Bruxelles Gabrielle de Coligny. Il mourut en 1683. Son fils, Marc de Baradat, était élevé comme enfant d'honneur auprès du jeune Louis XIV.

une lettre pour qu'il luy délivre une des commissions dont il est chargé, et de le faire mettre sur l'estat [1]. »

Les désertions signalées par le comte de Palluau dans la garnison de Montrond ne compensaient évidemment pas la mauvaise organisation et la faiblesse de l'effectif des forces du corps assiégeant qui manquait même des munitions nécessaires. De plus les levées opérées en Bourbonnais par le marquis de Lévi et de Coligny pour le parti des princes, faisaient craindre au comte de se trouver pris entre deux feux. Reconnaissant l'insuffisance de la force matérielle, il avait recours à la force morale, toujours si grande, des défenses faites au nom de l'autorité, et provoquait des ordres du roi, après les avoir devancés.

L'opinion impatiente ne rendait pas cependant une complète justice aux difficultés de toutes sortes éprouvées par le général de l'armée royale ; elle accusait sa lenteur, son incapacité même, elle employait contre lui les armes du ridicule. Montrond est situé dans l'angle formé par le cours du Cher avec le cours de la Marmande ; à quelque distance de leurs doubles rives un imperceptible ruisseau, le Chignon, contournait le bas des remparts, avant de pénétrer au sud dans la

[1] Lettre inédite ; *Archives du Ministère de la guerre*, vol. 133.

place elle-même dont il alimentait les bassins. Puis il allait à angle droit et parallèlement au cours de la Marmande, situé au nord, se jeter dans le Cher. Les difficultés de la traversée du Chignon par le comte de Palluau devinrent un sujet d'interminables plaisanteries qui le poursuivirent longtemps ; car lorsqu'il obtint le bâton de maréchal de France, on ne manqua pas de dire que c'était la récompense méritée de ce haut fait d'*avoir traversé le fleuve du Chignon à la nage* ! et comme Palluau était railleur et voulait tourner en moquerie le marquis de Persan, on le chansonna ainsi dans les deux partis :

> « Palluau avec ses railleries,
> « Non plus qu'avec ses batteries,
> « Ne fait pas grand peur à Persan ;
> « Mon Dieu ! le pauvre capitaine,
> « Il ne peut prendre un château dans un an,
> « Et perd deux villes par semaine. »

La fin de ce couplet faisait allusion à la perte successive des places d'Ypres et de Courtray dont Palluau avait eu le commandement pendant la campagne de 1647 contre les Espagnols.

La cour partageant à la fin les impatiences de l'opinion, assigna un délai pour la prise de Monttrond ou pour le retrait des troupes, ordonnant de ne laisser que des forces suffisantes pour un blocus ; le comte répondit au ministre Le Tellier :

« Au Camp, devant Montrond, ce 20 Juillet 1652.

« Monsieur,

« J'ay receu la despesche que vous m'avez fait l'honneur de m'envoyer par le sieur de Lunas[1], par laquelle Sa Majesté m'ordonne qu'en cas que je ne croye pas prendre Montrond dans la fin de ce mois, que j'aye à marcher à Montereau, laissant ce qu'il faut pour le blocus de Montrond ; vous m'envoyez aussy les ordres pour faire passer en Piedmont les régiments d'infanterie de Lyonnois et Mercœur.

« Je vous respondray à tout cela que tant de choses ordonnées à un corps comme celuy que Sa Majesté m'a confié, sont tellement impossibles, que cela me fait veoir que le Conseil ne scait pas l'estat des affaires de ce pays, ny en quel estat sont les troupes que je commande ; cela m'oblige, Monsieur, à vous dire que si le siège de Montrond estoit levé, les affaires du Roy seroient entièrement perdues en Berry, Bourbonnois, la Marche et Auvergne, non-seulement par les contributions qu'en tireroit cette place, mais encore par l'attachement que prendroient tout à l'heure les gens desdites provinces à l'intérest des princes pour se garantir

---

[1] Jacques de Narbonne, baron de Lunas, gentilhomme de la chambre du duc d'Orléans, mestre de camp d'un régiment de cavalerie.

du chastiment qu'ils craignent, d'avoir souhaité la prise de Montrond. J'adjousteray à cela que laissant suffisamment de troupes à Montrond pour bloquer, et envoyant deux régiments en Piedmont, le secours que je meneray ailleurs est imaginaire, les corps que j'ay icy, estans composés de sorte que, à la réserve du régiment de la Reine et celuy du Plessis Praslin, qui ont, les deux, cens cinquante chevaux, et, d'infanterie, les régiments d'Anjou, Lyonnois, et Paluau qui peuvent avoir, les trois, sept cens hommes de service. Il faut compter le reste pour rien à la première marche, estans tous corps composés comme celuy de Roannés qui s'est licencié de luy-mesme.

» Ainsy si je suivois les ordres que Sa Majesté m'envoye, faulte de connoistre l'estat de ses affaires en ce pays, je ne secourerois pas l'Italie, parce qu'il n'y arriveroit rien de ce que j'y envoyerois, je ne menerois rien à l'armée de Sa Majesté qui fut considérable, et ce que je laisserois à Montrond n'y demeureroit pas deux jours sans estre deffait.

» Toutes ces raisons que je scay estre infaillibles, m'empeschent de suivre les ordres du Roy espérant aussy prendre Montrond dans la fin de ce mois ou dans le commencement de l'autre, les ennemis de la place se voyant perdus et on se peut assurer qu'ils ne se peuvent sauver sans miracle. De vous dire le temps précizement, je ne le scaurois faire, Montrond n'estant pas une place où l'on en puisse user ainsy.

« Ce que je vous diray bien assurément est que tout ce que j'ay de troupes ne compose pas mille hommes de pied en estat de servir, et cinq à six cens chevaux, qui, séparés pour joindre des armées, s'en iroient au vent comme la poudre; cependant pour Montrond ils sont capables de le prendre à mon advis, le long temps qu'il y a qu'ils y sont, les eschauffe à cette entreprise; et j'ose vous dire encore que l'on leur a tant dit qu'il le falloit prendre, que tout le monde s'y fait tuer sans regrêt.

« Je vous supplie, Monsieur, de croire que les raisons que je vous représente et le retardement que j'apporte à obéir aux ordres du Roy, ne sont causées que par une entière connaissance que j'ay des choses qui sont utiles ou préjudiciables à son service, ayant une si forte passion pour cela, que je croirois mériter tous les chastimens du monde, si je ne vous avois fait cette petite remonstrance que je vous supplie d'avoir agréable et en faire cognoistre l'importance au Conseil. Dans cet embaras, j'ay celuy de M. d'Angoulesme dont il n'est pas en mon pouvoir de me défaire, moins de quatre cens chevaux d'escorte, craignant que les partizans de M. le prince, qui caballent tousjours en ces pays, se disposent à le secourir et parce que mes gardes d'infanterie se sont affaiblies, en sorte que je fais monter soixante maistres de cavalerie à pied à la tranchée, ne pouvant fournir mes gardes de tranchée à présent que j'ay deux attaques; sans cavalerie, je ne scaurois escorter avec seureté Monsieur d'Angoulesme.

« Si bien que voulant prendre Montrond en gardant mondit seigneur, je me suis résolu de me donner la subjection de le garder jusques à la prise de ladite place pour ne perdre pas un moment de temps à presser mes attaques par l'absence de ma cavalerie, après quoy je seray en liberté de le faire conduire au lieu qui m'a esté mandé ou ailleurs, si on me le fait sçavoir. Je suis,

« Monsieur,

« Vostre très-humble et très-obéissant serviteur,

« PALUAU [1] ».

Les raisons objectées par le comte de Palluau pour se refuser, jusqu'à formelle insistance, à obtempérer aux ordres de la cour, n'étaient certainement pas dénuées de sérieux fondements; les deux corps que l'on aurait tirés de sa petite armée, l'un pour rejoindre l'armée du roi aux environs de Paris, l'autre, l'armée d'Italie, eussent constitué pour ces deux armées des renforts bien insignifiants, s'ils ne

---

[1] Lettre inédite; *Archives du Ministère de la guerre,* vol. 134.

se fussent même dispersés sur la route; et le troisième corps qui serait resté sous les murs de Montrond eût été évidemment incapable d'en maintenir le blocus, même contre la seule garnison de la place. Il n'est guère douteux que cet abandon du siége et le retrait de la majeure partie des troupes n'eussent été le signal d'une vive explosion du parti de la Fronde dans les provinces du Berry, du Bourbonnais et de l'Auvergne; le centre de la France aurait pu se soustraire d'un seul coup à l'autorité royale. Au milieu du désordre général, il est peu surprenant que le Conseil du roi fût imparfaitement informé de l'état des forces du comte de Palluau ; peut-être aussi voulait-il presser ce général d'emporter la place par la crainte de lui faire perdre l'honneur d'un commandement en chef. Le désir de conserver ce commandement a pu, il est vrai, porter Palluau à amoindrir dans une certaine proportion la valeur et le nombre des troupes dont il disposait. Du reste, sans prendre un engagement positif, il donnait à espérer qu'il serait maître de la place dans les premiers jours du mois suivant.

Il n'aurait manqué au comte de Palluau pour surcroît d'embarras que d'avoir à faire conduire plus loin, pour le mieux placer sous la main de la cour, un prisonnier dont l'escorte ne demandait pas moins de quatre cents chevaux. Cet obstacle nous fournit l'explication, qui était restée ignorée, du motif pour lequel le duc d'Angoulême demeura prisonnier à Saint-Amand, sous les murs de Montrond, pendant la durée du siége de ce château. Ce captif d'importance nous amène incidemment à parler de la Fronde de Provence, qui venait de se terminer.

Louis-Emmanuel de Valois, duc d'Angoulême, avait eu pour père Charles de Valois, duc d'Angoulême, fils naturel de Charles IX et de Marie Touchet. Louis-Emmanuel, connu d'abord sous le titre de comte d'Alais, destiné à l'état ecclésiastique, était, dès sa jeunesse, pourvu des abbayes de Saint-André de Clermont et de la Chaise-Dieu, en Auvergne, ainsi que de l'évêché d'Agde. Son frère aîné, Henri de Valois, ayant été atteint de démence, Louis-Emmanuel rentra dans le monde et prit la profession des armes. Il se distingua aux siéges de Montauban et de La Rochelle, ainsi que dans les uerres d'Italie; il avait été nommé, en 1637, par Louis XIII, colonel général de la cavalerie et gouverneur de Provence. Depuis la mort de son père arrivée en l'année 1650, il portait le titre de duc d'Angoulême [1].

---

[1] Il avait épousé Henriette de la Guiche, dame de Chaumont, veuve de Jacques de Thorigny, tué en duel en 1628, fille aînée et héritière de Philibert, seigneur de la Guiche et de Chaumont, grand-maître de l'artillerie de France. La fille de Louis Emmanuel de Valois avait épousé à Toulon, en 1649, Louis de Lorraine, duc de Joyeuse, grand chambellan de France. Voy. *l'Histoire généalogique du P. Anselme.*

Au début de la Fronde, Louis-Emmanuel de Valois avait soutenu la cause royale dans son gouvernement de Provence contre deux chefs principaux du parti contraire : le comte de Carces [1] et le président d'Oppède. Lorsque dans la seconde phase de la Fronde, le prince de Condé eut abandonné le parti du roi pour embrasser la cause qu'il avait d'abord combattue, le duc d'Angoulême, en sa qualité de cousin germain de ce prince, devint suspect à la cour qui lui enleva le gouvernement de Provence pour le donner au duc de Mercœur. Le titre le plus essentiel du fils aîné du duc de Beaufort à cette faveur, était d'avoir épousé Laure Mancini, nièce du cardinal Mazarin, lors du premier exil du ministre disgracié. Le duc d'Angoulême s'étant refusé à céder la place à son successeur, sa résistance l'avait jeté dans le parti de la Fronde ; tandis que, par animosité contre lui, ceux qui avaient été frondeurs jusque-là, le comte de Carces et le président d'Oppède, embrassèrent le parti du roi, suscitant contre le gouverneur dépossédé, l'un, la noblesse de Provence, l'autre, le parlement d'Aix. « Ainsi, dit

---

[1] Jean de Pontèves, comte de Carces, grand sénéchal et lieutenant du roi en Provence, comme son père et son aïeul, en faveur duquel la seigneurie de Carces avait été érigée en comté, par lettres-patentes données à Gaillon, en 1571. — Ces renseignements généalogiques ont été fournis à l'auteur par M. le comte Guillaume de Sabran-Pontèves, frère de Madame la vicomtesse de Cosnac, sa belle-sœur.

Montglat dans ses *Mémoires* : les rebelles devinrent royalistes et les royalistes rebelles. »

La guerre fut vive de part et d'autre ; le duc de Mercœur emporta, après un siége, les petites villes de Tarascon et de Saint-Tropès ; Arles et Marseille conclurent des accommodements ; mais l'opération la plus importante fut le siége de Toulon, pour lequel le duc de Mercœur fit des préparatifs considérables. Il établit à Aix son quartier général ; il y fit la levée et la concentration de deux régiments de milice à dix compagnies de soixante-douze hommes chacune, non compris les officiers ; l'un prit son nom, l'autre celui du comte de Carces. Pendant ce temps, les régiments de Vendôme et d'Entragues, les compagnies de cavalerie de Mondevergnes, de Janson et de Lignières, recevaient l'ordre d'aller occuper Ollioules et la Valette et de placer des détachements à La Garde et à Sifours ; considérant ces quatre postes comme les plus essentiels pour isoler Toulon des secours et pour commencer son attaque. Le 9 septembre 1652, le duc de Mercœur arriva lui-même à Ollioules. Simultanément l'attaque par mer était préparée, le chevalier de La Ferrière de retour de l'inutile tentative de secourir Barcelone où il n'avait pu jeter que quelques vivres insuffisants pour prolonger longtemps la résistance, croisait sur les côtes de Provence ; depuis le commencement de septembre, il était mouillé en rade de La Ciotat avec douze vaisseaux. La ville de Toulon, étreinte par terre et par mer, ne jugea pas à propos de subir les chances d'une attaque à force ouverte ; elle parlementa. Son évêque et les consuls signèrent, le 12 septembre, la capitulation sous la condition d'une amnistie générale ; le lendemain, le régiment d'Angoulême sortit de la ville dont le duc de Mercœur prit possession au nom du roi [1].

Les places de Sisteron et de la Tour du Bouc furent les dernières à déposer les armes. En définitive, le duc d'Angoulême vaincu et fait prisonnier [2], était conduit d'étape en étape à travers la France, lorsque le comte de Palluau, le retenant au passage, jugea à propos de le garder dans son camp.

Le prisonnier fut enfermé dans la petite ville de Saint-Amand, d'où le comte de Palluau dirigeait avec plus de précision que d'activité les opérations du siége.

La captivité du duc d'Angoulême se prolongea même au delà de la capitulation de Montrond ; il resta durant trois mois à Saint-Amand. Au bout de ce temps, sur ses assurances de soumission, il fut rendu à la liberté [3].

---

[1] Nous avons tiré de la *Gazette* la plupart de ces détails.

[2] Montglat, quoique généralement bien informé, a ignoré la captivité du duc d'Angoulême dont il ne parle pas dans ses *Mémoires*.

[3] « Le roy ayant été amplement informé de l'affection et

De sa prison de Saint-Amand, le captif de l'armée royale pouvait entrevoir à distance les étroites ouvertures qui donnaient jour dans les cachots du château de Montrond. Dans ces cachots étaient renfermés trois notables prisonniers : M. de La Fayette, le marquis de Sessar, fils du comte de Clermont-Lodève, et Claude Biet, seigneur de Maubranche, lieutenant-général au bailliage du Berry, maire de Bourges, à l'arrestation duquel nous avons assisté l'année précédente, arrestation opérée par le prince de Conti lui-même qui avait d'abord renfermé dans la grosse tour de Bourges[1] le magistrat municipal récalcitrant à sa cause.

Lorsque ce prince avait été forcé d'abandonner Bourges pour échapper aux manifestations provoquées par la nouvelle de l'arrivée du jeune roi, il avait tiré de la tour, le 4 octobre 1651, et fait transporter sous bonne escorte son prisonnier au château de Montrond. Celui-ci n'a pas cessé d'y être gardé captif ; mais depuis le siège entrepris par les troupes royales, les bruits de l'attaque soutiennent dans son cœur l'espoir de sa délivrance.

sage conduite du duc d'Engoulesme, lui a envoyé toutes les dépesches nécessaires pour sa liberté, après avoir été arresté et détenu pendant trois mois à Saint-Amand : d'où il est sorti le 5 du courant sans autre condition que celle d'aller remercier S. M. » *Gazette* ; *sous la rubrique de Montrond*, 11 *octobre* 1652.

[1] Tome Ier, p. 307.

Plus encore que ses compagnons d'infortune Claude Biet est en but aux rigueurs de la captivité. Sa fidélité à la cause royale le rend responsable aux yeux de la garnison de la perte de Bourges et de la province du Berry ; elle le rend responsable encore des dangers et des souffrances d'un long siége. Il n'y avait pas, dit Claude Biet, dans une narration écrite par lui-même, jusqu'au moindre soldat qui ne se fît l'arbitre de sa vie. Quatre fois il fut changé de prison, pour être chaque fois plus rigoureusement renfermé ; et la dernière, dans laquelle il demeura trois mois, était une chambre dont les fenêtres étaient murées, et qui ne recevait de jour que par deux petites ouvertures au-dessus de la porte. Le plus grand danger qu'il courut fut à l'occasion de la condamnation à mort du nommé Eustache, fils de la femme du concierge du château, que les troupes royales avaient fait prisonnier. On était au 21 mai 1652 ; Gallet, major de la place, entra dans la chambre commune où Biet était renfermé avec MM. de Sessar et de La Fayette, et lui dit, de la part du marquis de Persan, qu'il était informé qu'à deux heures de l'après midi, Eustache allait être pendu dans le camp royal ; et que s'il ne voulait l'être lui-même, à la même heure, il devait écrire à M. de Baradat pour empêcher l'exécution d'Eustache. Biet s'y refusa d'abord avec énergie ; mais sur les instances de ses deux compagnons de captivité, il finit par consentir à écrire une lettre dans laquelle il priait M. de Baradat de n'avoir nul égard pour sa personne si Eustache était un espion ; mais que s'il était accusé pour une faute légère, il l'obligerait de le traiter comme un homme de guerre et le mettre à une forte rançon qu'il était très en état de payer.

La fin du mois de juillet est arrivée et Montrond n'est pas encore pris ; la cour s'impatiente, le comte de Palluau s'impatiente plus fort encore ; il rejette la responsabilité de ces lenteurs sur le commissaire même de la cour ; sur l'intendant qu'elle lui a envoyé sur sa propre demande, il est vrai, mais qui répond bien mal à l'espoir qu'il s'était fait de son utile concours. Il est impossible au général d'obtenir aucun subside de l'intendant, il est sans argent et sans pain pour faire vivre les soldats du roi, sans poudre et sans plomb pour envoyer la mort dans les rangs des soldats de Condé. Vainement le général a proposé d'engager sa responsabilité personnelle, en cas de désapprobation de la cour du visa de ses ordonnances, pour lever vingt mille écus sur trois provinces ; l'intendant résiste et imperturbablement oppose au général un conseil qui l'exaspère : la patience. En fin de compte, Palluau, pour ne pas accuser les mauvaises intentions de l'intendant, accuse hautement son incapacité ;

il fait porter au ministre par un homme de confiance la lettre suivante :

« Au Camp devant Montrond, ce 30 juillet 1652.

« Monsieur,

« Je ne scay comment je vous dois escrire ayant à me plaindre du mauvais procédé de M. Le Tellier, après vous l'avoir demandé avec de si pressantes instances, je crois que pour ne le pas soubçonner de mauvaise intention, il faut s'en prendre à son ignorance au fait de la guerre. Il croit qu'une armée qui est attachée à un aussi grand siège qu'est celuy de Montrond peut y demeurer sans pain, sans munitions de guerre et y agir sans argent, et ne scayt ou ne veut pas cognoistre que une entreprise de la conséquence de celle de Montrond et qui approche de ses fins, mérite qu'on augmente les fonds de la cour. En telle nécessité pressante, lors qu'on n'a pas le temps d'attendre des nouveaux ordres du Conseil sans périr, je luy ay proposé tout ce qui se peut penser pour sa descharge, pour viser seulement mes ordonnances de la somme de vingt mille escus à prendre sur trois provinces, luy offrant un acte d'indemnité en cas que la cour désaprouvast les levées que j'aurois faites, si bien que ce grand ministre au fait des finances trouve que c'est un grand effort de capacité que de faire traisner cent trente huict mille livres sur une province, quand il a les ordres du Roy pour cent cinquante ; et si encor, quoy qu'il fasse des remises, donne les termes si à contre temps qu'il y en a qui vont jusques au quinziesme de septembre.

« Vous scavez, Monsieur, comme on se peut aider de semblables fonds, lorsqu'ils sont destinés pour le pain, pour les munitions de guerre et pour l'argent des travaux, et vous dit de sens froid, quand on manque de tout cela, qu'il fault avoir patience, et qu'il en faudra escrire à la cour.

« Je vous diray en passant que sur la somme des cent mille livres, on en a retenu trente-deux pour l'achapt des poudres de Lyon, et que il y en avoit plus de quarante mille de mangés auparavant que le siège fust commencé pour la fourniture du pain des troupes de cette armée. Je laisse à M. Cuvier à vous dire le désespoir où le procédé de cet homme l'a mis et la modération que j'ay eue avec la plus grande peine du monde, car je vous avoüe franchement que tout ce qui s'oppose à la prise de Montrond me déconcerte tellement l'esprit que cela me met hors de moy-mesme, non par la gloire que j'espère avoir d'un si heureux succès avec si peu de monde et si peu d'assistance ; mais par l'importance dont cette affaire là est au service du Roy ; je vous diray encor une fois que si on avoit manqué à prendre Montrond dans la conjoncture présente, je ne treuve plus de lieu où le roy puisse estre le maistre et où il eust seureté dans son royaume et je vous soustiens que de la perte de cette place là despend entièrement la ruine des affaires de Monsieur le prince. Pour moy, il n'y a de violence où je ne me porte plus tost que d'en partir sans la prendre. Je vous supplie très-humblement de m'envoyer des ordres du Roy pour prendre une somme en une ou plusieurs provinces voisines qui puisse me donner moyen d'achever cette entreprise souhaitant faire des levées avec les ordres ordinaires pour éviter la ruine qu'on cause aux peuples quand on fait des levées de taxes par les gens de guerre.

« Je me remets encor à mon ambassadeur à vous dire de vive voix l'estat où je me treuve dans un temps où je me voy sur le point de rendre le plus grand service du monde à la couronne. Il vous dira aussy l'estat du siège, tant des ouvrages que les ennemis ont perdus que des mineurs qui sont attachés, et de ceux que l'on doist demain attacher.

« Il faut que je vous die encore une fois que voilà les endroits où mon dit sieur Le Tellier dit qu'il faut avoir patience et qu'on aura de la poudre quand on aura les ordres de la cour.

« Nous nous sommes séparés fort mal : et parce

que après le premier chagrin, je n'ay pensé qu'à faire réussir le service du Roy, je luy envoye M. de Baradat avec la proposition par escrit ci-jointe. après quoy je ne vous diray plus rien à son esgard, parce que vous comprendres son intention ou sa capacité par sa conduite et son refus.

« Je suis,

« Monsieur,

« Vostre très-humble et très-
obéissant serviteur,

« Paluau (¹). »

Une lettre qui va suivre nous apprend que le comte de Palluau a dû quitter un instant son armée pour se rendre à Bourges, afin d'y voir l'intendant et de presser les subsides. La cour lui a fixé un nouveau délai, le dix août, pour la prise de Montrond. Ce terme passé, le siége doit être levé irrévocablement ; mais le général refuse d'assumer sur lui un tel déshonneur et demande, en cas de persistance de la cour, la nomination d'un successeur qui prenne la responsabilité de l'exécution d'un tel ordre. On ne saurait méconnaître la noble fierté du général qui préfère se retirer et encourir une disgrâce certaine en heurtant en face les volontés de la cour, plutôt que de forfaire à ce qu'il consi-

---

[1] Lettre inédite ; *Archives du Ministère de la guerre*, vol. 134.

dère comme une loi de l'honneur et comme un devoir à remplir pour le service du roi et de la patrie. La centralisation en germe qui travaillait à conduire à bonne fin administrative l'œuvre, depuis si bien réussie, de l'abaissement des caractères et de l'amoindrissement de la France, ne faisait pas encore considérer la possession d'une fonction, quelque haute, quelque importante qu'elle pût être, comme préférable au cri de la conscience. Du reste le comte de Palluau annonce une bonne nouvelle : dans trois ou quatre jours les assiégés doivent monter dans le donjon ; c'est-à-dire qu'ils ne peuvent plus tenir dans les ouvrages de la première enceinte, et qu'ils vont être forcés de se réfugier dans le vieux château qui forme le noyau central de la place. Une telle détermination fait prévoir que celui-ci ne saurait tarder à succomber.

Voici la lettre du comte de Palluau au ministre Le Tellier :

« A Bourges, ce 7ᵉ aoust 1652.

« Monsieur,

« Monsieur le comte de Pionsac[1] estant mort de maladie, et laissant son régiment, le sieur de la Madalie qui le commande va vous trouver pour vous

---

[1] Voy. sur lui la note de la p. 52.

suplier de luy faire avoir ledit régiment ; et comme sa compagnie en fait une bonne partie et qu'il est homme de mérite et capable de bien servir le roy, je joins ma suplication avec la sienne pour vous obliger à prendre ses intérests en cette rencontre. Vous pouvez juger, puisque je suis venu en ceste ville pour chercher à vivre à Montrond, en quel estat la mauvaise conduite de l'intendant réduit mes troupes. Je m'en retourne ce soir pour faire jouer, demain ou après, deux mines royales. Comme je croy que le sieur Cuvier m'apportera toute sorte de satisfaction à l'esgard du dit intendant, je feray ce que je pouray pour pousser ma patience jusqu'à son retour ; si j'en uze autrement, je vous supplie de croire que j'y seray obligé par une nécessité insupportable.

« Comme je voy par le retour de Person qui m'a rendu vostre dépesche ce matin, que Sa Majesté me limite encor le siège et la prise de Montrond au dixièsme de ce mois, et qu'après cela, si la place n'est prise, j'aye à la quitter, je vous diray, Monsieur, que les choses de ceste nature ne se font pas si pressizément en une aussy bonne place qu'est Montrond, et pour ne plus contester contre les volontez de Sa Majesté, je vous diray que quand vous voudrez déterminément qu'on lève le siège, je vous suplie auparavant de me déposséder du commandement de l'armée, et que celuy qui en sera chargé après moy fasse ladite levée du siège et commande les troupes ensuite, car je connais la chose de si grande importance et qui attire après soy des suites si fascheuses et si dommageables au service du roy que je ne scaurois jamais consentir à obéir à ces ordres-là, estant asseuré que celuy qui le fera en aura un reproche éternel de la Cour et de tout le royaume, selon toutes les aparences du monde.

« Les ennemis doivent monter au donjon de Montrond dans trois ou quatre jours, beaucoup de gens ont parié icy pour la prise de ceste place, les uns au dix et les autres au vingt de ce mois. Pour moy qui la souhaite plus que personne du monde, je n'ozerois vous dire en quel temps je l'espère, parce que dans les choses de ceste nature mon opinion passeroit pour une promesse positive et les événements sont à la main de Dieu ; seulement je vous diray que je parierois, comme les autres, tout ce que j'ay au monde. Je suis, comme je dois, qui est à dire plus que personne du monde,

« Monsieur,

« Vostre très-humble et très-obéissant serviteur,

« Paluau [1]. »

Enfin le château de Montrond est serré de près;

[1] Lettre inédite tirée des *Archives du Ministère de la guerre*, vol. 133.

un plan officiel[1] nous permet de suivre pas à pas les travaux et les progrès du siége.

L'armée royale a commencé par établir ses logements sur la contre-escarpe en face du front de l'attaque principale par laquelle doit se terminer la réduction de la place. Une parallèle couverte par des relèvements de terre protége toute cette étendue. Après s'être solidement retranchés au pied de la place, les assiégeants disposent une formidable batterie de vingt pièces de canon [2] et concentrent leur attaque sur l'un des ouvrages extérieurs situé sur leur droite, c'est-à-dire sur la tenaille [3]. Ce genre de fortification, qu'il faut distinguer de la tenaille du fossé, petit ouvrage élevé devant les courtines au milieu du fossé, est relativement moderne ; néanmoins il est aujourd'hui abandonné, parce que les faces ne sont pas flanquées suffisamment et que l'angle rentrant sans défense peut permettre à l'assaillant d'y établir un logement. Cette faiblesse relative fit certainement diriger les premières attaques du côté de cet ouvrage, abordé sur trois points par trois boyaux partant de la parallèle. Sur ces trois points, le premier sur l'un des flancs de la tenaille, les deux autres au centre à peu près de cha-

[1] Pour l'intelligence du récit qui va suivre, voyez le plan du siége de Montrond placé à l'Appendice.

[2] Voy. au chap. XXXIII la dépêche de Lenet à Saint-Agoulin, du 5 juillet 1652.

[3] Indiqué sur le plan par la lettre A.

cune de ses faces, des mines sont creusées sous la muraille [1]. Leur explosion ouvre des brèches par lesquelles les assiégeants montent à l'assaut, et s'emparent de la tenaille; mais, à peu de distance en arrière, les assiégés ont, pendant les travaux d'attaque, creusé une première traverse [2] reproduisant d'une manière imparfaite une seconde tenaille concentrique à la première. Ce nouvel obstacle est enlevé; mais en arrière encore les assiégeants rencontrent sur leur gauche une seconde traverse [3] partant du fossé de la place vis-à-vis de l'angle du bastion du donjon, dit du Charbonnier, pour se relier à la courtine qui joint la tenaille au bastion situé en avant de la tour du Pot-à-beurre, appelé bastion des Pommiers [4].

Les assiégeants, maîtres des ouvrages extérieurs situés sur leur droite, dirigent alors leurs principaux efforts sur les ouvrages de gauche et sur la courtine dont nous venons de parler [5]. Ils ouvrent un boyau qui les conduit au pied de l'une des faces

[1] Ces trois mines sont indiquées sur le plan par les lettres F, G, H, trois lignes indiquent les boyaux conduisant de la parallèle à ces trois mines.
[2] Traverse indiquée sur le plan, dans l'intérieur de la tenaille, par la lettre B.
[3] Traverse indiquée sur le plan par la lettre C.
[4] Voy. sur le plan, le bastion des Pommiers placé en avant de la tour du Pot-à-beurre.
[5] Voy. sur le plan le tracé de cette courtine qui joint la Tenaille au bastion des Pommiers.

du bastion des Pommiers et font jouer une mine dont l'effet n'est pas assez considérable pour leur permettre encore l'assaut de cet ouvrage [1]. Alors ils détachent de la parallèle un nouveau boyau qui se bifurque : une branche atteint la base de l'un des flancs de ce bastion; l'autre branche, la base de la courtine; et, sur ces deux points, ils creusent deux nouvelles mines [2] prêtes à jouer au moment où est tracé le plan placé sous les yeux du lecteur.

Les assiégés, en présence de la perte inévitable et prochaine de la courtine et du bastion des Pommiers élèvent en arrière un retranchement dont les lignes forment un bastion improvisé [3] qui protége encore la tour du Pot-à-beurre. Ils prévoient que dans un délai très-court, ils seront forcés d'abandonner ce qui leur reste de la seconde enceinte de la place pour concentrer leur défense dans le donjon, c'est-à-dire dans le château proprement dit situé au sommet de la colline. Ce moment doit être d'autant plus proche que dans la nuit du 20 au 21 août, ils perdent encore une de leurs lignes de

[1] Voy. sur le plan cette mine indiquée sur la face du bastion des Pommiers par la lettre D; une ligne indique le boyau conduisant de la parallèle à cette mine.

[2] Voy. sur le plan ces deux mines indiquées par la lettre E s'appliquant aux deux points où les deux lignes du boyau bifurqué viennent atteindre, l'une le flanc du bastion des Pommiers, l'autre, la courtine qui joint ce bastion à la Tenaille.

[3] Voy. sur le plan ce retranchement indiqué par la lettre L, au-dessous de la tour du Pot-à-beurre.

défense ; la seconde traverse de la tenaille [1], vis-à-vis de l'angle du bastion du Charbonnier, est emportée par le régiment de Palluau.

Tel est le point où sont arrivées l'attaque et la défense, lorsque le comte de Palluau écrit au ministre Le Tellier la lettre suivante, en l'accompagnant de l'envoi du plan du siége tracé par un nouvel ingénieur attaché à son armée :

« Au Camp devant Montrond, ce XIe aoust 1652.

« Monsieur,

« Ceste nuit mon régiment s'est rendu maistre de la dernière traverse que les ennemys avoient dans l'esplanade de la tenaille ; cela m'a donné lieu d'atacher le mineur au flanc d'un ouvrage qui s'appelle le Tambour. J'espère y en atacher demain un autre.

« Je vous envoye un plan fait à la bigarnaize (*sic*) par un ingénieur nouveau à qui l'impatience de voir la fin de ce siège y a tellement mis ladite place dans la teste qu'il n'y a rien d'obmis ny augmenté dans ledit plan et les attaques. Vous tirerez vos conjectures là-dessus et il vous sera permis de ne parier pas. Je croy qu'après avoir veu le plan, vous me permettrez aussy que je trouve beaucoup à re-

---

[1] Voy. sur le plan cette traverse indiquée par la lettre C.

dire à l'impatience qu'on a eue à la Cour sur le siège de Montrond, l'attaquant comme je fais avec si peu de troupes que je n'ay que ce qu'il faudrait pour le siège d'une esglise médiocre [1]; mais il n'est pas temps encore de vous gronder, il faut que Montrond soit pris. Je vous supplie de donner ce plan-là à Son Eminence et de me croire sans esgal,

« Monsieur,

« Vostre très-humble et très-
obéissant serviteur

« Paluau [2]. »

Le marquis de Persan comprend qu'il est arrivé aux dernières limites de sa belle défense et qu'il ne peut songer à une plus longue résistance, s'il n'est secouru ; une partie de la place est emportée, sa garnison est affaiblie, la disette des vivres est extrême ; il traite alors avec le comte de Palluau et souscrit une capitulation conditionnelle :

Articles accordés entre M. le comte de Palluau, maistre de camp général de la cavalerie légère de France, commandant pour le service du roi en sa province de Berry, lieutenant-général-ès-armées

---

[1] Cette comparaison n'a rien qui puisse surprendre, on sait qu'un grand nombre d'églises du moyen-âge étaient fortifiées.

[2] Lettre inédite; *Archives du Ministère de la guerre*, vol. 134.

de Sa Majesté, et M. le marquis de Persan, commandant dans le château de Montrond, appartenant à Monsieur le prince.

1° Que si dans le dernier jour d'août, inclusivement, il ne vienne un secours si considérable qu'il ne batte l'armée de Mazarin et lui fasse lever le siége de devant le château de Montrond, M. de Persan ou autre commandant remettra ledit château entre les mains de M. de Palluau ou autre commandant des troupes du roi en sa place.

2° Que le lendemain, premier jour de septembre prochain, à huit heures du matin, toute la garnison et bourgeois sortiront avec armes et bagages, tambour battant, mèche allumée et autres formalités accoutumées aux gens de guerre.

3° Que cependant, seront fournis à ladite garnison et bourgeois, les vivres nécessaires pour leur subsistance courante, en payant au taux de l'armée, jusqu'au jour susdit.

4° Qu'en attendant le terme susdit, tous travaux d'attaques et défenses, pour le regard de la place, cesseront de part et d'autre, sans préjudice de ceux que l'armée de Mazarin pourrait faire contre le secours; et pour l'observation de cet article seront envoyés tous les jours des gens, de part et d'autre, pour visiter lesdits travaux.

5° Que s'il se présentait un secours, M. de Persan ou autre commandant en ladite place s'oblige à demeurer neutre avec toute sa garnison, pendant le temps du combat, jusqu'à ce qu'il ait été décidé; et, en cas que ladite armée se perdît et fût chassée de devant la place, les otages seront remis de bonne foy.

6° Que tous les officiers, de quelque condition qu'ils soient, soldats et habitans de Saint-Amand et pays circonvoisins, auront la vie sauve avec la liberté, et ne pourront être recherchés en aucune façon pour le fait de Montrond.

7° Et pour le regard des sieurs Tallon, La Coste, Ballet et Marcilly, M. de Persan remet à Sa Majesté d'ordonner ce qui lui plaira sur leur absence de Dunkerque, et promet néanmoins de lui en écrire en leur faveur comme en celle des bourgeois de Saint-Amand, en ce qui concerne leurs offices, les comprenant, du reste, dans la capitulation, à l'esgard de Montrond, de mesme façon que tous les autres; c'est-à-dire qu'ils sortiront avec armes et bagages pour demeurer dans leurs maisons, sans qu'il leur soit permis de sortir aucunes munitions de guerre ou de bouche dudit Montrond.

8° Qu'il sera donné à ladite garnison une escorte suffisante pour la conduire en toute sûreté, par le chemin le plus court, jusqu'à Montargis, où il lui sera fourni une route du roi pour aller en même sûreté, et par le chemin le plus court, à Paris. Et quant aux officiers ou soldats qui se voudront retirer dans leurs maisons ou autres lieux où il leur plaira, il leur sera donné des passe-ports de mondit sieur de Palluau, pour cet effect ; et pour la sûreté de l'escorte susdite, les otages donnés pour l'observation du présent traité demeureront jusqu'à son retour.

9° Que quatre jours auparavant la sortie de ladite garnison, il sera fait inventaire de bonne foy de toutes les munitions de guerre et de bouche, comme aussi des canons, mousquets et autres armes qui sont dans ladite place, et pour en être ordonné par Sa Majesté.

10° Qu'il sera fait un inventaire des meubles appartenant à Monseigneur le prince, dont partie sera voiturée à Châteauroux ; pour quoy faire seront fournies les escortes et les charettes nécessaires ; même que le commandant de l'escorte rapportera un certificat de les avoir consignés au gouverneur dudit Châteauroux ; et que l'autre partie, qui ne pourra être voiturée, sera laissée au concierge de mondit Seigneur, auquel il sera permis, sous le bon plaisir du roy, de demeurer dans ladite place pour en avoir soin.

11° Que le sieur Hautefeuille jouira paisiblement de sa ferme, comme les autres fermiers que Monseigneur le prince a dans le Berry, jusqu'à nouvel ordre de Sa Majesté.

12° Que tous les prisonniers qui sont dans Montrond seront remis en liberté, de bonne foy, le jour de la réduction de ladite place.

13° Que tout ce qui se trouvera avoir été pris dans les partis de guerre demeurera aux possesseurs, à l'égard des habitants de Saint-Amand comme des autres.

14° Que tous les soldats qui ont quitté les troupes, tant d'un parti que de l'autre, ne pourront être recherchés pour ce sujet, et jouiront de tout l'avantage contenu au présent traité, pour la sûreté duquel les sieurs de Gastare et de Cusson demeurent jusques à l'entière exécution d'iceluy.

« Fait au Camp, devant Montrond, le 22° aoust 1652.

« DE PALLUAU. DE PERSAN [1]. »

Le jour même de la capitulation de Montrond, le comte de Bussy-Rabutin, de son gouvernement de la Charité [2], écrivit au ministre Le Tellier :

« 22 aoust 1652.

« Monsieur,

« Les avis que j'ay de tous côtés des préparatifs que M. le prince fait pour secourir Montrond m'ont

---

[1] Ce traité a été imprimé par Nicolas Vaillant, Paris, 1652.
[2] C'est à la Charité que, peu de mois auparavant, il avait laissé échapper au passage le prince de Condé. Voy. tom. II, p. 74.

obligé de mander toute la noblesse de cette province pour, avec trois compagnies que j'ay de mon régiment de cavalerie auprès de moy, aller aux ennemis ou joindre M. de Palluau, suivant l'état où je scauray qu'ils marchent. Je croy que vous serez bien aise d'apprendre que si l'on tente un secours, l'on ne nous surprendra pas ; pour moy, je n'oubliray rien de ce qui pourra faire connoistre mon affection au service du roy et me donner votre estime ; cependant faictes-moy l'honneur de me croire,

« Monsieur,
  « Votre très-humble et très-
    obéissant serviteur,
  « Bussy Rabustin. »

« De la Charité, ce 22ᵉ aoust 1652[1]. »

Bien que la capitulation de Montrond ne stipulât la liberté des prisonniers qu'après la réduction définitive de la place, Claude Biet obtint la faveur, à la suite de quelques négociations repoussées d'abord par le marquis de Persan, d'être mis en liberté provisoire en signant cet écrit :

« Nous Claude Biet, seigneur de Maubranche, conseiller du roy en ses conseils, lieutenant-général au bailliage de Berry et siége présidial de Bourges,

---

[1] Lettre inédite, *Archives du Ministère de la guerre*, vol. 134.

promettons à M. le marquis de Persan ou autre commandant en son absence, de nous remettre prisonnier au château-fort de Montrond, en cas que la place soit secourue aux termes de la capitulation, dans le dernier du mois d'août 1652; cependant de nous retirer en notre dite maison de Maubranche, d'où ne partirons pour aller ailleurs et là n'agir ni ne travailler pendant ce temps que pour nos affaires domestiques.

« Fait audit Mont-Rond, le vendredi 16e du mois d'aoust 1652.

« Signé de nous,

« BIET. »

A sa grande surprise, en entrant dans Saint-Amand, le prisonnier trouva sa femme, Catherine Habier, et son fils, accourus pour le recevoir. Après avoir remercié le comte de Palluau de ses bons offices, il eut hâte de s'éloigner pour ne plus voir les tours de Montrond, et il s'en alla prendre gîte pour la nuit chez le marquis de Nangis, au château de Meillant, d'où il partit le lendemain, en passant par Dun-le-roi, pour arriver le même jour à Maubranche.

Fidèle à la parole donnée, il résista aux instances des échevins de Bourges, qui, trop impatients, voulaient, pour obtenir sa liberté complète, menacer de prison tous ceux du parti contraire que l'on pourrait saisir. Il ne rentra à Bourges que lorsque la capitulation de Montrond fut rendue définitive ; plus de cent personnes vinrent le chercher à cheval à Maubranche, et il fut reçu aux portes de la ville par une ovation des habitants.

Si le marquis de Persan, pour rendre définitive la capitulation de Montrond, y avait mis pour condition que la place ne serait pas secourue ou le serait inefficacement avant la fin du mois d'août, c'est qu'il comptait sur un sérieux secours qui annulerait la capitulation. Dans l'extrémité où il était réduit, il s'assurait encore une chance pour conserver Montrond, et cet avantage justifie la clause acceptée par lui et singulière au premier aperçu, par laquelle il s'engageait à rester neutre pendant le combat que le corps de secours aurait à livrer aux troupes assiégeantes. En effet, dès que le prince de Condé eut été prévenu des clauses conditionnelles de la capitulation, justement préoccupé de la conservation d'une place à laquelle il attachait une grande importance, il détacha de sa propre armée un corps de troupes pour voler à son secours. Afin que sa marche fût plus rapide, ce corps était composé exclusivement de cavalerie. Il ne comptait que cinq cents chevaux ; mais, en traversant le Berry, il devait, d'après des prévisions assurées, faire boule de neige et se grossir. Il était placé sous les ordres de Briord, maître de camp du régiment de Condé-cavalerie, qui devint plus tard premier écuyer du prince de Condé ; enfin ambassadeur à Turin et en Hollande [1]. Dès que ce corps, qui passa la Loire à Châteauneuf-sur-Loire [2], fut arrivé en Berry, les partisans du prince de Condé signalés par la lettre de l'intendant Le Tellier, les marquis de Coligny [3], de Lévis, de Valençay, de Saint-Geran [4], le joignirent avec les forces qu'ils avaient mises sur pied [5].

En même temps que Briord quittait l'armée du prince de Condé, le maréchal de Turenne détachait de son camp, en Brie, un contre-secours composé de six cents chevaux sous les ordres du vicomte de Montbas, gouverneur de Melun [6]. Ce corps devait aussi se grossir en Berry des partisans de la cause royale assemblés par le comte de Bussy-Rabutin, réunis aux trois compagnies de cavalerie dont il parle dans sa lettre ; en outre, deux gentilshommes du Bourbonnais, MM. de Franchesse et de la Pierre, accouraient avec quelques troupes.

Ces forces auxiliaires portaient le secours de Montrond du côté du prince de Condé à quinze

---

[1] Voy. les *Mémoires* du duc de Saint-Simon.

[2] Bourg qui fait aujourd'hui partie du département du Loiret.

[3] Joachim, marquis de Coligny et d'Andelot, de la branche de Cressia.

[4] Claude Maximilien de la Guiche, marquis de Saint-Geran, fils de Jean-François de la Guiche, seigneur de Saint-Geran, maréchal de France.

[5] Voy. les *Mémoires* de Tavannes.

[6] Voy. sur lui : tom. II p. 254, 310, 311, 343, 394.

cents chevaux et six cents fantassins environ ; le contre-secours pouvait être évalué à des forces équivalentes. Ces détachements de partis opposés se heurtèrent en quelques rencontres généralement à l'avantage du parti des princes : dans l'une d'elles, Franchesse et La Pierre furent mis en fuite et blessés dans le combat ; dans une autre, Bussy-Rabutin, repoussé, dut se mettre à l'abri dans le château de Thaumiers [1] où il fut investi. Enfin les habitants des villes de Châteauroux, au nombre de trois cent cinquante, ceux d'Issoudun, au nombre de quatre cents, se mirent en mouvement : les premiers pour la cause des princes, les seconds pour la cause du roi. Ils se joignirent entre Dun-le-Roi et Châteauneuf-sur-Cher, et se chargèrent si vivement que cinquante d'entre eux demeurèrent sur la place. Sans que la victoire se fût prononcée d'aucun côté, ils continuèrent leur route en se côtoyant. Les partisans du roi poussèrent jusqu'à Saint-Amand ; les partisans des princes s'arrêtèrent à Charenton, à deux lieues de Montrond. Pendant ces jours, l'agitation répandue dans la province entière du Berry traversée en tous sens par des détachements en armes, est indicible ; le tocsin sonnait dans toutes les villes, bourgs et villages, et les habitants attendaient avec anxiété le résultat des événements.

[1] Appartenant aujourd'hui à M. le comte Armand de Bonneval.

Le 24 du mois d'août, Briord, avec ses forces combinées, arriva en vue du château de Montrond ; en même temps, le camp des assiégeants recevait le renfort sous les ordres du vicomte de Montbas. Le 25 au matin, Briord disposa ses troupes en face du château et du camp du comte de Palluau : sa cavalerie en huit escadrons de cent maîtres chacun, et sa petite infanterie en quatre pelotons, chacun d'environ cinquante hommes. Il n'était séparé du camp royal que par le cours de la rivière du Cher. Du premier coup d'œil, Briord put juger l'impossibilité de son entreprise. Ses forces étaient démesurément inférieures aux forces opposées grossies par le secours amené par le vicomte de Montbas ; la neutralité à laquelle la place était engagée aux termes de sa capitulation, ne lui permettait pas de prendre les troupes royales entre deux feux ; enfin celles-ci avaient pour elles tout l'avantage du poste. Pour les aborder, non-seulement il fallait franchir le Cher, mais encore emporter les travaux considérables de défense dont elles s'étaient couvertes.

Le point le plus accessible était un mamelon sur la droite planté de vignes ; encore fallait-il y arriver par des chemins creux embarrassés à dessein par des abattis d'arbres. Quatre volontaires envoyés en reconnaissance rapportèrent que le Cher était guéable ; mais que sur la rive opposée les assiégeants avaient tracé des lignes de circonvallation et élevé deux redoutes armées de canons, dont les décharges les avaient salués sans les atteindre.

Quelle que fût l'impossibilité du succès d'un combat, Briord crut de son devoir et surtout conforme à l'extrême susceptibilité du prince de Condé sur l'honneur militaire, de ne point se retirer sans le tenter : à un signal, il lança à travers le Cher, sur les lignes royales, ses huit escadrons soutenus par ses deux cents mousquetaires. Cette charge vint se briser contre les obstacles du terrain et les avant-postes de Palluau. d'où partait un feu nourri d'artillerie et de mousqueterie. Après avoir fait exécuter par ses cavaliers une décharge de leurs pistolets, Briord fit sonner la retraite, laissant une quarantaine de morts et nombre de chevaux sur ce champ de bataille d'un instant [1]. En se retirant, il revint se poster sur la hauteur d'où il était parti avant la charge.

Le château de Montrond, les mèches éteintes de son artillerie, resta le témoin silencieux du combat qui décidait de son sort.

Le comte de Palluau ne jugea pas à propos, bien que disposant d'une force numérique supérieure de plus de mille chevaux, de sortir de ses lignes pour continuer la lutte, quelles que fussent ses chances de

---

[1] L'armée du roi rendit aux soldats tombés du prince de Condé les honneurs de la sépulture à l'extrémité d'un pré appelé Pré des joncs, sur les bords du Cher, et la tradition conserve à ce lieu le nom de *Crots-Moriaux*.

victoire. Son objectif était la prise de Montrond, qui lui était assurée, puisque le secours n'avait pas réussi ; il ne voulut pas courir le moindre hasard qui pût la compromettre. Il se contenta de faire suivre et harceler Briord par douze cents chevaux que commandait le vicomte de Montbas. Le corps assaillant opéra immédiatement sa retraite ; Briord prit la direction de la Loire pour aller la passer à Saint-Thibault, au-dessous de Sancerre, afin de rejoindre au plus vite l'armée du prince de Condé. Les marquis de Lévis, de Valençay, de Coligny l'accompagnèrent avec leurs adhérents, jusqu'au passage de la Loire.

Le comte de Palluau adressa au ministre Le Tellier, le rapport suivant sur les événements qui venaient de s'accomplir :

« Au Camp devant Montrond, ce dernier d'aoust 1652.

« Monsieur,

« Les ennemys grossis de deux à trois cents chevaux depuis leur passage de la Loire, par Messieurs de Valencé, Colligny et Lévy, attaquèrent jeudy matin à la pointe du jour mon camp pour secourir Montrond ; où ils furent receus par un bataillon de quatre cents hommes du régiment d'Anjou commandé par le sieur de Chantemesle, de telle sorte qu'ils se retirèrent en grande confusion et avec

perte de trente à quarante hommes. Les troupes
que conduisoit M. de Monbas estoient entrées dedans
mon camp assez tard pour qu'ils n'en eussent
pas de connoissance. Plusieurs raisons furent alléguées
pour sortir toute nostre cavallerie, afin de les
combattre ; et quoy que nous peussions bien avoir
mille chevaux plus qu'eux, je ne trouvai pas ma
cavallerie et la sienne assez bonnes pour hazarder
la prise de Montrond sur un combat de campagne,
puisqu'elle m'estoit asseurée dans deux jours.

« Les ennemys ont repris leur marche par le
mesme chemin qu'ils estoient venus. Je croy pourtant
qu'ils passeront plustost la rivière au port de
Saint-Thibault qu'à Chasteauneuf, par où ils estoient
venus, attendu que les habitants de Sancerre ont
eu des ordres de Monsieur le Prince d'assister ses
troupes en cas de besoin. Je donne cest avis à Monsieur
le mareschal de Turenne.

« M. de Monbas les suit, fortifié du régiment du
Plessis-Praslin et d'un autre escadron de soixante
chevaux composé de trois compagnies de Monbas.
S'ils trouvent le moindre embarras du monde au
passage de la Loire, je croy qu'indubitablement il
les joindra. J'ay envoyé les ordres par toute ladite
rivière deux jours devant, et de grandes menasses à
ceux de Chasteauneuf de ce qu'ils les avoient laissé
passer ; j'espère que cela leur donnera de la difficulté
pour leur retour.

« Messieurs de Valencé, Coligny et de Lévy s'estant séparés d'eux, ils se retirent avec le mesme corps qu'ils estoient partis de Paris. Ce que j'ay donné à M. de Monbas fait près de douze cents chevaux. Comme vous savez les forces des uns et des autres, vous pouvez mieux juger que moy l'estat où ils sont; cependant je me conserve en estat de pouvoir mestre Montrond au point de le garder pour le Roy, quand mesme il arriveroit du malheur à nos troupes.

« Je vous mande toutes les choses dans une simple narration, sans aucune exagération, attendant cela de l'honneur de vostre amitié et de vostre protection. Je vous supplie que, de quelque façon que ce soit, je sois esclairsy sur ce que je dois attendre des grâces que j'ay demandées à la cour. Je ne vous fais point d'autres sollicitations pour mes intérêts parce que je scay que vous les aymez plus que moy.

« Le sieur des Marais [1] qui vous rendra cette lettre est un des plus vieux officiers de nostre cavalerie et a tousjours eu la mortyfication en bien servant de voir naistre plusieurs maréchaux de camp à son préjudice. Le sieur de Mattha qui avoit un régiment dans mes troupes estant mort, je vous supplie de faire donner le dit régiment audit sieur des Marais qui aura soin de le mettre en estat de

---

[1] Probablement Louis Hurault, comte du Marais, qui fut guidon des gendarmes du roi, marié à Jeanne de Balzac, dame de Janville, en Beauce.

bien servir le Roy, ne pouvant plus, par les raisons
cy-dessus, servir de capitaine. Outre que vous rendrez justice à ses longs services, je vous en seray
infiniment obligé en mon particulier. Je vous prie
de donner ordre que le sieur Le Tellier, intendant,
fasse remettre entre les mains du trésorier les fonds
qui sont destinés pour la dépense du siège de Montrond, car les ayant tous retenus depuis que nous
sommes mal, je nourris l'armée, il y a six semaines,
sur mon misérable crédit, n'ayant pas eu le temps
de songer à autre chose qu'à vivre et à combattre les
ennemys, sans avoir peu m'appliquer à une affaire
de chicane. Enfin, Monsieur, si ce galand homme
ne le fait, je luy feray faire par force. Je voudrois
esviter cela par une de vos lettres. Je suis,

« Monsieur,

« Vostre très-humble et très-
obéissant serviteur,

« Paluau [1]. »

Le premier septembre, le marquis de Persan en
exécution de la capitulation provisoire rendue définitive par l'inefficacité du secours, remit le château de Montrond au comte de Palluau; il en sortit
avec soixante maîtres, son infanterie et des bagages,
se dirigeant vers Paris pour rejoindre l'armée du

---

[1] Lettre inédite ; *Archives du Ministère de la guerre*, vol. 134.

prince de Condé. Cinquante maîtres du régiment de la Reine l'escortèrent jusqu'à Montargis.

La petite armée qui venait d'opérer la prise de Montrond, fut dissoute : deux mille cinq cents hommes conduits par le chevalier de Baradat partirent pour aller rejoindre à Villeneuve-Saint-Georges l'armée du roi. Un petit corps resta seul à Saint-Amand pour maintenir la contrée dans l'obéissance. Le comte de Palluau en garda le commandement et reçut le bâton de maréchal de France. Seulement le cardinal Mazarin, qui redoutait des jalousies de nature à susciter de nouveaux obstacles à son pouvoir, y mit pour condition que les lettres-patentes de nomination resteraient provisoirement secrètes. Lorsque le comte put mettre cet honneur au grand jour, il prit le nom de maréchal de Clérembault.

Maître de Montrond, le comte de Palluau ne pouvait se lasser d'admirer la profusion habile et compliquée des défenses du château et fut pris d'un vif désir de le conserver, malgré les ordres de la cour pour sa destruction. La province du Berry elle-même, sans nuance de partis, désirait sa conservation, ne fût-ce que par cette crainte que le prince de Condé rétabli quelque jour dans sa faveur et dans son gouvernement, ne mît à la charge de la province la reconstruction du château. Cet ordre de démolition, était un coup bien sensible porté au prince de Condé; il y voyait le renversement du

signe extérieur le plus apparent de sa puissance
seigneuriale et l'anéantissement d'un lieu auquel
le rattachaient les plus chers souvenirs de son enfance. Ce prince si fier humilia son orgueil jusqu'à
faire des démarches auprès du roi ; il en fit auprès
du comte de Palluau dont il ignorait encore les dispositions favorables ; il en fit également auprès du
maréchal de Turenne auquel il envoya un trompette pour le prier d'intervenir. Ces prières portaient
l'empreinte du caractère du prince, elles avaient
une menace pour corollaire ; si elles n'étaient pas
écoutées, le prince annonçait qu'il ferait raser par
représailles les châteaux et les demeures de toutes
les personnes considérables attachées au parti contraire. Le maréchal se fit auprès de la cour l'interprète de son rival de gloire ; mais le jeune roi ou
plutôt ses inspirateurs répondirent par le plus formel refus. Ce refus est empreint d'une juste fermeté en présence des menaces qui appuyaient la
demande ; en outre, il est empreint d'un cachet caractéristique ; il relève et développe une théorie récente encore dont Richelieu s'était fait l'indiscuta-
ble docteur, afin d'anéantir les derniers vestiges de
la féodalité, à savoir : que les fortifications appartiennent au roi en quelque lieu et sur quelque
fonds qu'elles soient édifiées.

Les démarches du prince de Condé et leur inefficacité nous sont révélées par les deux documents qui

suivent : l'un, la réponse du roi au maréchal de Turenne ; l'autre, la réponse du comte de Palluau au prince de Condé :

« *A Monsieur le Maréchal de Turenne.*

« Du 9 septembre 1652.

« Mon cousin, ayant esté informé par vostre lettre commune adressée au sieur Le Tellier, secrétaire d'estat, du sixième du présent mois, comme le prince de Condé vous a escrit par un trompette, qu'ayant sceu que j'avois donné ordre au sieur de Palluau de razer Montrond, il vous prioit de l'empescher, et, en cas que sa prière n'eût point d'effect, il vous desclaroit qu'il feroit razer les maisons des personnes de condition qui sont à mon service ; et bien qu'une telle proposition ne méritast pas de responce, néantmoins j'ai bien voulu vous faire cette lettre pour vous dire que je trouve bon et désire que vous luy fassiez scavoir que toutes sortes de fortifications faites en mon royaume estant en ma disposition et même les endroits où elles sont construites, sur quelque fonds que ce soit, estant réputés m'appartenir, et celles qui ont été édifiées à Montrond ayant servi depuis deux ans au trouble et à la ruyne des provinces qui en sont voisines, et à entretenir les mouvements que ledit prince a

excités dans mon estat jusqu'à ce que ladite place
de Montrond ait esté réduite en mon obéissance par
la force de mes armes, en sorte qu'elles ne pourroient subsister sans préjudice notable à mon estat
et à mon service, j'ay résolu de les faire raser et j'en
ay donné mes ordres audit sieur de Palluau, lesquels
je m'asseure qu'il exécutera ponctuellement; et que
s'il arrive audit prince de Condé et à qui que ce soit
de son party d'entreprendre rien de pareil sur les
maisons de mes subjects, je ferai raser toutes celles
qui lui appartiennent et à tous ceux qui portent avec
luy les armes contre mon service; c'est ce que je
vous dirai par cette lettre, priant Dieu qu'il vous ait,
mon cousin, en sa sainte et digne garde.

« Ecrit à Compiègne, ce 9 septembre 1652 [1]. »

« *A Monseigneur le Prince de Condé*.

10 septembre 1652.

« Monseigneur,

« Il est vray que j'ay receu les ordres du roy
pour le raseman des fortifications de Montrond. Je
puis assurer Vostre Altesse avec vérité qu'ils sont sy
exprès et que Sa Majesté m'ordonne la diligence

[1] Document inédit relevé sur la minute insérée dans le vol. 136 des *Archives du Ministère de la guerre*.

dans cette exécution à un tel point que je n'oserois y apporter aucun retardement de mon chef; mais comme la chose est infiniment dure de soy, et que Vostre Altesse a escript au roy pour faire révocquer ledit ordre, il y a du temps de reste pour que je puisse recevoir ladite révocation devant que la chose puisse estre endommagée plus qu'elle ne l'est. J'ay un regret mortel, et qui ne se peut dire par des lettres, de ne vous pouvoir obéir sans déplaire au roy; car mon respect et mon inclination y porte tousjours mon esprit comme à estre toute ma vye,

« Monseigneur,

« Vostre très-humble et très-obéissant serviteur,

« Paluau [1]. »

Le comte de Palluau pour se soustraire à l'ordre de détruire Montrond s'efforçait de gagner du temps; tantôt il demandait des instructions nouvelles, tantôt il alléguait des obstacles : la poudre, prétendait-il, manquait pour faire sauter les fortifications. Mais la Cour, qui avait eu tant de peine à lui en procurer quand il s'agissait de prendre la place, était plus alerte, alors qu'elle voulait la détruire. Un ordre royal prescrivit le transport à Montrond de douze milliers de poudre. Le bon vouloir du

---

[1] Lettre inédite ; *Archives du Ministère de la guerre*, vol. 135.

comte de Palluau et les supplications du prince de
Condé furent rendus également impuissants ; toutes
les lenteurs, tous les subterfuges étant épuisés, le
château de Montrond dut s'écrouler; l'explosion
de vingt mines couvrit la colline de ruines amonce-
lées. L'œuvre de destruction ne paraissant pas assez
complète encore, pendant plus de trois semaines,
trois mille ouvriers travaillèrent à réduire ces ruines
en débris [1].

Ainsi finit le château de Montrond, *palladium*
de la puissance de la maison de Condé. Elle avait
accumulé dans cette citadelle un armement, des
approvisionnements et des ressources formidables
pour le temps, et surprenants chez des princes qui
n'étaient pas princes souverains. A côté de cette importance, la valeur de la terre relevant du château
était si peu considérable qu'elle n'eût constitué
qu'un fief ordinaire pour un petit gentilhomme.
A cet égard, une note inédite de Lenet dont nous
relevons la minute parmi ses manuscrits [2], nous
fournit les plus curieux renseignements. Lenet
avait envoyé cette note au prince de Condé pour
lui rappeler le chiffre des indemnités diverses qu'il

[1] On lit sous la rubrique du 8 novembre 1652, dans la
Relation inédite que nous avons souvent citée :
« On a presque achevé la démolition de Montrond à laquelle plus de trois mille personnes travaillent depuis trois
semaines. »

[2] Bibliothèque nationale; Fonds français, n° 6706.

devait réclamer de la Cour, en cas d'accommodement :

« Le chasteau de Montrond a esté desmoly comme Son Altesse a pu scavoir. Il y avoit dedans soixante et tant de pièces de canon, cent milliers de poudre; de quoy armer quatre mille hommes; et de toutes lesquelles démolitions et pertes, Son Altesse scait mieux la valleur et estimation que personne. Tout ce qu'on peut dire est que la terre, laquelle peut valloir dix à onze mil' livres de revenu, a cousté à feu M. le prince trois cent mil escus, et qu'il y a dépensé pour les fortifications et autres ouvrages quelque quatre cent mille livres. »

La grosse tour du château, par hasard ou à dessein peut-être, comme il avait été fait l'année précédente pour la grosse tour de Bourges [1], fut, ainsi qu'une seconde tour, épargnée en partie par la destruction; ces ruines élevées portaient au loin le témoignage de la révolte et de la répression. Mais ces débris respectés par la politique et par le temps ne le furent pas par la révolution de 93 qui aurait voulu détruire jusqu'à l'histoire; par elle, leur démolition fut achevée moins un débris de tour, et les matériaux employés à la construction d'une fonderie de canons qui n'eut que quelques mois d'existence [2].

---

[1] Voy. t. I, p. 308.
[2] Établissement élevé à grands frais sous la direction de M. Cossentraz.

Les bâtiments du château consacrés à l'habitation, conservés lors de la destruction de 1652, avaient été malheureusement démolis, pour en économiser l'entretien sans doute, par les ordres de mademoiselle de Charolais [1].

Après plus de deux siècles écoulés depuis la prise et la destruction de Montrond, le 7 juin 1868, un touriste, l'auteur de ces *Souvenirs*, se rendit sur le théâtre des faits qu'il vient de décrire. Il aurait pu croire, comme Briord, qu'il accourait au secours de la place; c'est du même côté qu'il arrivait, et le Cher aussi l'en séparait; mais que les temps étaient changés ! la vapeur l'avait amené et c'est de la station du chemin de fer où il venait de descendre, qu'il considérait, avant de s'avancer, le spectacle qui se présentait à ses regards pour la première fois. En face, s'élevait dans la vallée, sur la rive droite du Cher, une colline isolée couronnée de grands arbres, à gauche, sur le bord du plateau apparaissait à demi voilée par le feuillage une seule tour ruinée. De ce même côté, en arrière-plan, dans la plaine, se montraient les maisons blanches de la petite ville de Saint-Amand. Les contours mous et arrondis de l'horizon ne présentent aucun point de nature à fixer l'attention, tous ces alentours sont comme un cadre simple et uni destiné seule-

---

[1] Fille de Louis, prince de Condé, petit fils du grand Condé, et de mademoiselle de Nantes, fille légitimée de Louis XIV.

ment à faire valoir le centre du tableau : la colline qui fut le piédestal du château de Montrond. Un soleil matinal et splendide donnait à cet ensemble les plus vives couleurs.

Ces grands arbres alignés sur la base des tours, des bastions et des courtines, reproduisaient encore dans une certaine confusion les sinuosités des fortifications d'autrefois : à la place d'un château de pierre, un château de verdure, et le jeu de la lumière entre le feuillage créait, par les ombres projetées, d'admirables profondeurs.

Au moment de franchir le Cher, non point à gué comme les cavaliers de Briord, mais sur un pont moderne et solide, nous jetons un regard en arrière, et il nous semble voir l'image de Montrond se reproduire de ce côté : une colline également couronnée par des remparts de verdure ; mais cette image dans une proportion moindre que celle du tableau que nous venons de décrire. Était-ce le mirage africain transporté dans la province du Berry ? non, c'était bien une réalité : cette colline supportait jadis le château d'Orval qui longtemps fut la possession des mêmes seigneurs que le château de Montrond ; ces deux châteaux étaient frères, comme les deux collines ont entre elles la ressemblance de deux sœurs.

Nous avons passé le Cher, et nous approchons de la base de Montrond ; nous nous proposons naturellement d'en aborder le sommet en décrivant un contour pour gagner le côté accessible situé en regard de la ville de Saint-Amand. Des pans de murs ruinés, des vestiges de fossés marquent la première enceinte, après l'avoir franchie, une large rampe bordée d'une double rangée d'arbres, comme un boulevard intérieur, s'élève par une pente douce jusqu'au sommet de la colline. Cette rampe a pour base le rocher; elle en suit les contours; celui-ci coupé à pic du côté de la plaine opposé au cours du Cher, forme un rempart construit par la nature. Cette rampe, qui créait pour le château une somptueuse et facile arrivée, fut, nous l'avons dit, l'œuvre de Sully. Parvenu au sommet, nous contemplons la vue qui s'étend au loin dans la campagne : Orval, les bois de Meillant, le cours de la Marmande et celui du Cher, le canal du Berry, du construction récente [1], décrivant, du sud à l'est, un arc prononcé en coupant le petit cours d'eau de Chignon ; mais surtout nous scrutons les vestiges de l'antique château.

L'œuvre de ruine a consisté à renverser au ras du sol toutes les constructions; leur plan se reconnaît par la trace des murs à fleur de terre du côté intérieur, celui des cours et des jardins. Du côté extérieur, une certaine hauteur de mu-

---

[1] Il a été ouvert à la navigation en 1830.

railles subsiste encore; la démolition n'ayant eu lieu que jusqu'au niveau du terre-plein, les tours et les courtines se dessinent en terrasses sur la face opposée au rocher perpendiculaire, c'est-à-dire sur la face qui regarde le Cher. De la plaine ces murs se distinguent à peine, les arbres qui croissent à leur base les dérobent à la vue, et leur feuillage venant se joindre à celui des arbres qui couronnent les terre-pleins, donne à tout l'ensemble le seul aspect de longues lignes de verdure. Le plateau sur lequel reposait le château s'étend en ellipse; des allées ombragées qui font suite à la rampe offrent une promenade des plus agréables, c'est la promenade de la ville de Saint-Amand. Sur cette esplanade, à l'extrémité qui regarde à la fois, à droite la ville de Saint-Amand, en face le cours de la Marmande, à gauche le cours du Cher, s'élève une tour démantelée. Une coupe transversale, semblable à ces coupes imaginaires des édifices dont on veut montrer l'intérieur dans les dessins d'architecture, a divisé la tour, le demi-cylindre qui regardait l'intérieur du château est tombé; le demi-cylindre qui surplombe sur la plaine existe encore. La structure de cette tour est remarquable ; elle est construite en pierres de taille; la moitié d'une belle voûte à arêtes ogivales est debout; elle couvrait une pièce carrée dans laquelle s'ouvre une embrasure pour le canon sans doute, flanquée de

deux meurtrières plus petites pour les arquebuses
ou les fusils de remparts. A côté de la tour, un
puits d'une immense profondeur permettait de puiser l'eau au-dessous du niveau de la plaine : récemment muré par mesure de sûreté, son orifice
recouvert présente la forme d'un dé à coudre.

Comme nous errions à l'aventure sous les berceaux ombragés rendus précieux par les ardeurs
d'un soleil tropical, de jeunes guides vinrent s'offrir
pour nous diriger dans nos investigations. Nous en
choisissons un au hasard, et nous nous empressons
de lui demander quelle était la situation de la tour
du Pot-à-Beurre; quelle était celle du bastion du
Charbonnier. Notre plan tiré des Archives du ministère de la guerre nous en avait fait connaître les
noms. L'étonnement produit par nos questions fut
la seule réponse que nous pûmes obtenir, et nous
en induisîmes, témérairement peut-être, que les
habitants de Saint-Amand sont médiocrement au
courant de l'histoire du château, puisque les *cicérones* sur lesquels devait avoir déteint, dans une
certaine mesure, la science des archéologues de
l'endroit, le sont si peu [1]. Par exemple mon guide.

---

[1] Cette supposition est-elle réellement hasardée, lorsque l'on
peut lire dans une brochure intitulée, *Recherches historiques sur
Saint-Amand Montrond*, par M. Chevalier de Saint-Amand, une
phrase comme celle-ci : « Le désir que j'éprouvais d'en finir
avec le gouvernement féodal m'a fait laisser de côté quelques

était plus savant sur le chapitre des souterrains, c'est-à-dire qu'il en connaissait les issues et les détours; il m'y conduisit.

Nous retenant aux arbustes, nous nous laissons glisser sur une pente rapide produite par l'écoulement d'une portion de rempart, et nous nous trouvons descendus dans cette partie du château de Montrond qui en formait la première enceinte construite par Sully et perfectionnée par le prince de Condé; c'est ici que les douze milliers de livres de la poudre royale ont produit tous leurs bouleversements : nul pan de mur ne subsiste ; çà et là des blocs de maçonnerie et des amas de pierres, un sol profondément mouvementé. Le dieu Mars a cédé la place à Bacchus; les pampres de vignes recouvrent ce sol; mais au milieu de leur verdure s'ouvrent béantes les noires ouvertures des souterrains. Nous parcourons deux de ces galeries qui débouchent dans la plaine du côté du Cher, cette issue aboutissait évidemment au fond du fossé de cette enceinte. Ces galeries souterraines dont le plan in-

faits qui se sont passés sous la domination des divers seigneurs. » Ainsi un auteur, qui se propose d'écrire une histoire se rapportant aux temps féodaux, a hâte d'en finir ! Bien que le siége de Montrond n'appartienne précisément pas à l'époque féodale, il l'a traité comme tel par l'absence presque absolue de détails, excepté en ce qui concerne Claude Biet. Tel est trop souvent l'esprit qui guide les écrivains dans l'appréciation de l'histoire de la France d'autrefois.

cliné est assez prononcé, permettaient, lorsque leur sol n'était pas encombré par les débris, d'y circuler debout avec facilité et même d'y faire passer des chevaux. Par ces issues on aurait pu les conduire à l'abreuvoir dans le Cher, si le cours fameux du Chignon eût été détourné ; mais leur usage, comme celui de toutes les galeries souterraines du même genre, était surtout de permettre à la garnison, en cas de siége, d'exécuter des sorties sur les lignes des assiégeants, ou de se ravitailler en secret.

Après cette excursion souterraine, dans laquelle nous avions tiré tout le parti possible du savoir de notre guide, nous remontons sur l'esplanade du château. Nous étions loin d'avoir reconnu encore sur quel point avait porté l'attaque des troupes royales, et d'avoir pu déterminer par conséquent quel pouvait être l'ancien emplacement de la tour du Pot-à-Beurre et celui du bastion du Charbonnier. Comme nous remettions à notre jeune guide une gratification pour sa peine, un autre guide qui se tenait à peu de distance, encouragé par l'appât, vint nous dire qu'il était bien autrement capable que son camarade de nous donner des renseignements sur l'antique château. Heureux de cette bonne fortune, en lui montrant les ruines encore debout de la tour dont nous avons parlé, nous lui demandons si cette tour ne serait point celle appelée le Pot-à-Beurre ? « Non, répliqua-t-il, cette tour est celle où est né

Jésus-Christ ! » A cette réponse, nous le congédions, résolu forcément de nous en remettre à nos propres investigations guidées par le plan de l'ingénieur du comte de Palluau, pour nous fixer sur l'objet de nos recherches.

Nous errons de nouveau sous les frais ombrages qui ont remplacé les constructions de pierres, tâchant autant que la végétation touffue n'y mettait pas trop d'obstacles, de nous rapprocher des contours des anciennes murailles pour en saisir la forme ; nous cherchions avant tout à découvrir l'angle saillant extérieur du bastion du Charbonnier. Les tours d'enceinte du noyau central de Montrond étaient nombreuses; mais un bastion unique se trouvait en correspondance avec elles sur la même ligne de défense; ce bastion une fois reconnu, il nous devenait facile d'appliquer sur le terrain le plan de l'ingénieur royal. Ce bastion était évidemment d'une date plus moderne que le château central dont il faisait partie, lequel, dans son ensemble, était qualifié du nom de donjon, depuis que des fortifications bastionnées plus récentes couvraient et enveloppaient la base du château dans une plus vaste enceinte. Ce bastion avait été construit probablement à la même époque que la nouvelle enceinte, sur une partie très-saillante du château central, à la place d'une tour plus ancienne dont l'inconvénient était de laisser à sa base un point vulnérable, un angle mort, qui offrait un abri dangereux pour l'attaque du château. La végétation impénétrable qui, presque nulle part, excepté près de la tour ruinée, ne permet de s'approcher du bord des murailles, rendit nos investigations infructueuses.

L'heure du départ du train de chemin de fer approchait, nous dûmes nous décider à quitter ces lieux attrayants et pleins de souvenirs, avec l'intention toutefois de tâcher d'utiliser encore notre retraite; au lieu de l'effectuer par la rampe qui nous avait conduit au sommet de l'esplanade du château, nous nous laissons glisser une seconde fois sur la pente du rempart ruiné qui nous avait conduit aux souterrains, dans le but d'examiner plus attentivement, de bas en haut, les contours des vieilles murailles.

Cette dernière tentative obtint sa récompense. Au milieu des branches d'arbres et des broussailles, nous reconnûmes l'angle aigu formé par la jonction des deux faces d'un bastion, cet angle solide est construit en pierres de taille. La courtine que flanque ce bastion est flanquée à son autre extrémité par la tour à demi ruinée. Du même coup d'œil nous avions enfin retrouvé le bastion du Charbonnier et la tour du Pot-à-Beurre ! Précisément l'unique tour qui soit en partie restée debout. La courtine qui les unit, courtine ruinée depuis sa base, par laquelle nous avions opéré notre descente, est la seule de toute l'enceinte qui présente cet état de délabrement; le talus rapide qui remplace son aplomb vertical est l'effet du canon; sur elle s'est porté l'effort des assiégeants; elle représentait ce qu'en termes de siége on appelle le front d'attaque. Le terrain bouleversé sur lequel nous étions en observation était par conséquent l'emplacement de la Tenaille; plus loin, sur notre droite, en descendant, ou, sur notre gauche, en regardant le donjon, nous pouvions reconnaître, au-dessous de la tour du Pot-à-Beurre, l'emplacement du bastion des Pommiers.

CHAPITRE XXXI.

Le fil des négociations avec la cour échappe aux princes par la méfiance du parlement, de la bourgeoisie et du peuple. — Députation du clergé conduite au roi par le cardinal de Retz. — Echec de cette tentative. — Lettre inédite, du 13 septembre, du roi au cardinal Mazarin, lui reprochant d'être sorti de France sans ordres. — Lettre inédite, du 19 septembre, du roi au Chapitre de Liége, contenant des reproches de son mauvais accueil au cardinal Mazarin. — Réponse inédite du Chapitre. — Le cardinal Mazarin échappe à une embuscade des troupes espagnoles et revient à Sédan. — Missive inédite, du 18 septembre, du roi au maréchal de L'Hôpital. — Perte de Dunkerque. — Organisation des manifestations royalistes à Paris. — Assemblée de la bourgeoisie au Palais-Royal. — Le signe du papier arboré aux chapeaux en opposition au signe de la paille. — Rechute de la maladie du prince de Condé. — Divers incidents de la guerre. Le maréchal de Turenne quitte par surprise son camp de Villeneuve-Saint-Georges. — Colère du prince de Condé. — Réception par le roi de la députation des six corps des marchands. — Un singulier trophée conquis par le duc d'Orléans. — Mort de Chavigny. — Le prince de Condé quitte Paris. — Réception par le roi de la députation de la garde bourgeoise. — Dépêche inédite du 19 octobre du roi au duc de Mercœur pour retenir le nonce du pape en Provence. — Rentrée du roi à Paris le 24 octobre ; récit de la *Gazette*. — Réflexions sur la valeur des acclamations populaires.

(1652.)

Le prince de Condé, jugeant le maréchal de Turenne placé à Villeneuve-Saint-Georges dans un poste qui semblait le mettre à sa discrétion, ajournait son attaque ; il caressait l'espoir que cette temporisation lui permettrait de mener à bonne fin de nouvelles négociations avec la cour. Ce prince ne calculait pas assez que, pour réussir dans cette voie dans laquelle il n'avait jusque-là rencontré que des déceptions, sa situation devenait de plus en plus mauvaise ; car des éléments essentiels pour lui servir de point d'appui allaient lui faire complétement défaut : le parlement, la bourgeoisie et le peuple même de Paris.

En raison des antipathies qui existaient entre le parlement de Paris et le prince de Condé, il ne fallait rien moins que l'alliance du duc d'Orléans avec son illustre cousin, pour que le parlement consentît à servir la même cause ; mais l'ascendant du duc d'Orléans commençait lui-même à ne plus suffire. Depuis qu'il était démontré que la Fronde ne pouvait aboutir qu'à deux issues : l'une logique, l'établissement régulier de la constitution du royaume sur la base des états généraux ; l'autre monstrueuse, le triomphe de l'ambition personnelle du prince de Condé ; ni l'une ni l'autre de ces solutions ne convenait à un corps qui ne s'était jeté dans le mouvement que dans le but d'établir sa propre suprématie [1].

---

[1] Nous devons remarquer ici la dissidence qui nous sépare d'un érudit distingué, M. Marius Sépet, qui a bien voulu consa-

La bourgeoisie de Paris qui ne voyait point par
d'autres yeux que par les yeux du parlement, préférait le privilége à la liberté qui eût été l'inévitable
conséquence de la pratique soutenue des états généraux, par ce motif que tout bourgeois aspirait à
une charge au parlement ; une politique essentiellement étroite et personnelle était sa seule politique.
La bourgeoisie ne séparait donc point sa cause de
celle de la magistrature ; elle désirait donc ardemment, par les mêmes motifs que le corps privilégié
qui la dirigeait, parvenir à la conclusion de la
paix. La misère enfin, résultat inévitable de la

crer dans le journal-*l'Union* une série d'articles aux trois premiers volumes de notre ouvrage. Suivant son opinion, les
prétentions du parlement n'étaient nullement usurpatrices,
parce que ce corps, en réclamant des attributions politiques,
relevait simplement la tradition de l'ancien conseil royal. Nous
avons à faire une double réponse : 1° la composition du parlement, depuis que cette fraction du conseil royal était devenue
spécialement cour judiciaire, était restreinte à une catégorie
de légistes qui ne lui permettait plus de relever les attributions
de l'ancien conseil royal, où la propriété territoriale, la force
militaire, les intérêts religieux, avaient leur représentation
dans une majorité composée de seigneurs et de prélats ; l'adjonction des autres cours, dites également souveraines, n'apportait aucune modification à cette compétence, la composition de ces cours étant identique à celle du parlement ; 2° les
prétentions du parlement de représenter l'ancien conseil royal
fussent-elles admises, qu'il n'eût été en définitive, comme celui-ci, qu'un conseil d'état fort nombreux investi d'attributions
consultatives auprès du roi, et nullement une assemblée représentative pouvant se substituer aux états généraux, émanation
élue des intérêts du pays, à ce titre investis en première ligne

continuation de l'état de désordre, détachait le peuple de la cause des princes, qu'il avait embrassée jusque-là avec une fiévreuse ardeur. De ces dispositions générales il advenait que le fil des négociations soigneusement entretenues par les princes avec la cour allait leur échapper. Comme il était évident que les princes ne consentiraient à la paix que si les conditions les plus avantageuses leur étaient faites, le parlement, la bourgeoisie, le peuple craignaient non sans raison l'ajournement indéfini de la paix désirée, si les princes étaient les négociateurs ; ils se mirent donc à négocier direc-

du droit de voter les charges publiques. Voy. t. I, chap. v, vi ; t. II, chap. x, xiii ; t. III, chap. xxiii.

Quant à l'objection consistant à dire que les états généraux de 1358 ont pactisé avec la démagogie, cette accusation n'atteint que le tiers état entraîné par un affreux révolutionnaire digne de ceux de notre temps, Étienne Marcel, prévôt des marchands ; la noblesse un moment égarée, non par les idées démagogiques, mais par les intrigues de Charles-le-Mauvais, roi de Navarre, se rapprocha bientôt de la royauté, quand elle la vit menacée. Enfin la prépondérance numérique du tiers état, aux états généraux de 1789, par le doublement de cet ordre imprudemment accordé par Louis XVI aux utopies de Necker, créa la pente révolutionnaire sur laquelle glissa cette assemblée. D'où résulte cette conséquence que nous nous sommes efforcés de faire ressortir dans notre récent opuscule intitulé Midas ! Le roi Midas a des oreilles d'âne ! (la souveraineté absolue du suffrage universel étant à nos yeux la personnalité du roi Midas) que la condition essentielle pour rendre les assemblées politiques conservatrices est celle-ci : la représentation des intérêts moraux et matériels doit dominer de toute son importance la représentation du nombre.

tement et pour leur propre compte. De ce jour,
la cour se sentit bien forte contre les prétentions des
princes, en acquérant à lpreuve que ceux-ci abandonnés par leurs partisans ne pouvaient plus désormais stipuler que pour eux-mêmes.

Celui des frondeurs qui s'était toujours montré
plus parlementaire, s'il était possible, que le parlement lui-même, le cardinal de Retz, prit l'initiative
de ces négociations séparées. Il trouvait, il est vrai,
qu'il y avait fort peu d'honneur de sa part de revenir d'aussi loin [1]; mais un motif de vanité assez
futile paraît avoir été son mobile : cardinal, il ne
pouvait porter encore la soutane rouge, parce que,
suivant l'étiquette, il n'avait pas encore reçu le
chapeau des mains du roi ; il n'était pas fâché de
faire naître une occasion qui lui permît de le recevoir ; les grands hommes et les hommes célèbres
sont souvent moins que tous les autres insensibles
aux distinctions. De plus, cette démarche devenait
plus conforme à ses sentiments, depuis que le
triomphe de la Fronde parlementaire était reconnu
impossible. Son ascendant sur le duc d'Orléans lui
fit désirer et obtenir sans peine l'assentiment de ce
prince qui se repentait en secret d'avoir lié sa cause
à celle du prince de Condé. Monsieur avait à faire
taire ses scrupules en trahissant, par un consente-

[1] Voy. ses *Mémoires*.

ment si facilement donné, la cause de son cousin ; mais ces sortes de cas étaient de ceux dont pendant tout le cours de sa vie il s'était le mieux tiré. Ce prince répondit aux ouvertures du coadjuteur lui disant, non sans malice, qu'étant aussi intimement lié avec le prince de Condé qu'il paraissait l'être sur tous les points, il n'aurait sans doute pas de peine à s'entendre encore avec lui sur celui-ci : « Vous vous jouez ; mais je ne suis pas si embarrassé sur ce point que vous croyez. M. le prince a plus d'impatience que vous d'estre hors de Paris, et il s'aimeroit mieux à la teste de quatre escadrons dans les Ardennes que de commander à douze millions de gens tels que nous les avons icy, sans en excepter le président Charton [1]. »

La cour peu confiante dans les avances du coadjuteur lui fit attendre trois jours ses passe-ports pour se rendre à Compiègne. Enfin, les passe-ports arrivés, le cardinal, escorté de deux cents gentilshommes et de cinquante gardes de Monsieur, partit le 10 septembre, à la tête d'une députation du clergé portée dans trente carrosses attelés de cent douze chevaux. L'accueil fait au coadjuteur par Anne d'Autriche et par le jeune roi fut flatteur ; des discours d'apparat furent échangés pour demander le retour du roi dans sa capitale et pour promettre

---

[1] Mémoires du cardinal de Retz.

ce retour. En particulier, le coadjuteur fit connaître à la reine que le duc d'Orléans, si elle voulait traiter par son entremise, était disposé à promettre de se retirer à Blois en abandonnant la cause du prince de Condé. Malgré des ouvertures si avantageuses, le coadjuteur dut se contenter de l'honneur de recevoir le chapeau des mains du roi ; et, à sa grande déception, de revenir à Paris sans rapporter aucun traité. La reine eût craint de donner de l'ombrage au cardinal Mazarin si la paix eût été conclue par l'intermédiaire du cardinal de Retz ; de plus, la cour se sentait déjà si assurée des dispositions de Paris, qu'elle espérait parvenir bientôt à la paix sans conditions.

Plus la cour sentait grandir sa puissance, plus elle environnait le cardinal Mazarin absent de ses sollicitudes et de ses tendresses ; elle avait bien voulu se prêter avec lui à la comédie habile de son éloignement ; mais elle voulait qu'il restât sur la frontière sans quitter le sol de la France ; elle craignait sans doute que sur le sol étranger quelque piége ne lui fût tendu ; qu'il ne vînt à tomber entre les mains de l'Espagne. Or le cardinal, nous ignorons par quel motif, avait franchi la frontière de France ; de Sedan, il s'était rendu à Bouillon. Dans son inquiétude, la cour lui envoie l'ordre de revenir immédiatement à Sedan. La forme impérative employée vis-à-vis du ministre tout-puissant est une preuve irrécusable que l'ordre royal est dicté sous l'inspiration de la reine mère elle-même ; aucun ministre ne l'eût osé ; elle seule pouvait tenir un tel langage au ministre absent qui n'avait pas cessé de commander ; celui-ci ne pouvait trouver dans un ordre si précis que le témoignage flatteur de la vivacité des craintes conçues pour sa sûreté :

« *A Monseigneur le Cardinal Mazarin.*

« Compiègne, 13 septembre 1652.

« Mon cousin, ayant eu avis que vous estes sorty de mon royaume pour vous rendre à Bouillon, sans en avoir receu ordre de moy, et considérant que ceux qui ont publié jusqu'à présent que votre demeure dans les terres de mon obéissance étoit la seule cause des présents mouvements, se préparent à les continuer et augmenter, s'il leur est possible, ayant nouvellement fait joindre aux troupes qui leur restoient, l'armée étrangère commandée par le duc de Wirtemberg, que les Espagnols leur ont envoyé de Flandre, je vous fais cette lettre pour vous dire que mon intention est que vous retourniez à Sedan, aussitôt le présent ordre receu ; et que vous ne sortiez point de mes États sans en avoir mes ordres exprès. C'est ce que je vous dirai par cette lettre, priant Dieu qu'il vous ait, mon cousin, en sa sainte et digne garde [1]. »

Si la cour trouvait mauvais, en raison de ses appréhensions pour la sûreté du cardinal Mazarin, que celui-ci fût sorti du royaume pour se rendre à Bouillon, elle trouvait à redire bien plus encore qu'à l'étranger, toutes les prévenances, toutes les sûretés ne fussent pas accordées au ministre favori. Or le chapitre de la ville de Liège, investi avec son évêque de la souveraineté temporelle de ce petit État, avait écrit au gouverneur de la ville de Bouillon pour l'empêcher de recevoir le cardinal Mazarin. Le gouverneur de Bouillon n'en avait tenu compte ; mais la cour qui eût été bien aise que le cardinal ne se fût pas rendu à Bouillon, se sentait offensée néanmoins de la tentative faite pour lui en faire fermer les portes ; ce grief lui en rappelle d'autres, elle gourmande le chapitre de Liège en ces termes :

« *Au Chapitre de Liège.*

« Très chers et bien aimez, ayant sceu comme vous avez écrit au gouverneur de Bouillon pour l'empescher de recevoir nostre très cher et très ai-

---

[1] Minute de la lettre inédite écrite au nom du roi au cardinal Mazarin. *Archives du Ministère de la guerre*, vol. 136.

mé cousin le cardinal Mazarini sous un prétexte général de refuser l'entrée aux ministres des princes des États voisins du pays de Liège et autres dépendans de cet évesché, nous n'avons pu apprendre sans étonnement que vous ayez fait une telle défense à l'endroit d'une personne de cette qualité et que vous savez honorée de nos bonnes grâces à divers titres, ayant l'honneur d'estre notre parrain, nous ayant rendu et à nostre Estat des services si recommandables et si importants que nous prendrons tousjours grand intérest en ce qui le touche, et nouvellement ayant beaucoup mérité de nous pour une action assez généreuse et considérable, nous ayant instamment demandé, la permission de s'esloigner de nous, et estant volontairement sorti de nos Estats pour oster tout prétexte à nos sujets rebelles de continuer la guerre qu'ils ont excitée en nostre royaume ; et comme ce sont choses assez connues, nous nous serions promis qu'elles auroient esté de quelque poids auprès de vous, pour le respect et la considération en laquelle cette couronne a tousjours esté aux évesques, princes, chapitre et Estats de Liège, quand même vous n'y eussiez pas esté obligés par la neutralité que vous devez garder envers nous et nos Estats, et dont l'observation de nostre part n'est pas infructueuse à ceux dudit pays. Mais nous avons sujet de croire que la manière dont vous avez traité nostre cousin en cette occasion, est une suite des inventions que nos sujets rebelles ont eues dans ledit pays, où ils ont eu toute permission et liberté de faire des levées, étant public que c'estoit pour les employer contre nous et nostre Estat ; et, en cela, ayant été tenu un procédé tout contraire à celui de nostre très cher et très aimé cousin l'électeur de Cologne, prince de Liège, qui avoit refusé cette permission aux dits rebelles. Aussi en continuant d'en user envers nous tel qu'il se doit par un bon voisin et qui désire observer une entière neutralité, il a donné ordre pour faire recevoir avec toute courtoisie nostre cousin le cardinal Mazarini dans ses Estats, dont nous conserverons tousjours un ressentiment particulier ; et, à la vérité, si nous ne faisions une estime singulière de sa personne et de sa conduite, et si nous ne voulions non seulement faire observer la neutralité envers ses Estats, mais aussy l'assister en toutes occasions, nous aurions sujet de tesmoigner notre ressentiment de cette manière d'agir envers nous et nos Estats, et aux choses que vous pouvez juger nous estre sensibles ; mais nous nous promettons que quand vous aurez connu combien ce qui regarde notre cousin nous touche, vous changerez de conduite envers luy et pourvoyrez à ce que le préjudice que les lettres que vous avez escrites sur son sujet pourroient lui causer, de quoy nous vous prions avec affection, vous asseurant que nous serons bien aise d'avoir sujet de vous considérer comme les rois nos prédécesseurs, et comme nous avons fait par le passé, et de vous donner des marques de nostre bonne volonté. C'est ce que nous vous dirons par cette lettre, priant Dieu qu'il vous ait, très chers et bien aimez, en sa sainte et digne garde.

« Écrit à Compiègne, le 19 septembre 1652 [1]. »

Cette lettre royale reçut la réponse suivante [2] :

« Sire,

« Le respect et la considération en laquelle Vostre Majesté et ses prédécesseurs ont toujours esté à l'église de Liège, et les soings très-particuliers que celle-cy at, et at eû de tout temps à se conserver, et à l'Estat, la neutralité, dont Vostre Majesté at la justice et bonté de l'en faire jouyr, nous sont de

[1] Minute de la lettre inédite du roi au chapitre de Liège. *Archives du Ministère de la guerre*, vol. 134.

[2] Nous faisons cette remarque que la lettre du Chapitre de Liège, datée du 7 décembre, porte que la lettre royale à laquelle elle répond est datée du 19 du mois précédent, tandis que la minute de cette lettre est datée du 19 septembre; ce qui donne lieu à supposer que la lettre du roi n'avait été expédiée que deux mois après la rédaction de la minute; ou bien que le secrétaire du chapitre aurait commis une erreur en rappelant la date de la lettre à laquelle il était répondu, mais alors très-tardivement.

trop puissantes raisons pour ne pas concourir à ses
volontez qu'elle daigne nous tesmoigner par sa lettre du dix-neuvième du passé, pour le favorable
accueil de Son Éminence le cardinal Mazarini, dans
le pays de Liège. La neutralité et surtout l'estime
que Vostre Majesté faict de ses mérittes luy donne
et permet l'entrée et séjour dans les villes et pays
dépendants de cette évesché, pour y recepvoir le
traictement qu'il peut attendre de la défférence que
nous devons aux personnes qui ont l'honneur
d'estre considérées par Vostre Majesté, et de la parfaitte inclination que nous avons de luy rendre tous
les offices possibles de bons et véritables neutraux.
C'est cette considération, Sire, que nous avons euë
que son plus long séjour dans une des places fortes
et frontière de ce pays nous pourroit faire passer
pour partiaux dans les esprits des autres princes
voisins, ennemis de Vostre Majesté, avec lesquels
nous sommes aussi tenus par la loy de l'Estat d'observer la neutralité, puisqu'ils disent que cette réception est sans exemple, et que celle qu'on luy fit
l'an passé, et dans d'autres places fortes, at esté
prise et publiée pour subject des maux et ravages
que nous avons eu le malheur de souffrir l'hyver
dernier. Nous espérons partant de la justice de
Vostre Majesté que les villes et pays de cet Estat
estants ouvertes à Son Éminence, et nous très-disposez à l'y honorer selon son méritte, ne désagrée-

rast le sentiment que nous avons eû de défendre aux gouverneurs nous serementez l'entrée des places fortes, pour estre icelle directement contraire à la neutralité que Vostre Majesté nous recommande sy estroitement, la suppliant très-humblement de croire que Son Altesse, nostre prince, ayant refusé de permettre des levées en ce pays contre le service de sa couronne, on ne s'est addressé à nous pour l'obtenir et que ceux qui de ce chef tâchent de nous attirer la disgrâce de Vostre Majesté, ne justifieront jamais que nous y ayons apporté nostre consentement ou appuy au préjudice de son service.

« C'est dans cette croyance, Sire, que nous espérons que Vostre Majesté conservera à cette Église et Estat les favorables effects de sa bienveillance royalle, pendant que nous continuerons nos plus ardentes prières et vœux à Dieu pour une longue vie,

« Sire,

« De Vostre Majesté,

« Très-humbles et très-obéissants serviteurs,

« Les Doyen et Chapitre de la Cathédrale de Liège.

« Par ordonnance de mesdits seigneurs,

« Gel, régent [1]. »

De Liége, ce 7 décembre 1652.

[1] Lettre inédite. *Archives du Ministère de la guerre*, vol. 134.

La cour était bien informée quand elle concevait des craintes sur le séjour à l'étranger du cardinal Mazarin. Celui-ci s'occupait de levées de soldats qu'il recrutait dans le pays de Liège ; mais les Espagnols qui en prirent ombrage résolurent de l'investir dans Bouillon. Déjà leurs troupes étaient en marche, lorsque le cardinal prévenu sortit de cette ville avec une escorte pour rentrer sur le territoire de France et revenir à Sedan. Chemin faisant, il tomba dans une embuscade espagnole ; la force de son escorte lui permit d'échapper au danger après avoir perdu plusieurs de ceux qui l'accompagnaient [1].

Les inquiétudes de la cour à l'endroit de la sûreté du cardinal Mazarin ne l'empêchaient pas de pourvoir à toutes les mesures de nature à assurer un triomphe prochainement espéré.

Pour faciliter aux maréchaux de Turenne et de La Ferté les moyens de se dégager au moment opportun de leur position de Villeneuve-Saint-Georges, des ordres étaient transmis de toutes parts pour que des forces nouvelles vinssent se joindre aux

---

[1] On lit dans la *Relation de ce qui s'est passé en France depuis le 5 janvier 1652 jusqu'au 26 avril 1653*, sous la rubrique du 29 octobre 1652.

« On escrit de Sedan du 20 que le cardinal Mazarin a pensé estre pris par un party d'Espagnols qui luy avaient dressé une embuscade auprès de Bouillon ; que sur ce prétexte il était revenu à Sedan. »

leurs; un appel tout spécial était adressé au dévouement de la noblesse pour qu'elle vînt volontairement se joindre aux troupes régulières; à cet effet le maréchal de l'Hôpital recevait la missive suivante écrite au nom du roi.

« *A M. le Maréchal de l'Hôpital pour faire joindre le plus de Noblesse qu'il pourra aux troupes conduittes par le dit Sieur Comte de Grandpré.*

Du 18 septembre 1652.

« Mon cousin, vous sçavez comme l'armée de Lorraine et celle de Wirtemberg sont jointes à celles des princes, et quelles sont toutes ensemble en présence des miennes commandées par mes cousins les maréchaux de Turenne et de la Ferté-Senneterre, et vous jugerez assez qu'il n'y a rien de plus important que de les fortiffier; c'est pourquoi j'ordonne présentement au sieur comte de Grandpré de les aller joindre avec son régiment et toute la cavalerie qui est en Champagne par le plus court chemin, et je vous fais cette lettre pour vous dire que vous ayez à faire joindre au corps de troupes que conduit ledit comte de Grandpré le plus de noblesse que vous pourrez pour le rendre le plus fort qu'il se pourra, vous asseurant que vous me ferez un service que je considérerai particulièrement ; et sur ce je prie Dieu qu'il vous ait, mon cousin, en sa sainte et digne garde [1]. »

Ces ordres coïncidaient avec de fâcheuses nouvelles parvenues du siége de Dunkerque. Cette place, après une glorieuse résistance, avait été obligée de capituler. Nous reviendrons avec quelques détails sur ce siége, lorsque, racontant les opérations maritimes de la guerre de la Fronde, nous aurons à parler de la tentative faite par mer pour aller secourir cette place, et de la catastrophe qui empêcha ce secours.

Heureusement pour la cour ces désavantages sur mer et sur terre recevaient leur contre-poids de la tournure meilleure que prenaient les événements au centre même du royaume.

Si la méfiance de la reine à l'égard du cardinal de Retz et l'appréhension de porter ombrage au cardinal Mazarin avaient détourné cette princesse de toute velléité de traiter avec le coadjuteur, son second motif non moins puissant était fondé sur les dispositions des habitants de Paris, et nous savons combien les renseignements de la cour étaient exacts à cet égard.

Il s'était formé dans la capitale un centre directeur de l'impulsion royaliste. La première pensée de cette initiative avait appartenu à M. le Prévôt, cha-

---

[1] Minute inédite. *Archives du Ministère de la guerre*, vol. 136.

noine de Notre-Dame, conseiller clerc à la Grande
Chambre du Parlement : il s'était entendu avec le
père Faure, ancien cordelier, alors évêque de Glan-
dèves et plus tard évêque d'Amiens, avec M. de Bour-
gon, maître des requêtes, et du Fay, commissaire
général de l'artillerie, qui demeurait à l'Arsenal.
Ce comité directeur se mit en rapport avec la reine
mère par un agent zélé, le père Berthod, gardien du
couvent des Cordeliers de Brioude, dont les allées et
venues servaient de lien entre la cour et les manifestations de Paris. Celles-ci étaient produites par des
discours habilement semés en divers lieux dans lesquels on déroulait au peuple le tableau des misères
auxquelles l'avait réduit la guerre civile ; on lui
disait que le nom du cardinal Mazarin n'avait été
qu'un prétexte évident pour la révolte des princes,
puisque le cardinal était parti et que les princes n'en
persistaient pas moins dans leur rébellion ; enfin on
lui faisait entrevoir que si le roi fixait ailleurs sa
capitale, Paris tomberait dans l'anéantissement et
dans une détresse plus grande encore. Le commerce de luxe, spécialité de Paris, à toutes les époques, avait été le plus sensible à s'émouvoir ; aussi
la corporation des soieries avait la première formé
des assemblées sous l'impulsion du marchand Bi-
dal ; le mouvement gagnant de proche en proche,
des groupes de bourgeois, de marchands, de bate-
liers, de femmes en grand nombre, se rendaient au

palais du Luxembourg, à l'hôtel de Condé et partout où ils pouvaient se trouver sur le passage des princes, criant la paix et demandant le retour du roi. Une demoiselle Guérin fit merveille en excitant les clameurs des femmes qu'elle gagna par la promesse que les rentes de l'Hôtel-de-Ville seraient payées aussitôt après la rentrée du roi. Les choses marchaient si bien que proposition fut faite à la cour, si elle voulait se rendre à Saint-Denis ou à Saint-Germain, d'aller chercher le roi avec quarante mille hommes sortis de Paris. Mais la cour répondit à ces impatiences que, pour qu'elle pût accepter ces propositions sans danger pour le roi et pour la ville, il fallait au préalable que le prince de Condé fût chassé de la capitale. Cette réponse glaça quelque peu l'enthousiasme, parce que, sans la présence du roi, on ne se sentait pas en forces pour expulser le prince de Condé.

La cour, pour donner plus de vigueur aux manifestations, en se rapprochant de Paris, quitta le séjour de Compiègne, le 23 septembre, et s'établit à Mantes, le 25. Le 24, le prévôt, toujours actif et infatigable, avait provoqué au Palais-Royal une réunion nombreuse des bourgeois de Paris; le désir du retour du roi y fut acclamé plus vivement que jamais; la paille, signe distinctif de la Fronde

---

[1] Voy. les *Mémoires* du P. Berthod.

imposé par la terreur, fut foulée au pied, les écharpes bleues ou isabelles jetées au vent; les couleurs blanches de la royauté furent arborées en feuilles de papier portées sur les chapeaux. Le peuple, témoin de ces manifestations, au lieu d'entrer en fureur, comme il l'eût fait naguère, criait avec les bourgeois : *Vive le roi!* Une députation se rendit chez le conseiller Broussel pour l'obliger à se démettre de sa charge de prévôt des marchands; il l'eût fait sur l'heure, si le duc d'Orléans ne l'en eût dissuadé ; mais le lendemain il résigna sa charge, et les nouveaux échevins suivirent son exemple. En même temps, une assemblée des six corps des marchands décidait l'envoi d'une députation au roi pour presser son retour; le duc d'Orléans obtint cependant, mais à grand'peine, que le départ de la députation serait ajourné à huitaine.

Le grand Condé était d'un tempérament à soutenir plus volontiers le choc d'un escadron dans l'ardeur d'une bataille, que le tumulte des émotions populaires et la contrariété des événements politiques. Dès le 25 septembre, subitement atteint d'un violent mal de tête, il se mit au lit et fut saigné trois fois. Bien lui prit, paraît-il, d'être malade; car s'il était allé au camp, il serait tombé dans une embuscade de soixante chevaux disposée à une demi-lieue de Paris pour l'enlever au passage. Il en fut averti par un religieux qui lui conseilla encore de se méfier de ceux qui approchaient le plus près de sa personne, parce qu'ils le vendaient. La vérité de cet avis lui fut confirmée deux jours après par Coulon, conseiller au parlement, qui lui dit tout haut que M. de Chavigny, le duc de Rohan et la duchesse d'Aguillon le trahissaient [1].

Depuis que les armées étaient en présence dans une attitude d'expectative, la visite du camp des princes était devenue de la part des habitants de Paris affaire de mode et de plaisir ; ils y accouraient avec empressement, et avec une curiosité d'autant plus rassurée qu'il ne se passait aucun fait de guerre important, quelques escarmouches seulement. Deux cent cinquante chevaux du maréchal de Turenne qui avaient franchi la Seine sur l'un des ponts de bateaux, avaient été enlevés par trois cents chevaux du duc de Wurtemberg qui s'étaient élancés sur eux après avoir traversé le fleuve à la nage. Ce détachement conduisant ses prisonniers auprès du faubourg Saint-Victor, pour partager le butin, fut pris pour un parti de l'armée royale et essuya trois coups de canon tirés de l'arsenal ; mais l'erreur promptement reconnue fit cesser le feu. Dans la nuit du 17 au 18 septembre, après une reconnaissance qui avait repoussé dans le camp royal quelques escadrons de cavalerie, le détachement

[1] *Relation de ce qui s'est passé en France*, etc. ; déjà citée.

victorieux de l'armée des princes surpris en se retirant par un parti de mousquetaires éprouva quelques pertes : le marquis de Lauresse, de la maison de Montmorency, fut au nombre des morts, et le fougueux Saint-Ybar[1], au nombre des blessés. Malgré cet échec partiel, le maréchal de Turenne réussit à faire sortir de son camp la majeure partie de sa cavalerie qui n'y pouvait vivre faute de fourrages suffisants et à cantonner celle-ci dans divers quartiers de rafraîchissement. Il jugeait le moment venu de mettre à exécution le projet d'abandonner un campement presque cerné par les armées ennemies; les approvisionnements de toute nature y devenaient même d'autant plus difficiles que la mauvaise saison commençait à rendre impraticables tous les chemins qui y aboutissaient. La sortie de sa cavalerie donna au parti contraire le pressentiment que l'armée royale tout entière pouvait bien vouloir se retirer d'un poste qu'elle ne pouvait abandonner sans essuyer une défaite, suivant la prévision générale, si elle était attaquée dans sa retraite. Le duc de Lorraine qui séjournait presque constamment à Paris, circulant beaucoup dans un carrosse de la duchesse d'Orléans, sa sœur, suivi d'un seul valet de pied, se rendit au camp avec le duc de Beaufort. Ils voulaient, l'un et l'autre, se

---

[1] Voy. sur lui, tome I; p. 207 et tome II, p. 336.

rendre compte par leurs propres yeux de la réalité ou de la fausseté des alarmes répandues ; ils revinrent assurant que les maréchaux de Turenne et de La Ferté ne songeaient à faire aucun mouvement.

Le prince de Condé retenu encore par la maladie ne partageait pas cette sécurité ; et comme Tavannes, son lieutenant, dont le zèle était fort refroidi, voulait lui persuader qu'il concevait de vaines inquiétudes, le prince lui dit :

« Je vous entends, M. de Tavannes, j'ai été mal informé, et mes ordres ont été donnés sur une fausse alarme. C'est votre pensée; mais ce n'est pas la mienne. Parce que vous ne voyez point de changement dans les postes de Turenne et de la Ferté, vous jugez qu'il n'y en a point; et je juge, au contraire, qu'il y en a un très-grand et très-certain. Sachez, Comte, que leur batterie descendue et leurs canons conduits sur le bord de la rivière sont une marque infaillible qu'ils la veulent passer cette nuit en gardant les apparences de leurs postes, ils nous amuseront pendant qu'ils défileront peu à peu avec les bagages, et tout d'un coup nous les verrons échappés. C'est là, infailliblement, leur dessein. Retournez donc au camp : observez-les, et tenez-vous pour averti. Je vous suivrai bientôt; cependant je me repose de tout sur vous [1]. »

[1] *Mémoires* du comte de Tavannes.

Le comte de Tavannes retourna au camp; et le surlendemain, dans la nuit du 4 au 5 octobre, le maréchal de Turenne, à la faveur du tumulte suscité par les cris de joie qu'il faisait pousser par ses soldats autour des feux de bivouac, cris imités par les soldats de l'armée des princes, dissimula le bruit des chevaux, des chariots et des canons en marche. Une heure avant le jour, l'armée des princes s'aperçut, mais trop tard, que l'armée royale avait décampé.

Lorsque le prince de Condé apprit que la proie qu'il croyait tenir lui avait si facilement échappé, il ne put contenir l'expression de sa colère[1]. Dès sept heures du matin, le prince oubliant sa maladie, accourait à son camp accompagné du duc de Lorraine, et détachait divers partis à la poursuite du maréchal de Turenne, à laquelle s'était déjà lancé Clinchant avec trois escadrons. Ils ne purent joindre que l'arrière-garde, avec laquelle ils engagèrent quelques escarmouches; mais le gros de l'armée royale protégée dans sa marche par des redoutes que le maréchal de Turenne avait fait construire à l'avance sur une hauteur par M. de Vaubecourt, s'était mis à l'abri sous les murs de Corbeil.

Ce temps d'expectative pendant lequel les deux armées étaient restées à se considérer, avait duré

---

[1] *Mémoires* de Mlle de Montpensier. Voy. aussi t. II, p. 295.

cinq semaines; cinq semaines que chaque parti s'était promis d'employer largement sur un autre terrain au succès de sa cause. Mais, sur ce terrain des négociations, la déception fut encore pour le parti des princes. La députation des six corps des marchands n'avait pu être indéfiniment ajournée par le duc d'Orléans; ce prince avait tenté en vain de les persuader que leur intervention n'était qu'un embarras pour la conclusion de la paix dont il traiterait bien plus avantageusement sans leur concours. Ces députés étaient partis au nombre de soixante-six pour la cour, qui, de Mantes, s'était rendue à Pontoise, afin de se placer plus à proximité de Paris. Fêtés et accueillis avec le plus grand empressement, ils revinrent enchantés dans la capitale, excitant au récit de leur bonne réception un désir plus vif et plus universel du retour du jeune roi.

Le duc d'Orléans prit sa revanche avec le parti royal par une petite expédition à sa mesure qu'il conduisit à bonne fin : averti que le maréchal de Turenne faisait faire à Paris cinquante casaques pour ses gardes, il les envoya saisir, rue Saint-Honoré, chez le tailleur; on n'en trouva que vingt-deux qui furent apportées au palais du Luxembourg [1]. Monsieur put donc jouir d'un trophée, et ce n'est pas faire une conjecture téméraire que de

---

[1] *Relation de ce qui s'est passé en France,* etc.; déjà citée.

croire qu'il préférait l'avoir conquis dans la boutique d'un tailleur, plutôt que sur un champ de bataille !

Le prince de Condé, au milieu de la complication de ces événements, perdait un de ses fidèles ; il est vrai qu'il lui était devenu suspect ; il dut à cette circonstance d'en éprouver peu de regrets. Alors que le prince était malade, il exprima avec tant d'aigreur à Chavigny qui était venu le voir dans sa chambre ses soupçons contre lui, que celui-ci désespéré et devenu plus impressionnable, prit par contagion la fièvre du prince aggravée encore par les dispositions morales de son esprit. A peine rentré chez lui, il se mit au lit et, au bout de peu de jours, le 11 octobre, il rendit à Dieu un esprit ambitieux et indécis, apprécié en ces termes par le duc de La Rochefoucauld : « Il conseillait de pousser les choses à l'extrémité toutes les fois qu'il espérait de détruire le cardinal et de rentrer dans le ministère ; et il voulait qu'on demandât la paix à genoux toutes les fois qu'il s'imaginoit qu'on pilleroit ses terres et qu'on raseroit ses maisons[1]. »

Il est probable que Chavigny était sous l'influence de ces dernières dispositions, lorsqu'il devint suspect au prince Condé ; mais il n'est pas prouvé qu'il fût en voie de le trahir.

---

[1] *Mémoires* du duc de La Rochefoucauld.

Ce prince avait entre les mains une lettre interceptée écrite par l'abbé Fouquet au cardinal Mazarin, dans laquelle l'abbé conseillait au cardinal de refuser au prince ce qu'il demandait pour ses amis « et qu'il s'en relâcheroit ; et que s'il vouloit tenir ferme, le duc de Rohan, Chavigny, et Goulas se faisaient garants que le duc d'Orléans s'accommoderoit sans lui [1]. » Plusieurs contemporains assurent dans leurs Mémoires [2] que cette lettre était fausse et n'était arrivée entre les mains du prince de Condé que par une ruse du cardinal pour mettre le prince en suspicion contre ses amis et pour rompre sa liaison avec le duc d'Orléans. Quoi qu'il en soit, cette lettre avait produit sur le prince de Condé l'impression la plus vive. Néanmoins, ému de compassion à la nouvelle de l'état désespéré de Chavigny dont ses reproches étaient la cause, il vint lui faire un dernier adieu ; mais presque aussitôt son caractère et ses soupçons reprenant le dessus, il se reprocha ce mouvement de sensibilité : « il dit, en s'en allant et en se moquant de son ami, qu'il était laid en diable [3]. »

La mort de Chavigny eut cependant plus d'influence sur la fortune du grand Condé que ce

---

[1] *Mémoires* de Conrart.

[2] Voy. les *Mémoires* du duc de La Rochefoucauld et de Conrart.

[3] *Mémoires* de Madame de Motteville.

prince ne l'aurait supposé. Personne ne lui parlant plus de paix avec la cour, il se fortifia de plus en plus dans la funeste pensée de mener dans un camp, à l'exemple du duc de Lorraine, une vie indépendante à la tête d'une armée, tenant dans sa main victorieuse une épée, à la place d'un sceptre. Le 13 octobre, il partit de Paris avec les ducs de Lorraine et de Wurtemberg. Leurs armées combinées, après avoir laissé échapper le maréchal de Turenne de son camp de Villeneuve-Saint-Georges, étaient revenues près de Paris ; elles avaient passé la Marne à Charenton pour camper autour de Vincennes et dans la vallée de Fécamp [1]. Cette proximité avait produit une irritation telle parmi les habitants de Paris que les princes, après avoir tenu conseil chez le duc d'Orléans, s'étaient décidés à déloger leurs troupes instantanément et à les envoyer près de Dammartin. Ce fut là que le prince de Condé rejoignit son armée, et aussitôt il prit avec elle la direction de la rivière de l'Aisne.

Le départ du prince Condé permit au mouvement des esprits dans Paris pour provoquer le retour du roi, un irrésistible élan que le faible duc

---

[1] Vallée creusée par un ruisseau aujourd'hui tari, qui venait des coteaux de Montreuil et de Bagnolet et allait se jeter dans la Seine près du Petit-Bercy. La rue de Charenton, dans la partie située entre la petite rue de Reuilly et la rue de Montgallet, portait anciennement le nom de rue de la vallée de Fécamp, dont elle suivait la direction.

d'Orléans, livré désormais à ses seules forces, devenait impuissant à contenir. Il n'avait pas manqué cependant de faire au prince de Condé mille promesses de fermeté et particulièrement d'empêcher toute députation nouvelle des corporations à la cour. Une assemblée réunie à l'Hôtel-de-Ville rétablit dans leurs charges l'ancien prévôt des marchands et les anciens échevins. Le duc de Beaufort, reconnaissant l'inutilité de lutter contre le courant populaire, résigna, le 14 octobre, dans une assemblée du parlement, sa charge de gouverneur de Paris, ainsi que la lieutenance des troupes du duc d'Orléans, assurant qu'il n'avait accepté l'une et l'autre que pour le service du roi. Le 15, une députation des colonels de la garde bourgeoise, accompagnés de deux capitaines et de deux lieutenants par quartier, et d'un bourgeois par compagnie, tous au nombre de deux cent cinquante [1], partit pour la cour sans que le duc d'Orléans tentât d'y mettre obstacle. Ces députés allèrent coucher à Rueil pour attendre que la cour, partie de Pontoise, fût arrivée au château de Saint-Germain. Présentés par le maréchal de l'Hôpital, le 16 octobre, ils reçurent grand accueil et furent splendidement traités à dîner dans le vieux château. Ils revinrent le lendemain à Paris avec le maréchal

---

[1] *Relation de ce qui s'est passé en France*, etc.; déjà citée.

de l'Hôpital, le prévôt des marchands et le lieutenant civil, rapportant la nouvelle de l'entrée très-prochaine du roi qui logerait au Louvre.

La cour de France fit précéder sa rentrée dans Paris d'un acte de précaution contre la cour de Rome. Un nouveau nonce, Corsini[1], avait été nommé sans l'assentiment de la France. La cour redoutait que la présence du nonce à Paris ne vînt jeter dans un moment si décisif quelque poids fâcheux dans le plateau de la balance qui lui était opposé, plateau qui portait le cardinal de Retz en contre-poids avec le cardinal Mazarin; aussitôt elle refuse à l'envoyé pontifical le libre exercice de la nonciature dans le royaume. Une dépêche au duc de Mercœur, gouverneur de Provence, lui ordonne de prévenir le nonce d'avoir à choisir pour séjour une des villes de son gouvernement, sans en pouvoir sortir tant que la volonté royale n'aura de nouveau fait connaître ses intentions :

A M. le duc de Mercœur pour huy dire que le Roy entend que le sieur de Corsini, nonce du Pape, demeure en Provence jusqu'à nouvel ordre du Roy.

« Du 19° octobre 1652.

« Mon cousin, ayant été informé que le sieur

[1] D'une famille considérable de Florence qui a donné à l'Église un pape, Clément XII, en 1730.

Corsini a été nommé par notre Saint-Père le Pape pour nonce en France sans ma participation, au préjudice des oppositions qui y ont été faites en mon nom par le sieur bailly de Vallencay, mon ambassadeur près Sa Sainteté, et voullant empêcher que le dit Corsini n'exerce la nonciature dans mon royaume, je vous fais cette lettre pour vous dire que s'il vient en Provence vous ayez à lui faire entendre de ma part que je désire qu'il demeure en telle de mes villes de la dite Provence que vous estimerez à propos sans qu'il en puisse partir jusqu'à ce que je lui fasse scavoir ma volonté sur ce sujet et la présente, etc[1]. »

Le terrain de longue main préparé, était déblayé de tous les obstacles pour la rentrée du roi dans Paris. Le fait seul restait à accomplir. Le 20 octobre, la cour partit du château de Saint-Germain et fit une halte à Saint-Cloud ; puis traversant le bois de Boulogne, elle se dirigea sur Paris, après s'être fait précéder d'ordres qui enjoignaient au duc d'Orléans de venir au-devant du roi, et à Mademoiselle de quitter à l'instant la capitale. Au Cours-la-Reine, la nouvelle vint que Monsieur refusait d'obéir. Le cortége s'arrêta, hésitant ; car l'on redoutait encore l'influence de ce prince sur le

---

[1] Minute de la dépêche inédite adressée au nom du roi au duc de Mercœur. *Archives du Ministère de la guerre*, vol. 136.

parlement et la bourgeoisie de Paris ; la reine-mère tint conseil sans descendre de son carrosse. Un parti énergique prévalut : l'ordre de continuer la marche fut donné. Le duc de Damville fut chargé d'aller prévenir le duc d'Orléans que s'il restait dans Paris après l'entrée du roi, le régiment des gardes irait au Luxembourg se saisir de sa personne. A la réception de ce message, Monsieur fort effrayé s'engagea à sortir de Paris le lendemain dans la matinée.

Le roi était à cheval, accompagné du roi d'Angleterre et suivi du prince Thomas de Savoie ; la reine-mère venait après dans son carrosse, avec le jeune duc d'Anjou. Cette entrée s'accomplissait dans des conditions d'autant plus avantageuses et inespérées que l'amnistie préalable si longtemps demandée et discutée n'avait même pas été formellement donnée ; nul engagement n'ayant été pris, toute latitude restait à l'autorité royale pour la sévérité ou pour la clémence.

Fidèle à notre méthode de laisser la parole aux témoins oculaires, surtout quand il s'agit de récits inédits ou à la disposition de peu de lecteurs, c'est à la *Gazette* elle-même que nous confions le soin de raconter cette entrée, en reproduisant la narration pour ainsi dire officielle, qu'elle fit alors paraître.

« *Le retour du Roi tant désiré en sa bonne ville de Paris.*

« Ce jour là (20 octobre 1652) qui pouvoit estre mis au rang des plus riants et des plus beaux du printemps et de l'esté, fut attendu avec les impatiences que l'on imagine aisément dans l'approche d'un bien extrême ; et, dès le matin, une grande partie du peuple quitta ses maisons, sortit de la ville, et alla jusqu'au bois de Boulogne au-devant de Leurs Majestez, tandis que l'autre remplissoit le Cours de la Reyne, bordoit la Seine des deux costez jusqu'au bout des galeries du Louvre, et occupoit toutes les ruës et les fenestres par où les bourgeois croyoyent que devoyent passer Leurs dites Majestez : lesquelles estant parties de Saint-Germain, arrivèrent sur les quatre heures de relevée à l'entrée de ce Cours de la Reyne.

« Le Corps de ville que le Maistre des cérémonies y avoit conduit pour les recevoir, leur y fut présenté par le mareschal de l'Hospital, qui estoit venu reprendre possession de sa charge de gouverneur de Paris : et lors le Prévost des marchands ayant mis pied à terre avec les Eschevins, les Conseillers de ville, les Quarteniers et Bourgeois deputez qui se rangèrent en hayes, il les harangua ; puis elles continuèrent leur marche et arrivèrent ici en cet ordre que donna le dit Maistre de cérémonies.

« Les trois cents archers et gardes de la ville alloient des premiers à cheval avec leurs hoquetons aux armes de la dite ville et leurs cornettes : ensuite les gardes du mareschal de l'Hospital, aussi à cheval, puis les conseillers quarteniers et bourgeois, tous fort bien montez.

« Après ceux-ci marchoit un gros de gentilshommes et personnes qualifiées de la cour, lestement vestus et sur de fort beaux chevaux, et derrière eux, estoyent les quatre eschevins, le maistre des cérémonies, le gouverneur de Paris et le prévost des marchands, tous en housse.

« Le roy venoit sur leurs pas, accompagné et environné du prince Thomas, des ducs de Vendosme et de Guyze, des Mareschaux de Villeroy et du Plessis, et autres officiers de la couronne : entre lesquels Sa Majesté, montée sur un cheval gris et éclairée de plus de cinquante flambeaux portez à l'entour d'elle, se faisoit si bien reconnoistre par sa grave contenance et sa bonne grâce, qu'elle ostoit la peine à ses sujets de se demander où elle estoit : tellement que ses amoureux regards qu'elle dispensoit libéralement de tous costez, versant la joye dans leurs cœurs, elle faisoit sortir de leurs bouches de continuelles acclamations de *Vive le roy*, que la plupart accompagnoyent de larmes de joye.

« Le capitaine des gardes du corps et les gens d'armes paraissoyent derrière cette royale troupe, ayans les chevaux légers à la teste ; et ils estoiyent joints par les Suisses et la garde de la Reyne, et ses pages et valets de pied.

« Le carosse de son corps venoit ensuite, dans lequel estoit cette vertueuse Princesse, Monsieur, frère unique du roy : et à la quëue de tout estoyent douze compagnies du régiment des gardes.

« Cette marche ainsi disposée dura cinq heures depuis Chaliot jusqu'au Louvre, où Leurs Majestez n'arrivèrent qu'à sept et demi du soir : mais moins par la difficulté qu'elles eurent de passer à travers cette foule extraordinaire de peuple qui les attendoit sur tout le chemin, que pour donner à chacun le loisir de les considérer et de les bénir : duquel bonheur le désir se trouvant d'autant plus universel et violent qu'on avoit peu espéré cette félicité, fit sortir de leurs couvents les Jacobins, les Feuillants et les Capucins de la rue Saint-Honoré, chacun avec un cierge allumé, pour avoir meilleure part au concert de tant de voix, qui n'éclatoyent qu'en cris de *Vive le Roy :* dont les uns servans d'écho aux autres, sa Majesté en fut accompagnée jusque dans son palais. Tandis que d'ailleurs, les cloches d'une grande partie de nos paroisses s'entretenoyent agréablement par leurs carillons, de cette heureuse venüe du roy, et que la bouche des canons, qui en d'autres occasions n'annonce que mort, que carnage et qu'horreur, publioit hautement le contentement public, qui s'estoit bien exprimé par un nombre infini de flambeaux à toutes les fenestres, mais parut encor davantage par les feux qui se firent en toutes les rues : d'où la nuit se voit ainsi bannie et contrainte de faire place à un nouveau jour : auquel toutes les appréhensions furent changées en des réjouissances qui ne doivent pas estre limitées dans les bornes des médiocres sujets d'allégresse. »

« A Paris, le 24 octobre 1652. »

Il y avait cinquante-huit ans que le 22 mars 1594, l'aïeul du jeune roi, le vaillant Henri IV, avait fait aussi dans Paris son entrée triomphante ! Ces acclamations de la foule ont toujours quelque chose de vibrant et de sympathique au cœur, quand elles s'adressent aux nobles et légitimes causes ; mais, hélas ! combien valent peu ces acclamations populaires ; elles sont la banale histoire non-seulement de toutes les entrées royales, mais encore de tous les triomphes les plus malsains toujours acclamés par ces foules idolâtres de la pompe des spectacles pour lesquelles tous les succès ont leur prestige !

CHAPITRE XXXII

Ordre royal à La Louvière de remettre le commandement de la Bastille. — Ordre royal au duc d'Orléans de quitter Paris. — Déclaration d'amnistie. — Le duc d'Orléans se retire à Blois. — Mlle de Montpensier erre à l'aventure et se retire à Saint-Fargeau. — Le roi écrit à Mademoiselle. — Lettre inédite du 11 novembre 1652 de cette princesse à Le Tellier. — Exil de la duchesse de Montbazon. — Mort de Mlle de Chevreuse. — Plan de campagne du maréchal de Turenne contre les armées du prince de Condé et du duc de Lorraine. — Lettres inédites du maréchal de Turenne à Le Tellier des 26, 27 et 29 octobre 1652. — Révélation inédite des causes du retour différé du cardinal Mazarin. — Impatience du cardinal à l'occasion des retards apportés à renforcer l'armée royale. — Sa lettre inédite du 5 novembre 1652 à Le Tellier. — Réflexions suggérées par cette lettre. — Le levier puissant des faveurs. — Passion de la bourgeoisie pour les titres nobiliaires. — Un type nouveau : le bourgeois courtisan. — Lettre inédite du duc de Gueldres, comte d'Egmont, au roi, du 7 novembre 1652. — Lettre inédite du roi au comte de Broglie, du 12 décembre 1652. — Opérations militaires du maréchal de Turenne et du prince de Condé. — Prise de Château-Porcien, de Réthel et de Mouzon par le prince de Condé. — Deux lettres inédites du maréchal de Turenne à Le Tellier, du 9 et 12 novembre 1652. — Prise de Sainte-Menehould par le prince de Condé. — Les troupes du duc d'Orléans quittent l'armée du prince de Condé. — Ravages commis par ce prince. — Lit de justice tenu contre le prince de Condé. — Il est, ainsi que son frère, déclaré déchu de ses dignités et de ses biens. — Le prince de Condé déclaré généralissime de l'armée espagnole. — Les rentiers mécontents font à Paris des manifestations. — Remise aux locataires de deux termes de loyer. — Lettre inédite du maréchal de Turenne à Le Tellier, du 20 novembre 1652. — Prise de Bar-le-Duc par le prince de Condé. — Le cardinal Mazarin arrive à Châlons-sur-Marne. — Lettre inédite du comte de Broglie à Le Tellier, du 26 novembre 1652. — Le cardinal Mazarin refuse de recevoir la visite du duc de La Rochefoucauld. — Le cardinal Mazarin se rend à l'armée. — Il y aplanit des rivalités de commandement. — Le maréchal de Turenne prend résolûment l'offensive. — Le prince de Condé bat en retraite. — Le comte de Tavannes quitte le prince de Condé. — Prise de Ligny et de Bar-le-Duc par le maréchal de Turenne. — Un acte d'indiscipline de l'armée du prince de Condé l'empêche de secourir Bar-le-Duc. — Prise de Château-Porcien et de Vervins par l'armée royale. — Le maréchal de Turenne renonce à assiéger Sainte-Menehould. — Les armées prennent leurs quartiers d'hiver. — Mort du duc de Wurtemberg. — Le véritable obstacle qui diffère la rentrée à Paris du cardinal Mazarin, dévoilé. — Étude de trois combinaisons pour se défaire du cardinal de Retz. — Son arrestation. — Protestations du clergé de Paris et de la cour de Rome. — Le nonce repart sans avoir rempli sa mission. — Rentrée à Paris du cardinal Mazarin.

Le roi, suivi de son cortége, se rend directement au Louvre, d'où sont expédiés à l'instant deux messagers avec des ordres dont l'exécution est indispensable, autant pour la manifestation extérieure que pour la consolidation réelle de son autorité. A la Louvière, fils de Broussel, un exempt des gardes porte la sommation de lui remettre le commandement de la Bastille; après beaucoup d'hésitations, sous la pression des menaces, La Louvière obéit. Au duc d'Orléans, d'Aligre[1] va signifier le

---

[1] Etienne d'Aligre, fils du chancelier, successivement inten-

rappel de son engagement de quitter Paris dès le lendemain, dans la matinée, et la désignation de Limours pour le lieu de son exil. Ce prince renouvelle sa promesse d'obéir dans une lettre au roi ; il se félicite encore de ne recevoir qu'un ordre d'exil, quand il tremblait d'être arrêté. Monsieur était changeant ; le soir même il revient du sentiment de la soumission et de l'effroi avec cette mobilité qui lui est propre, et il accueille la proposition du duc de Beaufort de se rendre aux halles, le lendemain au point du jour, pour soulever le peuple et élever des barricades ! Le cardinal de Retz assistait à cette périlleuse ouverture ; mais il ne s'en émut point. Connaissant à fond le caractère du duc d'Orléans, il juge au premier coup d'œil tout ce que l'on peut attendre de la fougueuse ardeur de la conversation du prince, et il l'apprécie en ces termes : « Monsieur la soutint par un discours amphibologique qui, dans la bouche de Gaston de Foix [1], eût paru un grand exploit ; mais qui, dans celle de Gaston de France, ne me présagea qu'un grand rien [2]. » Lorsque le coadjuteur se fut retiré, Monsieur, toujours livré à son exaltation, tint ce

---

dant en Languedoc, en Normandie, ambassadeur à Venise, il devint lui-même chancelier de France.

[1] Gaston de Foix, duc de Nemours, tué à la bataille de Ravenne.

[2] *Mémoires* du cardinal de Retz.

propos en présence de témoins qui le rapportèrent à la reine : « Si je voulais, je ferais bien danser l'Espagnole [1]. » Ce feu tomba si bien de lui-même, ainsi que le coadjuteur l'avait prévu, qu'une heure avant le jour, le duc d'Orléans sortait de Paris prudemment et fort paisiblement.

Le 22 octobre, le jeune roi tint au Louvre un lit de justice où le Parlement se rendit : Lecture solennelle fut donnée d'une déclaration d'amnistie ; mais comme le roi était, par une politique habile, rentré dans Paris sans conditions, cette amnistie portait des restrictions. Un délai de trois jours était donné aux princes et à leurs partisans pour accepter l'amnistie ; ce délai passé, leur procès serait instruit comme perturbateurs du repos public et criminels de lèse-majesté. Les ducs de Beaufort, de La Rochefoucauld, de Rohan, le marquis de la Boulaye, Fénis, trésorier de France, les conseillers au Parlement Broussel, Viole, Bitaut, de Thou, Portail, Fouquet de Croissy, Fleury, Martineau, Genou, Coulon et Machaut, enfin toutes les personnes attachées à la maison des princes, leurs femmes et leurs enfants, les officiers de leurs troupes, devaient sortir de Paris et n'y pouvoir entrer sans une autorisation du roi. Le Parlement était rappelé de Pontoise et rétabli à Paris ; mais il lui était formellement interdit

---

[1] *Mémoires* du cardinal de Retz.

de s'immiscer à l'avenir dans les affaires de l'État, défense était faite à chacun de ses membres d'avoir aucune habitude avec les princes et d'être le conseil de leurs intérêts.

Le duc d'Orléans, arrivé à Limours, s'empressa d'accepter l'amnistie et obtint l'autorisation de se retirer dans son château de Blois. Il fit comprendre dans l'amnistie Mademoiselle et les dames de sa maison, MM. de Beaufort, de Rohan, de Bury, de Fontrailles et les conseillers du Parlement frappés d'exil, à l'exception du président Viole. Les négociateurs de cet accommodement, le duc de Damville et Le Tellier, revinrent à Paris rapportant en outre l'engagement de Monsieur au rappel immédiat des troupes de son nom qui servaient dans l'armée du prince de Condé. Le duc d'Orléans fit partir Gédouin[1], maréchal de camp et lieutenant de ses gardes, avec mission de ramener ses troupes; il avait obtenu du roi qu'elles prendraient leurs quartiers d'hiver en Languedoc et ne serviraient qu'en Italie ou en Catalogne.

La duchesse d'Orléans, en raison de son état de grossesse avancée, était restée provisoirement à

---

[1] De la famille Gédouin des Touches; sa sœur Geneviève épousa Joachim de la Seiglière, seigneur de Boisfranc, qui devint chancelier et surintendant des bâtiments de Philippe de France, duc d'Orléans, frère de Louis XIV. Voyez l'*Histoire généalogique du P. Anselme.*

Paris, où elle accoucha d'une fille, le 9 novembre. La perte récente du duc de Valois ne fut donc pas réparée ; et Monsieur put d'autant plus facilement renoncer désormais aux rêves de sa stérile ambition.

Pour se rendre de Limours à Blois, le duc d'Orléans passa par Chartres et Orléans. A Chartres, le duc de Beaufort prit congé de lui pour se retirer au château de Chenonceaux, suivant l'ordre qu'il en avait reçu. A Orléans, Monsieur, accompagné des comtes de Lude, de Brancas et de Bury, de La Louvière, outre les officiers de sa maison, fut complimenté par les corps de ville, soupa le soir chez le marquis de Sourdis, dîna le lendemain chez l'évêque et fut finalement retenu quelques jours dans cette ville par une crise de goutte. Enfin le 9 novembre le duc d'Orléans arriva à Blois, et la pensée que tout rôle politique était désormais fini pour lui, parut procurer à son esprit un heureux soulagement [1].

Mademoiselle de Montpensier vit avec désespoir un dénouement qui avait abouti à la rentrée triomphante du roi et à l'anéantissement de ses ambitieuses espérances. Cette princesse se trouva tout à coup jetée dans la plus complète incertitude

---

[1] Nous avons emprunté un grand nombre de détails qui précèdent au document inédit intitulé : *Relation de ce qui s'est passé en France depuis le 15 janvier 1652 jusqu'au 26 avril 1653.* Bibliothèque nationale; Fonds de Sorbonne, n° 1257.

sur le parti qu'elle avait à prendre. Chassée de
Paris par un ordre royal, elle avait voulu partir
avec son père ; mais le duc d'Orléans, trouvant sa
fille trop compromettante, le lui avait formellement
défendu en lui prescrivant de se rendre à Bois-le-
Vicomte, à quatre lieues de Paris, château qui
appartenait à cette princesse. Mademoiselle fit
partir son train pour cette destination ; mais elle
fut prise d'appréhensions pour sa sûreté, si sa retraite était connue. Dissimulant sa qualité, avec
une petite suite composée seulement de Mme de
Frontenac, de deux femmes de chambre et de Pré-
fontaine, son intendant, elle se mit à errer à l'aventure et enfin alla se cacher à Pont, chez Mme de
Bouthillier, mère de Chavigny. La première des
maréchales de camp de Mademoiselle, la comtesse
de Fiesque, n'avait pu l'accompagner ; elle était
retenue à Paris par une maladie ; mais, malgré cet
état, elle était encore assez redoutée de la cour pour
que celle-ci envoyât des gardes dans sa maison
pour empêcher qu'il ne s'y tramât quelque cabale [1].
Mademoiselle fit connaître sa retraite au prince de
Condé, qui insista pour qu'elle vînt s'établir dans
un château sur la frontière. Le comte de Fuensaldagne fit dire à cette princesse que si elle venait en
Flandre elle y serait la maîtresse. Mademoiselle

---

[1] Même *Relation*, déjà citée.

eut la sagesse de ne pas écouter ces propositions et se décida à partir pour sa terre de Saint-Fargeau, en Nivernais.

La cour, qui n'avait pas été sans crainte de voir Mademoiselle prendre quelque résolution extrême et dangereuse, apprit avec satisfaction sa retraite à Saint-Fargeau ; et, pour faire cesser toutes les appréhensions que la princesse avait pu concevoir pour sa sûreté, le roi lui-même lui écrivit pour la rassurer et pour lui faire connaître son approbation du séjour qu'elle avait choisi. La princesse s'explique ainsi dans ses *Mémoires* sur la réponse qu'elle fit à la lettre du roi :

« J'y fis réponse et le remerciai de l'honneur qu'il lui avait plu de me faire par les marques qu'il me donnait de son souvenir, que mon séjour à Saint-Fargeau lui fût agréable ; que pour la sûreté de ma personne, je n'en avais point douté ; que je n'avais rien sur la conscience qui me pût faire craindre le contraire ; que ma conduite et mes intentions avoient toujours été fidèles pour le service de Sa Majesté ; que je ne craignois rien, et que j'étois incapable de faire aucune action indigne de la qualité où Dieu m'avoit fait naître, et d'une bonne Française [1]. »

Mademoiselle ne reproduit les textes ni de la lettre du roi, ni de sa réponse, dont elle donne seulement

---

[1] *Mémoires* de Mademoiselle de Montpensier.

l'analyse ; mais nous avons la bonne fortune de pouvoir insérer ici la lettre inédite qu'elle écrivit à Le Tellier, par qui elle envoya sa réponse au roi :

« A Saint-Fargeau, ce 11 novembre 1652.

« Monsieur Letelier, aïant apris par la contese de Fiesque que vous luy aviés envoié la letre que le roy m'a fect l'honneur de m'écrire, j'ay cru vous en devoir adresser la réponse et que vous voudriés bien prendre la pene de luy rendre. Sa Majesté m'asure d'une chose dont je ne doute pas d'une entière sûreté dens tous les lieus où je seray. Je croi n'avoir point une conduite qui me puise atirer le contraire, insi c'est dens l'esprit fort en repos et j'ay bocoup de déplésir que l'on luy voulut persuader le contraire ; car set à coy je n'ay jamais sonjay. J'ay été bien aise d'avoir sete ocasion de vous pouvoir remercier du soin que aves u de me doner des paseport qui m'étet très nésesere, puisque lors que mon bagage ala au Bois-le-Viconte dens un tens où persone n'ignoret que se ne fût avec le consentement de la cour l'on pila des ardes de mes jans ; set ce qui fect que je vous en suis plus obligée et que je suis,

« Monsieur Letelier,
« Votre très afectionée
« Anne Marie Louise D'Orléans [1]. »

[1] Lettre inédite ; *Archives du Ministère de la guerre*, vol. 134. L'orthographe de mademoiselle de Montpensier, que les édi-

Dans sa lettre au ministre, comme dans sa lettre au roi, Mademoiselle rejette avec hauteur la supposition vraie cependant qu'elle eût pu concevoir des inquiétudes pour sa sûreté ; elle ne trouve dans sa conduite passée nul motif de nature à lui inspirer quelque crainte à cet égard, ce qui sous-entend qu'elle n'y reconnaît aucun acte qui lui inspire ni regret, ni remords. Le caractère altier et vigoureux de la princesse se peint lui-même dans ces lignes, dans lesquelles elle ne parle ni de pardon ni même d'oubli. Après une longue lutte, Mademoiselle est brisée dans sa résistance ; mais il ne sera pas dit qu'elle aura ployé. Malheureusement elle aura mis sans utilité toute cette énergie au service d'un parti sans portée et sans avenir, le parti des princes, qui représentait dans la Fronde la seule ambition du pouvoir, dénuée de tout programme et de tout principe. Par exemple, lorsque ce parti s'oublie au point de placer dans l'alliance étrangère tout son espoir, le sens moral de la princesse, plus élevé que celui du prince de Condé, la préserve de cette chute et elle peut écrire qu'elle est restée *bonne française*. Cette lettre de Mademoiselle terminé son épopée dans la Fronde. Désormais ce ne sera plus les armes à la main qu'elle tentera la conquête de quelque époux couronné ; un jour même viendra

teurs de ses *Mémoires* ont si profondément altérée, n'est certainement pas l'une des moindres curiosités de cette lettre.

où sa fierté lassée la livrera conquise elle-même au duc de Lauzun.

Certaines femmes, pendant la Fronde, avaient été des ennemies assez dangereuses de la cour, pour que celle-ci, malgré son triomphe, les craignît encore et ne se crût pas tenue à les ménager. La duchesse de Montbazon, exilée à Quimper-Corentin, en Basse-Bretagne, obtint pour tout adoucissement de pouvoir se retirer en Touraine. Quelques jours avant son départ de Paris, revenant le soir d'une visite rendue à la marquise de la Boulaye, elle avait couru une aventure qui prouve que la police de sûreté dans la capitale avait encore beaucoup à faire : son carrosse fut arrêté à la Croix-du-Trahoir par sept ou huit bandits, lesquels, après avoir éteint les torches, lui prirent son mouchoir de col d'une valeur de quatre cents livres et une bague de deux cents livres [1].

Une autre femme, qui avait joué un rôle dans tous ces événements, disparut de la scène : la fiancée d'un moment du prince de Conti, l'Egérie du cardinal de Retz, mademoiselle de Chevreuse mourut après deux jours de maladie. Le coadjuteur était alors en froideur avec elle; elle eût voulu, dit-il, le ramener; mais, ajoute-t-il : « Elle ne lui pardonna pas sa résistance à ses beaux yeux. » Sur ces

---

[1] *Relation* inédite déjà citée.

yeux, il s'exprime ainsi : « Elle avoit les plus beaux yeux du monde, et un art à les tourner qui estoit admirable et qui lui estoit particulier [1]. » La petite vérole, compliquée de fièvre maligne, triompha du même coup de sa beauté et de sa vie.

Le maréchal de Turenne avait quitté momentanément son commandement pour accompagner le roi à son entrée dans Paris ; mais, dès le 24 octobre, il était retourné à son armée et l'avait rejointe à Senlis. Ses projets consistaient à suivre pas à pas et à rejeter hors du royaume les petites armées du prince de Condé et du duc de Lorraine. Ces deux corps combinés s'éloignaient volontairement de Paris, sans avoir néanmoins l'intention de passer la frontière de France, leur but était de se mettre plus à portée de recevoir l'appui de l'armée d'Espagne, commandée par le comte de Fuensaldagne.

Deux jours après son départ de Paris, le maréchal de Turenne adresse cette lettre à Le Tellier sur la marche respective des armées et sur son plan de campagne :

« Monsieur,

« Je viens d'avoir advis comme l'armée des ennemis a passé en delà de la rivière d'Aisne et marché vers Rethel et Chasteau-Porcien. Je m'avance vers

---

[1] *Mémoires* du cardinal de Retz.

La Ferté-Milon et de là le long de la rivière de Marne, en cas que j'apprenne qu'ils continuent leur marche. Je ne scay pas encore si toutes les trouppes qui sont arrivées de Flandre marcheront ce mesme chemin-là, ou s'il en restera quelqu'une pour donner jalousie à la frontière de Picardie. S'ils faisoient ce dernier, je croi qu'il suffiroit de laisser quelque infanterie et fort peu des trouppes de Picardie ou de Normandie, et que toute la cavallerie et infanterie restant marchast après moy pour se joindre vers Châlons; que s'ils ne laissent personne vers la frontière, il seroit nécessaire que tout marchast le chemin que je dis.

« Le comte Broglio m'a mandé que quinze cens hommes de pied et huict cents chevaux qui estoient demeurés sur la Lis, ont suivi le prince de Ligne, de sorte que je croi qu'il y a bien neuf ou dix mille hommes de l'armée de Flandres qui sont sur la frontière ou qui sont entrés en France. Il n'y a rien qui ait joinct l'armée du Roy depuis que j'en estois parti.

« Les régiments d'infanterie de M. le duc d'Orléans se desbandent fort; depuis trois jours il y en est arrivé plus de deux cens. Je ne croi pas qu'il y demeure beaucoup de Français audit Monsieur le Prince, s'il n'arrivoit quelque révolution favorable pour luy. Il a un très grand corps de cavalerie et devant lequel on n'oseroit se montrer. Il seroit nécessaire d'envoyer promptement quelque courrier à Saint-Dizier, Victri et Sainte-Menould, afin qu'ils fussent sur leurs gardes. De maintenir Paris en bonne disposition pour le Roy est à mon advis la plus grande affaire qu'il y ait. Je vous supplie très-humblement de me continuer l'honneur de vos bonnes grâces, estant

« Monsieur,

« Vostre très humble et très-
affectionné serviteur,

« Turenne. »

« Je vous supplie qu'on paie cet officier. »
« En faisant renforcer l'armée, on fera toutes les choses qui se pourront. »

«Au camp de Bully[1], ce 26ᵉ octobre 1652 [2] »

Le lendemain le maréchal adresse au ministre une nouvelle dépêche :

« Monsieur,

« Comme j'allois commencer à marcher, un parti m'a ramené des prisonniers qui m'asseurent

---

[1] Village de Picardie à 11 kilomètres de Senlis, faisant aujourd'hui partie du département de l'Oise.

[2] Lettre inédite; *Archives du Ministère de la guerre*, vol. 134. La formule finale, la signature et le *post-scriptum* sont seuls de la main du maréchal.

que l'ennemi qui avait passé au-delà de l'Aisne faisoit raccomoder le pont-à-Vere[1] comme pour marcher en deçà. Je me suis remis dans mes quartiers et ay envoyé trois cents chevaux pour apprendre des nouvelles. Les trouppes du prince de Ligne commençoient avant hier à joindre Monsieur le Prince à ce que disent ses prisonniers. Il seroit bon que les trouppes de Picardie et Normandie se missent à Verberie[2], ils donneront la main à Compiègne et Soissons et à moy, en cas que l'ennemi vint vers Paris. Il seroit nécessaire d'envoyer quelques hommes de considération, un pour se servir à Rheims, et l'autre à Châlons, afin de s'asseurer les bourgeois qui n'ont point de gens de guerre. Je vous supplie de continuer à me faire l'honneur de me croire.

« Monsieur,

« Vostre très-humble et très-affectionné serviteur,

« TURENNE.

« Au camp de Rully, le 27 octobre 1652[3]. »

---

[1] Pontavert, bourg de Picardie, sur l'Aisne; il fait aujourd'hui partie du département de l'Aisne.

[2] Verberie, petite ville de Picardie, sur la rive gauche de l'Oise, faisant aujourd'hui partie du département de l'Oise. Elle était au nombre des douze villes dont jadis le royaume de Soissons était composé. Les rois de la première race y avaient construit un palais que Charlemagne fit rebâtir.

[3] Lettre inédite; *Archives du Ministère de la guerre*, vol. 134. La

Les renseignements dont la connaissance était nécessaire au maréchal de Turenne pour déterminer sa marche lui ayant été rapportés, il en informe le ministre :

« Monsieur,

« Ayant eu nouvélles comme Monsieur le Prince marche vers Chasteau-Porcien[1], je m'en vai m'avancer vers la Champagne. Je croi qu'il seroit bien nécessaire de donner ordre aux trouppes de Picardie et Normandie de marcher le chemin de la Ferté-Milon[2] pour me joindre en suite, croyant qu'il n'y a point de temps à perdre afin d'empescher Monsieur le Prince de prendre de poste considérable en Champagne. M. d'Elbeuf est à Compiègne et les trouppes aux environs de là. M. de Lorraine a donné une partie de ses trouppes à Monsieur le Prince comme je l'avois tousjours bien creû, de sorte qu'avec cela et les trouppes du prince de Ligne, il serait bien plus fort

---

formule finale et la signature sont seules de la main du maréchal.

[1] Cette petite localité, sur l'Aisne, seigneurie érigée en comté en 1288, et en principauté en 1561, est aujourd'hui l'un des chefs-lieux de canton du département des Ardennes.

[2] Petite ville sur l'Ourcq, aujourd'hui chef-lieu d'arrondissement du département de l'Aisne.

que je ne pourrois estre. Je suis très-véritablement,

« Monsieur,

« Vostre très-humble et très-
affectionné serviteur,

« Turenne.

« Au camp de Rully, le 29 octobre 1652 [1]. »

Le maréchal de Turenne, bien que reprenant sa marche pour joindre l'armée du prince de Condé, reconnaissait l'insuffisance de ses forces pour pouvoir l'attaquer ; aussi réclamait-il des renforts de Picardie et de Normandie qui n'arrivaient qu'avec une extrême lenteur. Le cardinal Mazarin était non moins impatient que le maréchal de voir l'armée royale assez nombreuse pour pouvoir aller franchement à l'ennemi ; sa correspondance nous en apportera la preuve.

La première pensée de la cour, après la rentrée du roi à Paris, avait été de prendre la mesure du rappel immédiat du cardinal Mazarin. Pour ne point disgracier le ministre favori, la reine mère n'avait pas craint d'exposer le jeune roi et sa couronne à mille périls ; sans le retour du premier

[1] Lettre inédite ; *Archives du Ministère de la guerre*, vol. 134. La formule finale et la signature sont seules de la main du maréchal.

ministre, le triomphe obtenu perdait sa signification et manquait son but. Mille soins attentifs préparaient au Louvre l'installation du cardinal, afin de lui en rendre le séjour agréable et commode et lui faire mieux oublier son palais. Mazarin où l'on craignait qu'il fût moins en sûreté que dans la demeure royale. Le cardinal ne témoignait pas moins d'empressement à ressaisir de plus près les rênes de l'État. Néanmoins, malgré les tendances impérieuses d'une réciproque attraction, le retour du cardinal était forcément différé. Voici sur ce sujet des fragments inédits de quelque intérêt :

« Le retour du cardinal Mazarin est différé parce qu'il ne peut passer depuis que Monsieur le Prince occupe toute la rivière de l'Aisne, et luy a refusé des passe ports. L'appartement qu'on luy a préparé au Louvre est au-dessus de celuy du Roy où estoit celuy du maréchal de Villeroy; mais on l'en faist sortir pour agrandir et rendre plus commode celuy de ce cardinal, et l'on a en a donné un moings commode à ce maréchal[1]. »

La même relation dit plus loin :

« Le maréchal de Senneterre[2] est allé avec quel-

[1] *Relation de ce qui s'est passé en France depuis le 5 janvier 1652 jusqu'au 26 avril 1653. Manuscrit inédit;* Bibliothèque nationale, Fonds de Sorbonne, n° 1257.

[2] Le maréchal de la Ferté-Senneterre qui était adjoint au maréchal de Turenne pour le commandement de l'armée royale.

ques trouppes en Lorraine pour tascher de frayer un chemin pour le cardinal Mazarin dont les gendarmes et les chevaux légers qui estoient dans l'armée ont esté enlevés en s'en allant au-devant de luy, et l'on tient qu'il ne scauroit plus passer s'il ne le hazarde accompagné seulement de cinq ou six personnes, ce qu'il ne fera pas vraysemblablement. »

Effectivement le cardinal ne voulait revenir qu'à coup sûr et accompagné d'une escorte, suffisante pour ne courir aucun risque d'être enlevé; aussi voyait-il avec impatience les lenteurs apportées à renforcer l'armée royale; la supériorité de celle-ci pouvait seule assurer son passage à travers les lignes ennemies, en les rompant sur quelque point. La mauvaise humeur du cardinal s'exhale dans cette lettre inédite qu'il adresse à Le Tellier :

« A Sedan, le 5 novembre 1652.

« Je ne vous puis exprimer la douleur que j'ay eue d'apprendre que les troupes estoient encore à Compiègne et les longueurs qui se rencontrent à leur jonction à l'armée du Roy. Cependant les ennemis font ce qu'il veulent de ce costé cy et travaillent sans aucun obstacle à y asseurer leurs quartiers. Il n'y a pourtant rien de plus vray qu'ils n'ont pas à présent plus de douze mille hommes estant tous ensemble comme ils sont, et qu'il ne leur en reste pas davantage après ce que M. de Lorraine a fait retirer en Flandres. De sorte que nos forces estant unies, elles seroient sans difficulté supérieures aux leurs. Je ne puis comprendre par quelle fatalité elles ne le sont pas encore; mais quand je ne me serois pas tant tourmenté dès que j'estois à Bouillon pour les faire rassembler et qu'il n'y auroit pas ordre exprès de Sa Majesté de le faire, il n'y a personne qui ne juge bien que c'est une chose absolument nécessaire et qui ne se doit pas différer, lorsque l'on voit assemblées toutes celles des ennemis. Je vous prie de presser vivement M. le duc d'Elbeuf là-dessus, quoyque je me flatte que la chose sera desjà faitte avant que vous receviez cette lettre, estant impossible que de la cour l'on n'ayt dépesché courrier sur courrier pour haster cette jonction de laquelle dépend le salut de cette province et d'y faire peut-estre recèvoir un affront aux ennemis au lieu d'y establir leurs quartiers d'hyver, comme ils ont résolu. Vous savez en quels termes je vous ay escrit sur cette affaire et comme je prévis, dès Bouillon, qu'il falloit assembler tout ce que le Roy avait de forces dans la Picardie pour les avoir prestes pour agir du costé que les ennemis se détermineroient pour entreprendre quelque chose ; et il n'y avoit rien de plus aysé à juger que les ennemis espauleroient les troupes lorraines et le corps de Monsieur le Prince pour leur faire prendre leurs quartiers d'hyver en France. Je n'ay pas creu que M. le duc d'Elbeuf voulust venir en personne avec un petit corps comme celuy qu'il a; et c'est pour cela que vous avez veu que je ne vous ay jamais escrit de luy faire aucune prière de ma part sur ce sujet, parce qu'une personne de sa condition devroit estre à la teste d'une grande armée; mais je me promets qu'en une rencontre si importante au service du Roy, outre le zèle que je scay qu'il a d'y contribuer en tout, l'amitié qu'il a pour moy luy sera un motif assez fort pour luy faire prendre avec plaisir les résolutions nécessaires; c'est-à-dire de vous permettre d'amener ce corps, si M. le duc d'Elbeuf, par les raisons susdites et parce qu'en ces conjonctures il pourroit estre préjudiciable qu'il s'esloignât de son gouvernement, ne juge pas à propos d'y venir en personne, sur quoy j'ay peine à croire qu'on n'ayt envoyé de la cour ordre précis de ce qu'on devra faire.

« J'envoye un gentilhomme des miens avec celuy qui est venu icy de la part de M. d'Elbeuf et qui m'a rendu vos lettres, et je luy en ai donné pour tous les gouverneurs de la frontière de Picardie, les priant de vouloir donner leurs compagnies de cavalerie et ce qu'ils pourront de leurs garnisons pour assister le Roy en cette rencontre, les asseurant que je leur en auray obligation, puisque, outre le service de Sa Majesté, il y va de mon intérest particulier en cette rencontre. Et comme M. de Navaille et M. le comte de Broglio m'ont envoyé icy chacun un gentilhomme pour me dire qu'ils estoient tous presls à me venir trouver, et qu'ils l'eussent fait, s'ils n'eussent creu me trouver desjà parti pour Paris, il pourroit arriver quoyque je n'en sache rien qu'en venant eux-mesmes pour me voir, ils se fissent accompagner des troupes qu'ils pourront assembler en leurs quartiers; et je n'ay pas oublié de remercier M. le maréchal d'Hocquincourt de toutes les protestations qu'il leur a faites à mon esgard.

« Enfin je m'asseure que chacun fera ses efforts de son costé; car c'est en ces occasions que les bons serviteurs du Roy mettent toutes pièces en service pour donner des marques de leur zèle et de leur fidélité, et je me flatte en outre que ma considération ne les refroidira pas. Je ne doute point non plus que M. le maréchal d'Aumont ne donne sa cavalerie et toutes les troupes dont il pourra disposer.

« Il faut que je vous dise encore un coup que je suis bien estonné de voir que vous ayez prévenu vous-mesmes que les ennemis attaqueroient Réthel, et que l'on ne se soit pas mis en posture de joindre promptement l'armée du Roy pour la mettre en estat pour venir au secours ny de faire advancer cinq ou six cents hommes de pied pour jeter dans la place, comme on a fait à Laon. Car il n'y a rien de plus constant que Monsieur le Prince en ce cas ne l'eust pas attaqué; ou, s'il l'eust fait, il y eust été eschaudé, puisque ce sont les habitants qui ont contraint le Rasle à se rendre; et s'il eust eu des troupes réglées par le moyen desquelles il eust été maistre, les habitants eussent fait des merveilles.

« Monsieur le Prince y a laissé six cents hommes de pied et cinq ou six régiments de cinq cents chevaux, ce qui affaiblit d'autant son armée.

« Je ne scay pas si M. le maréchal d'Estrées pourra donner quelque chose pour renforcer vostre corps, et si le régiment de Cœuvre est en estat de s'y joindre; mais je scay bien que rien ne le scaurait empescher de faire de son costé tout ce qui luy sera possible.

« L'extrémité à laquelle vous me mandez qu'est réduit M. de Chaunes me met extrêmement en peine, parce que cela arrive dans une mauvaise conjoncture, et je crains fort qu'un semblable accident ne soit capable d'altérer le repos de la province.

« Je ne scay pas si Leurs Majestés sont en aucun engagement pour l'évesché d'Amiens; mais pour ce qui dépendra de moy, vous pourrez dire à M. d'Elbeuf que je seray très-ayse d'apprendre tout ce qu'il aura agréable de me faire scavoir là-dessus pour le service du Roy.

« Je vous prie de vous reposer sur moy pour ce qui regarde vostre abbé, car je ne perdray pas les occasions de le servir, d'autant plus qu'outre qu'il est vostre fils, sa vertu et le progrès qu'il fait dans ses études m'obligent à prendre soin de luy. Je vous conjure de m'aymer tousjours et me croire vostre serviteur et d'asseurer M. le duc d'Elbeuf de mon très-humble service. J'oubliois de vous dire que je scay de bon lieu que Fuensaldagne n'a pas voulu promettre à Monsieur le Prince de demeurer icy pour luy ayder à prendre ses quartiers; après lequel temps il a résolu de ramener ses troupes en Flandres, et les préparatifs qu'on fait à Givez font juger qu'il passera par là.

« Le cardinal Mazarini[1]. »

Après avoir exhalé son mécontentement, en politique habile, le cardinal ne néglige dans sa lettre aucune des indications qui peuvent permettre de renforcer promptement l'armée royale et aucune des précautions nécessaires pour éviter de froisser certaines susceptibilités. Le puissant levier des promesses est également manié avec la dextérité qui lui est propre. L'évêché d'Amiens sera mis à la disposition du duc d'Elbeuf pour quelque membre de sa famille ou quelque protégé, comme compen-

[1] Lettre inédite; *Archives du Ministère de la guerre*, vol. 134.

sation du sacrifice d'amour-propre qu'il pourra accomplir, si, malgré son rang qui le désigne pour commander une armée, il consent à marcher à la tête de trois mille hommes seulement, afin de hâter par ce renfort le moment tant souhaité du retour. Néanmoins le cardinal réserve l'hypothèse où Leurs Majestés auraient pris quelque engagement pour cet évêché; mais ce serait un acte d'émancipation auquel on voit bien qu'il ne croit guère. Quant à Le Tellier, ministre secrétaire d'état de la guerre, de qui prennent des instructions des maréchaux de France tels que Turenne, des généraux tels que le comte d'Harcourt, il n'est pour le tout-puissant cardinal qu'un commis préposé à ce ministère, et, s'il est dévoué, il peut se tenir assuré de l'avenir de l'abbé, son fils. Ce très-jeune abbé, Charles-Maurice Le Tellier, né le 18 juillet 1641, était alors dans sa onzième année; il deviendra coadjuteur de Langres en 1668, coadjuteur de Rheims la même année, avec le titre d'archevêque de Naziance, archevêque-duc de Rheims en 1671, commandeur de l'Ordre du Saint-Esprit[1].

---

[1] Sa vocation pour une carrière brillante et assurée était donc précoce. La bourgeoisie qui devenait toute-puissante pratiquait volontiers pour ses enfants ce qu'elle reprochait assez injustement aux enfants de la noblesse, de n'avoir que la peine de naître.

Si le lecteur s'étonnait de voir la vieille bourgeoisie de France jadis si fière de ses libertés, de ses franchises, de ses chartes municipales, faire litière à partir du règne de Louis XIII de tout ce passé indépendant, dédaigner, repousser même l'assemblée des États généraux, pour exalter le parlement de Paris et se courber elle-même servilement sous le pouvoir absolu, l'explication n'est pas à chercher ailleurs que dans ce fait de la souveraineté du monarque, devenue sans contrôle, s'exerçant exclusivement par des hommes de la bourgeoisie qu'elle trouve plus souples à ses desseins. A eux presque exclusivement, les ministères, les hautes fonctions, les ambassades, les intendances, les charges dans les parlements, les grandes fortunes, les alliances brillantes; et, pour un certain nombre, les plus hauts titres même. Le chancelier Séguier obtint pour récompense d'une conduite plus utile à la cour que de nature à faire valoir son caractère[1], le brevet de duc et pair; il fit, en conséquence, ériger en duché sa terre de Villemore, en Champagne. Le conseiller au parlement Pithou se fit faire vicomte, titre que ne dédaignait pas de porter le maréchal de Turenne; il éprouva bien quelque opposition à l'enregistrement; mais il l'emporta :

[1] Voy. t. II, chap. xxi, p. 333.

« M. Pithou, conseiller au parlement, ayant obtenu par le moyen de M. le garde des sceaux, son parent, des lettres patentes qui érigent une terre qu'il a en vicomté, en demanda le 16 novembre la vérification à la grande chambre où l'affaire ayant esté mise en deslibération, M. Sévin qui tousjours a esté dans les intérêts de la cour, dit que c'estoit une chose estrange qu'il fallait rescompenser ceux qui s'estoient le plus opposé par le passé aux volontés du Roy et qu'il s'estoit fait nommer commissaire pour vendre la bibliothèque du cardinal Mazarin. A quoy M. le garde des sceaux répondit : « Monsieur, ne vous souvenez-vous pas qu'il y a une amnistie. » Alors M. Sévin dit « que, l'amnistie n'estoit que pour effacer le crime, et non pas pour rescompenser le criminel, ce qui fit grand bruict contre luy; et l'on ne laisse pas de vérifier les lettres patentes[1]. »

La noblesse a cessé d'être un corps politique, si elle brille encore dans les armées, elle y est subordonnée par la discipline qui la fait dépendre d'un ministre bourgeois.

A partir du ministère du cardinal de Richelieu, la bourgeoisie concourt avec ardeur à l'œuvre de l'étouffement des antiques libertés au moyen du nivellement des classes qui conduit fatalement au

[1] *Relation* inédite déjà citée. Article sous la date du 29 onvembre 1652.

despotisme ou à l'anarchie [1] ; elle le fait guidée par l'intérêt individuel, chacun de ses membres espérant parvenir aux dignités et aux emplois. Comment se fait-il qu'en 1789, la bourgeoisie ait pris l'initiative du renversement d'un régime qui lui assurait l'influence et toutes les faveurs solides?. en voici la cause : si ses intérêts étaient satisfaits, son amour-propre était froissé ; si la royauté lui confiait tous les hauts emplois de l'État, par fierté traditionnelle, afin de se rehausser elle-même, elle ne voulait pour les charges de cour admettre que des gentilhommes, et la vieille noblesse se complaisait follement à échanger son existence dans ses châteaux, son influence dans ses terres, contre ces trompeuses grandeurs. Pour le roi absolu, selon le régime qui se substituait à la constitution traditionnelle, les bourgeois étaient ses gens d'affaires, l'aidant au gouvernement de l'État ; les gentilshommes, de dociles instruments de guerre, et, pendant la paix, des courtisans faits pour son entourage et sa société, propres aux délassements et aux plaisirs futiles. La bourgeoisie comblée de biens autrement solides enviait cependant par vanité ces prétendues faveurs. En effet un bourgeois, quelque élevé qu'il fût par ses semplois, vît-il le roi

---

[1] Voy. sur l'antithèse absolue de la liberté et de l'égalité le chap. *Du Pouvoir*, de notre livre : *République, Socialisme et Pouvoir*. Lecou, édit., Paris, 1849.

tous les jours, ne faisait pas cependant partie de
la cour ; il ne participait ni à ses ballets ni à ses
fêtes ; il n'en suivait pas les chasses, il ne gravissait
jamais le marche-pied de ses carrosses [1]. Ce froissement d'amour-propre a exercé sur la bourgeoisie
une influence assez sérieuse pour la jeter dans le
mouvement révolutionnaire ; aussi quand la tempête fut calmée, nous avons vu, sous les divers
régimes monarchiques qui se sont succédé, que les
réceptions à la cour et les emplois près du souverain dans lesquels elle fit l'irruption si désirée,
étaient les avantages qui la flattaient le plus ; elle
sait apporter dans leur exercice une souplesse de
reins et de caractère précédemment inconnue ; le
bourgeois courtisan est un type nouveau que nous
devons à la révolution [2] !

Le roi recevait à cette même date, entre autres félicitations de son retour dans sa capitale, celles d'un
grand seigneur des Pays-Bas, le comte d'Egmont,
duc de Gueldres, dont le petit fils François Procope
devait quarante-cinq ans plus tard épouser Angélique de Cosnac, la petite-nièce de Daniel de Cosnac[1].

[1] On sait qu'il fallait faire ses preuves de noblesse pour
être admis à l'honneur de monter dans les carrosses du roi.

[2] Voy. t. III, chap. xxxiii, notre Étude sur le régime représentatif et sur le rôle vrai et considérable de la bourgeoisie
dans la constitution traditionnelle de la France.

[3] Voy. les *Mémoires* du duc de Saint-Simon et ceux de Daniel de Cosnac.

Nous donnons ici la lettre du duc de Gueldres, parce qu'elle est en définitive une protestation contre la politique espagnole présentant d'autant plus d'intérêt qu'elle émane d'un descendant de ce fameux Lamoral, comte d'Egmont, qui paya de sa tête, en 1568, la tentative de délivrer sa patrie du joug de l'Espagne. Par suite de son échec, sa famille resta sujette de l'Espagne, et plusieurs de ses membres parvinrent encore aux plus hauts emplois; mais chez la plupart survivait une répulsion secrète contre une patrie qui n'était pas celle de leur choix et une tendance marquée à prendre la France pour leur patrie adoptive. Le duc de Gueldres, l'auteur de la lettre qui va suivre, mourut même à Saint-Cloud le 25 juillet 1654. Cette maison qui avait exercé la puissance souveraine était dépouillée alors des principautés dont elle ne portait plus que les titres. Les annexions des petits États par les grands sont le résultat d'une convoitise qui n'est pas nouvelle. Le duché de Gueldres comme le comté d'Egmont, étaient devenus des possessions directes de l'Espagne; et nous allons voir que cette puissance venait de vendre le comté d'Egmont au duc de Lorraine.

Le duc de Gueldres manifeste l'espoir que la cessation des troubles aplanira les obstacles qui s'opposent aux conquêtes du roi, c'est-à-dire qu'il espère que la France victorieuse délivrera sa patrie du joug de l'Espagne :

« Sire,

« Le plus hault contentement et la plus grande joye et satisfaction que j'ay jamais eue a esté celle que j'ay reçue par la nouvelle que j'ay appris que les peuples de vostre bonne ville de Paris ayant recognus leur faulte, se soient remis dans leur debvoir, et que Dieu, protecteur de la personne de Vostre Majesté, de sa couronne et de ses Estats, ait faict qu'à la veue de ses ennemys comme de ses rebelles, elle y soit entrée triomphante avec applaudissement de tous ses bons subjects. J'espère que, continuant de protéger Vostre Majesté, il la rendra bien tost victorieuse de tous les perturbateurs du repos publicq de ses Estats, quy s'opposent aux desseins de ses conquestes; c'est ce que je souhaite avec passion, ainsy que ce porteur le pourra tesmoigner à Vostre Majesté, en l'asseurant de mes très-humbles respects et que je suis sincèrement et de tout mon cœur,

« De Vostre Majesté,
« Sire,
« Très-humble serviteur,
« Louis, duc de Gueldres et Juliers,
« comte d'Egmont et Zupten.
D'Arras, ce 7° novembre 1652. »

[1] Lettre inédite ; *Archives du Ministère de la guerre*, vol. 134.

En réponse à ces protestations de dévouement, le roi prescrivit la restitution au duc de Gueldres de ceux de ses biens qui étaient situés dans la partie française de la Flandre; il écrivit à cet effet au comte de Broglie, lieutenant général :

« *A M. le Comte Broglio pour faire remettre M. le Duc de Gueldres en possession de ses biens seituez en son gouvernement de la Bassée.*

«Du 12ᵉ décembre 165?.

«Monsieur de Broglio, je vous ai cy devant mandé que vous eussiez à faire remettre mon cousin le duc de Gueldres en la jouissance de tous ses biens seituez dans l'étendue de votre gouvernement et des contributions d'icelui, comme aussi que, s'il y recevoit obstacle de la part des ennemis, vous lui rendiez tous les offices et l'assistance qui dépendra de vous pour l'y maintenir, et par ce qu'il m'a représenté que cet ordre n'a pas été exécuté; et que je désire le protéger, et favoriser autant qu'il se pourra, tant à cause de sa qualité et des pertes qu'il a souffertes depuis l'ouverture de la guerre que de l'affection qu'il a toujours témoignée vers cette couronne, je vous fais cette recharge pour vous dire qu'aussitôt que vous l'aurez reçeue, vous ayez à faire remettre mon dit cousin en la pleine et entière jouissance de tous et chacuns ses biens étant en l'étendue de votre gouvernement, pays et lieux qui y contribuent; et que, s'il est troublé par les ennemis, vous ayez à l'assister et appuyer de tout ce qui dépendra de vous pour l'y maintenir, soit par représaille ou autrement, en sorte que ma volonté soit en cela exécutée et que mon dit cousin reçoive les effets qu'il attend de ma protection ; à quoy, me promettant que vous satisferez, je ne vous ferai la présente plus longue que pour vous assurer que vous ferez chose qui me sera très-agréable. Priant Dieu, etc. [1]. »

Nous avons laissé le maréchal de Turenne préoccupé du soin de renforcer son armée qu'il jugeait trop faible, pour se mesurer avec les troupes combinées du prince de Condé et du duc de Lorraine. Tout compte fait, le maréchal évaluait les armées ennemies à vingt-cinq mille hommes, tandis que la sienne n'en dépassait pas dix mille [2]. Cette faiblesse justifiait la prudence de sa marche le long du cours de la Marne qu'il remontait avec précaution, en s'approchant de Châlons. Le prince de Condé mettant à profit, avec sa promptitude accoutumée, la lenteur forcée des mouvements de son adversaire, s'empare de Château-Porcien, de

---

[1] Minute inédite; *Archives du Ministère de la guerre,* vol. 136.
[2] Voy. les *Mémoires* du maréchal de Turenne.

Réthel [1], de Mouzon [2], et entreprend le siége de Sainte-Menehould [3].

Alors le maréchal de Turenne, frémissant de l'impuissance d'agir dans laquelle il est placé, revient à la rescousse au ministre Le Tellier : il demande de l'artillerie, se plaint du retard prolongé de l'arrivée des renforts, dément le bruit faussement propagé de la retraite en Flandre du comte de Fuensaldagne, qui se tient au contraire avec son armée à petite distance de celle du prince de Condé pour lui prêter main-forte ; et, s'il se félicite de la nouvelle qui vient de lui parvenir que les troupes du duc d'Orléans vont être retirées de l'armée du prince de Condé, il trouve que Gédouin, chargé de cette mission, est bien lent à la remplir.

A peu de jours d'intervalle, le maréchal adresse à Le Tellier les deux lettres qui suivent. La première est datée de La Cheppe, petit village de Champagne, près duquel il avait peut-être utilisé pour le campement de ses troupes le camp d'Attila, tracé en une seule nuit, en 451 ; ces retranchements se voient encore de nos jours, for-

---

[1] Aujourd'hui sous-préfecture du département des Ardennes, située sur la rive droite de l'Aisne.

[2] Petite ville sur la droite de la Meuse, démantelée par le maréchal de Turenne, en 1673.

[3] Petite ville de Champagne, sur l'Aisne, aujourd'hui chef-lieu d'arrondissement du département de la Marne.

mant une circonférence d'environ dix-huit cents mètres d'étendue, précaution qui n'empêcha pas Attila d'être vaincu par Aétius.

« Monsieur,

Je me donnay hier l'honneur de vous escrire et vous mandois comme quoy j'avois receu la vostre, après l'accommodement de M. le duc d'Orléans dont il vous plaist de me faire part et dont je vous rends grâces très-humbles.

« J'ay appris que Monsieur d'Elbeuf avoit passé la Marne hier et qu'il pourra estre demain ou après assez proche d'icy. Je croy que les troupes de Normandie ne sont pas encore joinctes; il vous aura asseurément informé de leur estat et du lieu où elles sont. Comme M. le mareschal de la Ferté passoit pour aller en Lorraine, il envoya M. de Gontery qui a fait entrer deux cents hommes de pied et cinquante chevaux dans Sainte-Menehould, qui, en ce temps, estoit bloquée par mille chevaux commandés de l'armée de M. le prince.

« Le jour que j'arrivay à Espernay [1], M. le prince, après avoir pris Réthel en deux jours, arriva avec son armée à Sainte-Menehould, j'en-

---

[1] Le duc de Bouillon, frère aîné du maréchal de Turenne, avait reçu en 1642, cette ville en échange de la principauté de Sedan.

tends ce qui est à luy, les Lorrains desquels il ne s'est pas séparé, plus de mille ou douze cents hommes, pour aller en Flandre avec les troupes de M. de Wirtemberg.

« Je n'ay nulle nouvelle que M. le comte de Fuensaldaigne se soit retiré en Flandre et ait laissé des troupes à M. le prince ; mais il marche avec toute l'armée de Flandre, tant cavalerie qu'infanterie, à trois ou quatre heures de M. le prince, pour le soustenir, en cas que l'on marchast à luy, et mesme les gens que M. le comte de Fuensaldaigne a osté de Vervins, qui estoient là pour favoriser ses vivres venant de Flandre et mesme sa retraite, font bien cognoistre qu'il a changé de dessein et qu'il veut soutenir, autant que la saison le pourra permettre, M. le prince par le costé de Stenay, et après se retirer par ce costé là. Je ne doubte pas que M. le prince ne luy ait fait de grandes instances, pour l'empescher de retourner en Flandre. J'ay détasché un party de cent fusiliers et un autre de quatre cents hommes, pour tascher d'entrer à Sainte-Menehould, qui est une fort méchante place ; mais où les bourgeois tesmoignent beaucoup de résolution ; je sçauray aujourd'huy des nouvelles s'ils y sont entrés.

« Je croy qu'il seroit bien nécessaire de donner ordre à toutes les troupes, tant recrues que régiments, qui ne sont point destinées pour aucune armée, de marcher vers Vitry, estant entièrement nécessaire d'empescher que M. le prince n'hyverne point avec un corps d'armée en France, et il faut faire son compte comme l'armée de Flandre, ou au moins une grande partie debvant demeurer avec luy, et, à moins d'avoir beaucoup de patience, toute l'armée de Flandre y sera asseurément.

« On n'a point du tout de grosses pièces de canon en ce pays ; j'ay dit à M. de Chamfort d'escrire à M. le Grand-Maistre, et comme il y en a à Corbeil et que l'on peut aysément en faire venir à Soissons par la Seine, et de là par l'Oyse, s'il vous plaist qu'il vous en parle, et ensuite de cela vous pourrez donner les ordres que vous jugerez nécessaires pour cela.

« M. le président Viole et M. Gédouin sont tousjours à Châlons ; on dit qu'ils attendent un trompette qu'ils ont envoyé à M. le prince. Il me semble que le dernier va bien lentement pour la commission qu'il a de faire revenir les troupes de M. le duc d'Orléans, depuis le temps qu'ils estoient auprès de Laon et qu'il s'en débanda cinq ou six cents, je n'ay pas veu aucun soldat qui en vint. C'est

« Monsieur,

« Vostre très-humble et très-
« affectionné serviteur,

« Turenne. »

« Je vous envoie un postillon à qui vous ordonnerez, s'il vous plaist, que l'on paie ce voyage. »

« Au quartier de Schepe [1], le 9 novembre 1652. »

« Monsieur,

« Je croi que vous avez reçu deux lettres que je m'estois donné l'honneur de vous escrire par lesquelles je vous mandois comme Monsieur le Prince estoit devant Sainte-Menehould. Je n'estois pas encore bien asseuré si l'armée d'Espagne y avoit marché toute entière; mais depuis cela j'ay sceu comme M. le comte de Fuensaldagne est assez près avec toute l'armée pour donner la main à Monsieur le Prince. Il lui a donné huict ou neuf régiments pour le renforcer au siége. Les prisonniers m'ont rapporté qu'hier la ville n'estoit pas prise. Depuis les premiers deux cens hommes qui y sont entrés, je n'ay pû y faire entrer personne. On n'a pas jugé à propos d'approcher plus près, les ennemis pouvant aysément, avec le corps du comte de Fuensaldagne, de leur armée venir sur les bras, sans qu'on peust

---

[1] Lettre inédite; *Archives du Ministère de la guerre*, vol. 134. La formule finale et le *post-scriptum* sont seuls de la main du maréchal.

prendre de parti; au lieu qu'après la prise de Sainte-Menehould, à quoy il y a grande apparence, je doute que l'armée d'Espagne s'engage plus loing, sans avoir apparence de réussir, contre l'armée du Roy qu'elle croira trop éloignée d'entreprendre aussi de siéges. Je ne croi pas qu'il le veuille plus faire. On verra leur dessein, suivant quoy on se gouvernera.

« M. d'Elbeuf est arrivé depuis hier avec quatorze cens hommes de pied et trois cens chevaux; il n'a point de nouvelles des troupes de Normandie.

« M. de Lorraine n'a enmené que huict ou neuf de ses régiments les plus foibles, cavalerie ou infanterie.

« M. de Gondrin m'a dit que trois ou quatre de ces cavaliers qui ont été pris, luy ont dit avoir compté cens escadrons de cavallerie dans l'armée des ennemis. En effect je croi qu'ils ont neuf mille chevaux effectifs. Je croi que Monsieur le Prince seroit bien aise dans le temps que l'armée d'Espagne est auprès de luy de trouver une occasion de combattre.

« Je croi que vous avez receû une lettre par laquelle je vous mandois comme il seroit nécessaire de faire venir jusques à Soissons, le long de l'Aisne et de l'Oise, le canon et les munitions qui sont à Corbeil.

« Je vous supplie de me continuer l'honneur de vos bonnes grâces et me croire,

« Monsieur,

« Votre très-humble et très-
« affectionné serviteur,

« Turenne. »

« Je crois que pourvu qu'il ne vous arrive pas d'accident et que l'on soit assisté de troupes, que Monsieur le Prince ne passera pas son quartier d'hiver en France. »

« Au camp de Vitry-le-Bruslé, le 12ᵉ novembre 1652 [1]. »

Sur les cinq cents hommes que le maréchal de Turenne avait tenté de jeter dans Sainte-Menehould, deux cents avaient réussi à y pénétrer ; le comte Sainte-Maure [2] qui en était gouverneur, tout dévoué à la cause royale, avait déclaré qu'il se défendrait avec la résistance la plus énergique ; mais la place

---

[1] Lettre inédite ; *Archives du Ministère de la guerre*, vol. 134. La formule finale et le *post-scriptum* sont seuls de la main du maréchal.

Vitry-le-Brûlé, situé à 4 kilomètres de Vitry-le-Français, tire son surnom de l'incendie qui détruisit cette ville alors importante, en 1144 ; Louis VII y mit le feu, après s'en être emparé, et treize cents habitants périrent enfermés dans une église. En expiation, Louis VII entreprit la seconde croisade. Depuis cet événement Vitry-le-Brûlé n'a plus été qu'un village.

[2] Parent du marquis de Montausier.

était mauvaise, l'explosion de deux fourneaux qui ouvrirent une large brèche obligea Sainte-Maure à capituler le 13 novembre. Sainte-Maure se refusa toutefois à rendre la place aux Espagnols, et ne consentit à la remettre qu'au prince de Condé, à la condition que l'autorité y serait exercée au nom du roi sous celle de Monsieur le Prince. Sainte-Maure sortit le lendemain avec douze cents hommes sous les armes qui furent escortés jusqu'à Châlons.

Le prince de Condé nomma pour gouverneur de Sainte-Menehould le comte de Pas [1], lui donnant pour garnison les régiments de Condé et d'Enghien. Après la prise de cette place seulement, il permit aux régiments du duc d'Orléans de quitter son armée; mais, pour en tirer parti jusqu'au bout, il les avait employés aux plus rudes attaques [2].

On a reproché avec raison au prince de Condé d'avoir terni dans cette campagne l'éclat de ses armes par la barbarie avec laquelle il accrut pour les populations les malheurs inséparables de la guerre. Non content de souffrir, d'ordonner même le pillage, il prescrivait l'incendie, particulièrement au préjudice des adhérents de la cause royale; par ses ordres le comte de Grandpré, le comte de

[1] De la maison de Feuquières, mestre de camp en 1653.
[2] *Relation* inédite déjà citée.

Vaubecourt et bien d'autres eurent toutes leurs terres dévastées. Le roi fit menacer le prince d'user de représailles sur ses terres et sur celles de ses partisans, en lui reprochant de faire la guerre dans sa propre patrie d'une manière non pratiquée par les Espagnols eux-mêmes. Bien que les terres du prince de Condé et de ses adhérents fussent confisquées par une déclaration royale, comme ces biens pouvaient leur être rendus en exécution des conditions de quelque accommodement ultérieur, la menace de les ruiner était réellement puissante.

Le jour même du succès qui livrait Sainte-Menehould au prince de Condé, le roi se rendait en personne au parlement de Paris, pour faire accepter un édit qui déclarait le prince de Condé et tous ses adhérents criminels de lèse-majesté, déchus de leurs rangs, honneurs et dignités. Un édit subséquent priva le prince de Conti du droit de nomination à tous les bénéfices dépendant de ses abbayes.

A cette déchéance qui venait de frapper le prince de Condé, une compensation non moins malheureuse vint répondre : le comte de Fuensaldagne, au nom de son maître, le saluait du titre de généralissime des armées de l'Espagne.

La joie des habitants de Paris de retrouver leur tranquillité perdue, après cinq années de troubles et de guerre, eût été plus complète si la plupart d'entre eux ne s'étaient trouvés ressentir le contre-coup des embarras du trésor : les rentes de l'Hôtel-de-Ville n'étaient pas payées. Les rentiers se réunissaient donc en assemblées dans lesquelles ils exhalaient leurs plaintes sans ménagements. Ils se rendirent au Louvre où, pour les calmer, ils reçurent l'offre d'un paiement de quatre cent mille livres, à la condition d'attendre le surplus jusqu'au premier janvier. Ils refusèrent, trouvant l'offre insuffisante; celle-ci ne montait qu'au dixième des arrérages qui leur étaient dus. Le 16 novembre, ils retournèrent au Louvre; ils firent grand bruit, criant que s'ils n'étaient pas payés, ils saisiraient tout ce qui leur tomberait sous la main. La reine-mère, alarmée de ce tumulte, leur fit dire qu'elle venait de prévenir le Conseil du roi, afin d'aviser aux moyens de les satisfaire. Peu de jours après, le Conseil s'arrêta à la mesure de faire payer les rentes par demi-semaine, et le marquis de La Vieuville fit porter à l'Hôtel-de-Ville pour un premier paiement quarante-cinq mille livres sur les quatre-vingt-dix mille à payer chaque semaine[1].

Par un rapprochement avec ce qui s'est passé de nos jours après des malheurs publics bien au-

---

[1] *Relation de ce qui s'est passé en France depuis le 5 janvier* 1652, *jusqu'au* 20 *avril* 1653; article sous la rubrique, de Paris, 15 et 29 décembre 1652.

trement effroyables, les locataires réclamaient la remise de leurs loyers. Une requête dans ce sens fut adressée au roi, le 24 octobre ; il y fut répondu par la remise des termes de la Saint-Jean et de la Saint-Remy. L'ordonnance rendue avait pour sanction une amende de mille livres contre les propriétaires contrevenants ; mais elle portait que cette remise était une exception qui ne pourrait jamais être invoquée pour une règle dans l'avenir.

L'armée royale ne souffrait pas moins que Paris des embarras financiers, la lettre ci-après dans laquelle le maréchal de Turenne rend compte à Le Tellier des opérations militaires, nous en apporte le témoignage :

« Monsieur,

« Je croi que vous aurez receû les lettres que je me suis donné l'honneur de vous écrire dans le temps que l'armée estoit près de Victry.

« Comme l'armée du roy eust passé la Marne dans ce temps que Monsieur le Prince estoit devant Sainte-Menehould. M. le comte de Fuensaldaigne qui avoit marché vers Bar [1], où j'avois envoyé trois petits régiments qui pouvoient faire deux-cens

---

[1] Bar-le-Duc, ville de Lorraine, sur l'Ornain.

hommes, croyant que cela les arresteroit un peu ;
mais en arrivant à Saint-Dizier[1], j'ai appris que Bar
n'avoit tenu qu'un jour entier, et l'ennemi est
marché vers Trois[2], et ils disent qu'il va de là à
Toul, qui est une fort méchante place[3], et où on
dit que M. le maréchal de la Ferté a mis quelques
gens; on verra ce que l'on pourra faire. Depuis
l'arrivée de Monsieur d'Elbeuf avec quinze-cens
hommes de pied et trois-cens chevaux, il n'est
pas venu de trouppes. Celles de Normandie sont
à six journées d'ici, je croi que vous scavez
bien que toute l'armée d'Espagne est avec Monsieur le Prince. Il serait bien nécessaire d'avoir des gens qui pressassent les troupes pour
avancer.

« Il faudroit, si M. de Bordeaux, l'intendant de
cette armée, est en santé, qu'il s'en vinst à l'armée
et que l'on sceut des nouvelles comme va cette
somme de quatre-cent mille francs. Les officiers
généraux de cette armée n'ont pas eu un sol de
toute la campagne. Il n'y en a pas grande quantité ; si on envoyait quelque argent comptant
quand l'intendant viendra, on pourroit les en assister. Je vous supplie de me continuer l'hon-

---

[1] Petite ville de Champagne sur la rive droite de la Marne.
[2] Troyes, en Champagne.
[3] Elle n'a été fortifiée par Vauban, selon les principes de l'art moderne, qu'en 1700.

neur de vos bonnes grâces estant très-véritablement.

« Monsieur,

« Vostre très-humble et très-
« affectionné serviteur,

« Turenne. »

« Au camp de Saint-Dizier, le 20ᵉ novembre 1652[1]. »

La courte résistance opposée par la ville de Bar-le-Duc au prince de Condé dérangea les plans du maréchal de Turenne; il comptait tirer avantage de la position mauvaise que devait prendre une armée forcée par la configuration de la place, la ville étant divisée en haute et basse, de se séparer en deux corps pour les opérations du siége. Il eût été d'autant mieux en état de le faire que son armée s'était enfin renforcée des troupes conduites par le duc d'Elbeuf et il en attendait d'autres. Il s'exprime ainsi dans ses *Mémoires :*

« Il est certain que M. le Prince entreprit ce siége-là n'y ayant pas beaucoup songé, et on n'a point vu d'action où il ait commis l'armée avec si peu d'égard comme en celle-là; étant très-constant que si le siège eût duré, comme il devoit selon

---

[1] Lettre inédite; *Archives du Ministère de la guerre,* vol. 134. La formule finale et la signature sont seuls de la main du maréchal.

toutes les apparences, il ne pouvoit pas sauver son canon, et il est fort vraisemblable que son armée ne se fût pas retirée bien aisément. »

Dans cette circonstance, comme dans vingt autres, la hardiesse et le bonheur du prince de Condé le servirent mieux que les calculs de la prudence. La prise de cette ville réalisait l'un de ses engagements avec le duc de Lorraine qui était de le rétablir dans la possession de ses États.

Le cardinal Mazarin jugeant les conjonctures définitivement favorables pour se mettre en marche sans risques, et pour reparaître avec éclat sur la scène, partit de Sedan à la tête des troupes qu'il avait levées dans le pays de Liége[1]. — Le maréchal d'Aumont avait déblayé de tout parti ennemi la contrée que le cardinal devait traverser entre Sedan et Châlons-sur-Marne. Le comte de Broglie, envoyé au-devant du cardinal avec des troupes, le rencontra à quatre lieues de Châlons; il annonce cette nouvelle à Le Tellier par la lettre suivante qui dut être accueillie avec joie par la cour :

[1] Voy. les *Mémoires* de Montglat.

« Monsieur,

« Le mareschal d'Aumont receut ordre de Son Éminence à Vitry de faire alte avec ses trouppes où il se trouvoit, supposant que ce seroit entre Châlons et Reims, ce quy l'obligea d'envoyer les trouppes de M. de Longueville et autres, faisant le nombre de deux mille cinq cens hommes à M. de Turenne; et, ce mesme jour, avec les trouppes de nos garnisons, compris le régiment de Chappes, faisant le tout six cens chevaux et six cens hommes de pied, nous vinsmes loger à Collu[1] près Châlons. Le lendemain, nous quittâmes notre bagage et partîmes pour Cédan[2]; mais à deux lieues de Châlons nous rencontrasmes nouvelles que M. le Cardinal n'estoit qu'à deux lieues de nous avecq toute sa famille. L'ayant trouvé, il nous receut avecq toute sorte de santé et un visage qui ne se porta jamais mieux. S'il n'a changé d'avis depuis hier au soir, il partira demain pour l'armée avec quinze cens chevaux quy n'est pas un petit renfort au temps où

---

[1] Colus, village.
[2] Sedan, sur la Meuse, ville forte où le cardinal Mazarin venait de passer la majeure partie du temps de son exil. On sait que le maréchal de Turenne était né dans cette ville dont la principauté avait appartenu à son père, le duc de Bouillon.

nous sommes, et de là, il prétend s'en venir à Paris au plus tost[1].

« Monsieur,

« Vostre très-humble et très-
obéissant serviteur,

« D. M. Broglia. »

« De Châlons, ce 26 novembre 1652[2]. »

De Châlons-sur-Marne, la route était libre pour aller à Paris; cependant le cardinal Mazarin, au lieu de s'y rendre, comme chacun s'y attendait, préféra rejoindre l'armée du maréchal de Turenne. Se souvenant de son premier métier de capitaine et s'inspirant de l'exemple du cardinal de Richelieu, voulait-il conquérir de sa propre main quelques trophées? Plus volontiers nous croyons qu'il n'était pas fâché d'attendre pour être mieux rassuré sur l'état des esprits à Paris et sur l'impression qui pouvait être produite par la nouvelle du premier pas qu'il venait de faire. Au-dessus de ces considérations, un obstacle dont nous aurons à parler retenait son impatience d'aller ressaisir dans la capitale même sa souveraine autorité.

[1] Nous supprimons le dernier paragraphe de cette lettre où il n'est question que du rang disputé au comte de Broglie par d'autres lieutenants généraux.
[2] Lettre inédite ; *Archives du ministère de la guerre*, vol. 134.

Pendant le séjour qui se prolongea jusqu'au 2 décembre du cardinal Mazarin à Châlons, le duc de La Rochefoucauld, passant par cette ville pour aller retrouver le prince de Condé, fit demander au cardinal s'il lui permettrait de lui rendre ses devoirs. Le cardinal lui fit répondre qu'il le remerciait de sa civilité; mais qu'il ne croyait pas à propos qu'il le vit[1].

Après avoir laissé à Châlons sous la garde de M. de Vaubecourt[2], qui en était gouverneur, le précieux convoi de nièces qu'il avait ramenées avec lui, le cardinal Mazarin se rendit donc à l'armée. Sa présence y aplanit les rivalités qui venaient de se produire entre le duc d'Elbeuf et le maréchal de Turenne pour la supériorité du commandement[3].

Depuis la prise de Bar-le-Duc par le prince de Condé, le maréchal de Turenne avait reçu des renforts qui l'avaient décidé à prendre résolûment l'offensive. Il était allé passer la Meuse à Vaucouleurs[4]; il avait obligé le prince de Condé à déloger

---

[1] *Relation* inédite déjà citée.

[2] Petit-fils de Jean de Nettancourt, comte de Vaubecourt, mort en 1642, et gouverneur lui-même de Châlons. Voy. les *Historiettes* de Tallemant des Réaux.

[3] *Relation* inédite déjà citée.

[4] Aujourd'hui chef-lieu de canton du département de la Meuse. Jeanne d'Arc y révéla sa mission au sire de Baudricourt.

de Void[1] pendant la nuit, et de Commercy[2] le lendemain ; toutefois, ce prince avait laissé une garnison dans les deux châteaux de Commercy, en se retirant à Saint-Mihiel [3]. Le maréchal de Turenne avançait toujours ; le prince de Condé, ne se trouvant pas en force pour tenir ferme, ne put faire autrement que de battre en retraite jusqu'à Damvillers[4], sur la frontière du Luxembourg. Ce prince n'avait plus avec lui que douze mille hommes, et n'était plus soutenu par la proximité de l'armée espagnole, le comte de Fuensaldagne ayant rétrogradé sur la Flandre sous le prétexte qu'il ne devait pas hasarder légèment les forces du roi d'Espagne.

Sur l'effectif dont se composait alors l'armée du prince de Condé, six mille hommes provenaient des levées que le prince de Tarente avait amenées du pays de Liége. Cet important service avait eu la contre-partie fâcheuse de priver le prince de Condé du concours de celui qui était surnommé son *bras droit*. Par reconnaissance pour Tarente, Condé lui avait conféré, sous lui, le commandement

[1] Aujourd'hui chef-lieu de canton du département de la Meuse.
[2] Ville de Lorraine qui avait le titre de principauté, formant antérieurement deux seigneuries distinctes appelées le Château-haut et le Château-bas ; aujourd'hui chef-lieu d'arrondissement du département de la Meuse.
[3] Ville de Lorraine sur la rive droite de la Meuse.
[4] Bourg de Lorraine, qui tire son nom du couvent de Dam et de la forteresse de Villers.

supérieur ; le comte de Tavannes qui jusque-là avait exercé cette fonction, demanda son congé. Le prince Condé lui fait envisager qu'il n'a pas d'autre moyen de témoigner sa reconnaissance à Tarente, et le supplie de consentir au moins à partager le commandement. Tavannes demeure inflexible. « Allez donc, lui dit le prince de Condé, les larmes aux yeux, donnez à Mazarin la joie de m'avoir arraché mon bras droit pour s'en servir contre moi-même. » « Monseigneur, réplique Tavannes, j'ai tout abandonné, j'ai tout sacrifié pour avoir l'honneur de vous suivre ; ma conduite justifiera toujours mes sentiments. Je donne ma parole à Votre Altesse de ne jamais paraître à la cour et dans les armées qu'elle ne soit rétablie dans tous les droits de sa naissance et de son rang. » Tavannes se retira dans ses terres, et le brave gentilhomme résista aux plus brillantes promesses pour ne pas manquer à sa parole[1].

Le prince de Condé, en se repliant sur Damvillers, laissait derrière lui des garnisons dans les places qui lui appartenaient encore ; mais il n'était guère à portée de venir à leur secours en cas d'attaque, situation dont le maréchal de Turenne ne manqua pas de profiter. Le maréchal entreprit le siége de Ligny[2]

---

[1] Voy. l'*Histoire du prince de Condé*, par Désormeaux, et les *Mémoires* du comte de Tavannes.

[2] Ligny-en-Barrois.

qui capitula, et il attaqua Bar-le-Duc. A la nouvelle de l'investissement de Bar, où le cardinal était venu rejoindre l'armée du roi, Condé revint sur ses pas ; il était arrivé à Vaubecourt [1], à cinq lieues de la place, comptant le lendemain fondre sur les lignes des assiégeants, lorsque ses troupes lui faillirent dans la main par l'indiscipline et le désordre. Vaubecourt était rempli d'approvisionnements de vins et de denrées ; les soldats s'y abandonnent à toutes sortes d'excès. Le maréchal de Turenne, informé de ce qui se passe, marche sur Vaubecourt avec le maréchal de la Ferté, laissant devant Bar-le-Duc le duc d'Elbeuf et le maréchal d'Aumont. Le prince de Condé, à l'approche des troupes royales, fait sonner l'alarme ; mais pas un soldat ne vient reprendre son rang sous les armes ; ce prince est obligé de faire mettre le feu aux quatre coins du bourg pour en chasser ses soldats ; il les réunit avec peine en désordre dans la campagne, et il se trouve heureux encore de pouvoir opérer sur Clermont en Argonne, et de Clermont sur Stenai [2], une prompte retraite.

Bar-le-Duc, livré à ses seules forces, fait encore une sérieuse résistance : la basse ville est empor-

[1] Aujourd'hui chef-lieu de canton du département de la Meuse.
[2] Cette petite ville appartenait en propre au prince de Condé ; elle lui avait été donnée par le roi, en 1646.

tée la première, la haute ville et le château capitulent douze jours après ; mais il avait fallu vingt-deux jours pour se rendre maître d'une place que le prince de Condé avait prise naguère en un jour [1].

Château-Porcien et Vervins [2] succombèrent promptement sous l'effort de l'armée royale. Le maréchal de Turenne prenait ses dispositions pour le siége de Sainte-Menehould, lorsque, la rigueur de la saison l'empêchant de donner suite à son projet, il fit prendre à ses troupes leurs quartiers d'hiver.

De son côté, le prince de Condé mit son armée en quartiers dans les Pays-Bas et alla lui-même passer l'hiver à Bruxelles. Le duc de Wurtemberg qui, depuis plusieurs mois, partageait avec ce prince les fatigues de la guerre, venait de mourir emporté par une maladie.

La suspension des opérations militaires ôtait tout prétexte à la prolongation du séjour du cardinal Mazarin sur le théâtre de la guerre ; mais, comme il n'en prenait pas davantage le chemin de Paris, le vrai motif de sa temporisation se trouva dévoilé.

Paris n'était pas assez grand pour contenir deux ambitions telles que celles du cardinal Mazarin et

---

[1] Voy. la lettre précédente du maréchal de Turenne du 20 novembre.

[2] Ancien marquisat de la maison de Coucy.

du cardinal de Retz ; celui-ci, toujours à Paris, surnageait encore, après le naufrage de son parti. Fatalement l'une des deux éminences devait s'évanouir sous le choc de l'autre. Bien que le cardinal de Retz fût tout meurtri encore de ses échecs de la Fronde, néanmoins le faire disparaître ne semblait pas une œuvre facile pour son rival, quelque fût sa puissance. Le cardinal de Retz avait avec Paris les attaches inamovibles de son autorité ecclésiastique, comme coadjuteur du diocèse ; il y avait à compter avec son ascendant sur le clergé et le peuple des paroisses, avec la cour de Rome qui lui donnait son appui. Certaines considérations même de politique intérieure ou de reconnaissance semblaient devoir le faire ménager ; il venait de prendre une part considérable aux négociations qui avaient facilité la rentrée du roi dans Paris. Le cardinal Mazarin, d'accord avec la reine, étudiait sans se hâter, pour frapper un coup plus certain, les combinaisons diverses qui pourraient l'amener à ses fins sans courir le risque de déchaîner de nouvelles tempêtes. Trois combinaisons, considérées comme les meilleures, furent classées à part pour être plus spécialement étudiées, sauf à choisir entre elles : la première consistait à désarmer son rival par l'importance même des avantages qui lui seraient offerts ; la seconde se basait sur la violence ouverte, la troisième sur la ruse. Il n'est pas nécessaire d'avoir approfondi beaucoup le caractère du ministre italien pour être assuré que la troisième combinaison l'emportait dans ses préférences.

Néanmoins le désir de se défaire d'un homme incommode et dangereux était tel, que les trois combinaisons furent mises en œuvre.

Par la première, avec des sommes d'argent considérables, une ambassade à Rome était offerte au cardinal de Retz sous le titre de surintendance des affaires du roi en Italie; mais les amis du coadjuteur qui ne prétendaient pas avoir servi gratuitement sa cause, le duc de Brissac qui voulait le gouvernement d'Anjou, Caumartin une place de secrétaire d'État, Joly la charge de secrétaire des commandements du duc d'Anjou, l'abbé Charrier une riche abbaye, se révoltèrent contre un arrangement qui laissait de côté leurs intérêts; et, plus haut que tous les autres, Montrésor[1] s'écria en jurant : « Nous ne sommes pas des gens à manger des pois au veau[2]. » Le coadjuteur influencé par son entourage répondit par un refus. Cette conduite lui parut d'autant plus habile que cette avance le confirmait dans la conviction qu'il

---

[1] Claude de Bourdeille, comte de Montrésor, de la cabale des *Importants*, qui a laissé des Mémoires qui s'arrêtent avant l'époque de la Fronde.

[2] Mémoires du cardinal de Retz.

inspirait à la cour une frayeur de nature à lui permettre d'en tirer des avantages bien autrement éclatants.

Servien avait été le négociateur de cette première combinaison. L'abbé Fouquet, qui nourrissait contre le cardinal de Retz les rancunes d'un rival auprès de mademoiselle de Chevreuse, fut l'ordonnateur empressé de la seconde. Pradelle, capitaine au régiment des gardes, fut chargé de l'arrestation du cardinal; il était porteur d'un ordre écrit par Le Tellier lui-même qui portait au bas de la main du jeune roi : « J'ai commandé à Pradelle l'exécution du présent ordre en la personne du cardinal de Retz, *mesme de l'arrester mort ou vif en cas de résistance de sa part.* » Cet ordre fut remis, en trois exemplaires, à trois émissaires différents. Des informations furent prises par Pradelle sur les habitudes du cardinal, et plus particulièrement sur la direction qu'il donnait à ses excursions nocturnes. Touteville, autre capitaine aux gardes, loua, dans le même but, une maison proche de celle de la présidente de Pomereu pour y aposter ses satellites. Le cardinal, qui ne sortait d'habitude qu'accompagné de gens armés, prit des précautions d'autant plus grandes qu'il fut averti du péril ; un de ses serviteurs lui ayant révélé la tentative faite par un autre émissaire, Le Fei, officier d'artillerie, pour connaître ses fréquentations. Les tentatives d'attaque et d'enlèvement nocturne furent donc indéfiniment ajournées. Quant à une attaque et à un enlèvement en plein jour, il n'y fallait pas songer en raison de l'émotion qui s'en serait suivie dans tout Paris.

A défaut du succès des deux premières combinaisons, restait la troisième; elle convenait d'ailleurs mieux à la reine, portée à la douceur, que les extrémités qui eussent été la conséquence inévitable du succès de la précédente combinaison. La ruse, avons-nous dit, était la condition de la réussite de cette troisième combinaison ; elle consistait pendant une visite au Louvre à faire arrêter le cardinal. La difficulté était grande encore : le coadjuteur méfiant avait cessé de paraître à la cour. On lui fit adroitement savoir que la cour était disposée à s'accommoder avec lui et à lui donner satisfaction pour ses amis; ceux-ci, avisés en même temps de ces fallacieuses dispositions et alléchés par l'appât, pressèrent eux-mêmes le cardinal par leurs vives instances à se rendre à l'appel de la faveur. En définitive, dédaignant quelques avis qui le prévinrent du danger, le 19 décembre, le cardinal de Retz parut au Louvre dans l'appartement de la reine où se rendit le jeune roi. Le prélat n'obtint de la reine que ces seules paroles : « Monsieur le cardinal, on m'a dit que vous avez été malade; on le voit bien à votre visage; mais il paroit pourtant assez bon pour juger que le mal n'a pas été grand[1]. » Après une conversation indifférente de quelques instants entre la reine et les personnes présentes, le cardinal, piqué de cette froideur, se retira. Dans l'antichambre, M. de Villequier, capitaine des gardes, lui signifia qu'il l'arrêtait au nom du roi. Sous bonne escorte, le prisonnier fut conduit à Vincennes.

Cette arrestation, dont la nouvelle ne se répandit qu'avec quelque lenteur dans Paris, n'y produisit pas l'émotion populaire si redoutée par la politique royale et sur laquelle le coadjuteur avait compté, basant sur cette illusion son audace vis-à-vis de la cour. Mais le peuple aime les forts et les heureux; il délaisse volontiers ceux que la fortune abandonne. Le clergé de Paris voulut protester, le Chapitre surtout qui ordonna les prières des quarante heures; mais l'archevêque, soupçonné de quelque jalousie à l'égard de son neveu le coadjuteur, depuis que celui-ci avait revêtu la pourpre qu'il n'avait pas lui-même, étant allé porter au roi les remontrances du clergé, sur un reproche de la reine, désavoua les prières des quarante heures. Il en rejeta l'ordre sur le Chapitre, et il se tint satisfait de quelques promesses qui n'allaient pas au delà de ménagements à apporter à la captivité du prisonnier.

[1] Mémoires de Guy Joly.

Il était à craindre que le mécontentement de la cour de Rome ne se manifestât d'une manière plus sérieuse que celui de l'archevêque de Paris. Nous savons que le Saint-Siége avait envoyé en France un nonce dont la mission avait pour but d'appuyer le cardinal de Retz contre le retour imminent du cardinal Mazarin ; le coup hardi qui venait de frapper son protégé le coadjuteur de Paris ne pouvait que l'irriter davantage. Le procédé dont la cour avait usé envers le nonce pontifical qui s'était vu barrer le passage en Provence, pour qu'il ne pût même pas faire de représentations importunes, était peu fait pour l'apaiser [1]. L'absence du cardinal Mazarin, prolongée à dessein, venait à point pour permettre de faire à la cour de Rome une plausible réponse : le cardinal ne pouvait être responsable d'une arrestation opérée en son absence, alors qu'il n'avait pas encore repris la direction des affaires de l'État. Sa rentrée au pouvoir ne devait donc pas être une occasion de brouilleries avec la cour de Rome. Celle-ci éprouva en effet le plus vif ressentiment, mais, dans la crainte de s'engager imprudemment, elle ne fit aucun éclat.

[1] Chap. 31, p. 142.
Les auteurs de Mémoires disent que le Nonce avait été envoyé en France exprès pour protester contre l'arrestation du cardinal de Retz; mais les preuves authentiques et inédites du chapitre précédent établissent que sa mission était antérieure à cette arrestation.

Le nonce ne parut pas à Paris ; il repartit de la Provence pour l'Italie sans avoir pu remplir la mission pour laquelle il avait été envoyé.

Tous les obstacles étant aplanis, le cardinal Mazarin pouvait enfin effectuer son retour si désiré. Il arriva à Paris le 3 février 1653. Son entrée fut un triomphe ; tout ce que la cour renfermait de plus éminent accourut au-devant de lui jusqu'à Dammartin ; le roi lui-même vint à sa rencontre au Bourget et le ramena dans son carrosse au Louvre où l'attendait la reine. Ses nièces, sur lesquelles sa politique devait étayer bientôt la base d'une grandeur qui ne devait plus déchoir, furent logées avec lui dans le palais des rois [1].

La rentrée du roi dans Paris et le retour du cardinal Mazarin marquent une phase décisive de la Fronde. Au centre elle n'était plus ; au nord, elle avait perdu pied avec le prince de Condé rejeté

---

[1] « Ledit jour, 3, arrivèrent aussi par la porte Saint-Antoine les nièces de Son Éminence, au devant desquelles estoyent allées la princesse de Carignan, la princesse Louyse, sa fille, la mareschale de Guébriant et quantité d'autres dames de condition. Elles vinrent descendre en l'hostel de Vendosme, où la duchesse aussi accompagnée de plusieurs dames les reçut avec de très-grands témoignages d'affection, principalement envers la duchesse de Mercœur, sa belle-fille. Puis ayant esté conduites au Louvre, après les favorables accueils qu'elles receurent de Leurs Majestez, la Reyne les fit mener dans l'appartement qui leur avoit esté préparé au mesme lieu. » *Gazette*; art. daté de Paris, le 8 février 1653.

hors des frontières; de plus, de ce côté, elle avait abdiqué le caractère de guerre civile pour prendre exclusivement celui de guerre étrangère ; à peu d'exceptions près, tous les partisans français du prince de Condé l'avaient abandonné. En Guyenne seulement et dans quelques provinces limitrophes où nous allons reprendre le cours des événements, la torche des discordes civiles brûlait encore.

CHAPITRE XXXIII.

ÉPISODE

Commissions envoyées par le duc d'Orléans pour lever des impôts dans les provinces. — Aspect pittoresque de la ville d'Uzerche. — Aperçu de son ancienne histoire. — Siége d'Uzerche par les Sarrasins. — Destruction d'Uzerche par les Normands. — Son monastère. — Visite du pape Urbain II. — L'anti-pape Bourdin. — Éléonore d'Aquitaine et Richard Cœur-de-Lion à Uzerche. — Le troubadour Gaucelme Faydit. — Uzerche refuse de reconnaître le traité de Brétigny et repousse les Anglais. — Les armoiries de la ville d'Uzerche à trois époques. — La sénéchaussée d'Uzerche; ses vicissitudes. — Louis XI à Uzerche. — Les sénéchaussées, les bailluges et les présidiaux. — Rétablissement de la sénéchaussée d'Uzerche par Henri III. — Le duc d'Epernon et et le comte de Scomberg accourant, l'un pour prendre, l'autre pour défendre Uzerche. — Mission du comte de Bonneval pour lever une imposition sur la ville d'Uzerche. Particularités sur sa maison. — Sa lettre aux Consuls, 16 juillet 1652. — Vieilles rancunes entre la ville d'Uzerche et la maison de Bonneval datant des états généraux de 1614. — L'archevêque de Bourges, gouverneur du Limousin. — Particularités sur la maison de Lévis. — L'archevêque de Bourges chargé d'assurer l'exécution de l'ordonnance royale transférant à Limoges le parlement de Bordeaux. — Lettre du roi à l'archevêque, 9 avril 1652. — L'archevêque accourt avec des troupes au secours d'Uzerche menacé par le comte de Bonneval. — Son entrée à Uzerche. — Comparaison avec d'autres entrées. — Mécontentement du marquis de Pompadour, lieutenant général de la province, contre l'archevêque de Bourges. — Sa lettre à Le Tellier, 19 juillet.

— Particularités sur la maison de Pompadour. — Préparatifs de l'archevêque de Bourges pour assiéger Blanchefort, château du comte de Bonneval. — Sa lettre à Le Tellier, 19 juillet. — Description actuelle du château de Blanchefort. — Capitulation du château, 20 juillet. — Traité conclu, 23 juillet. — Lettre inédite de l'archevêque de Bourges à Le Tellier, Tulle, 25 juillet. — Autre lettre inédite de l'archevêque au ministre, Ussel, 30 juillet. — Dernière lettre inédite de l'archevêque au ministre, Ussel, 6 août. — Conclusion du différend entre l'archevêque de Bourges et le marquis de Pompadour. — L'archevêque de Bourges se démet de sa charge de gouverneur du Limousin. — Le maréchal de Turenne lui succède dans ce gouvernement.

(1652.)

Depuis la réception au château de Turenne de la princesse de Condé et la capitulation de la ville de Brive [1], aucun fait militaire saillant ne s'était passé dans la province du Limousin. Les actes de souveraineté exercés par le duc d'Orléans depuis que le parlement de Paris lui avait conféré le titre et les pouvoirs de lieutenant général du royaume, titre et pouvoirs confirmés par le parlement de Bordeaux, faillirent renouveler les hostilités dans cette province; mais il ne jaillit qu'une étincelle qui n'alluma pas d'incendie; elle n'a fourni qu'un épisode aussi curieux qu'ignoré dont nous serons le premier historien.

Avant d'en aborder le récit, un succinct aperçu du pittoresque aspect de la ville d'Uzerche et de

[1] Voy. tom. 1er, chap. 6.

son histoire, l'un et l'autre peu connus, ne sera pas sans quelque intérêt.

La ville d'Uzerche s'élève sur un banc de rochers granitiques étroit et prolongé comme la lame d'une épée ; le cours de la Vézère qui le contourne semble en former le fourreau. A la garde de cette épée se trouvait et se trouve encore la principale entrée de la petite ville défendue au-devant par la coupure artificielle d'un fossé profond. Les traces de cette coupure se voient encore ; et lorsqu'on les a franchies, la voie publique passe sous une voûte, ancienne porte de la ville ; sous cette voûte existe toujours la coulisse par laquelle s'abaissait en glissant la herse massive. La ville tout entière était enveloppée d'une formidable ceinture de fortifications à l'aplomb du rocher, formée de dix-huit tours reliées par des courtines ; leurs vieux débris s'élèvent sur plusieurs points enlacés par des lierres ; et la ville s'étage au-dessus sur l'arête du rocher telle encore qu'elle était au moyen âge. La plupart des maisons sont flanquées de tours rondes ou carrées, comme autant de petites forteresses à emporter dans le cas de la prise de l'enceinte par un assaut. Le cachet caractéristique de ces demeures avait donné lieu au vieux proverbe : *Qui a maison à Uzerche a château en Limousin.* Une église romane surmontée d'un haut clocher, domine cet ensemble.

Hors de la ville, deux longs faubourgs, l'un au nord, l'autre au sud, accompagnent au loin de leurs rangées de maisons blanches au dehors, noires au dedans, la route de Paris à Toulouse.

L'origine d'Uzerche paraît remonter à un *castrum* romain, et certains antiquaires ont cru reconnaître dans son emplacement l'assiette de l'*Uxellodunum* des *Commentaires* de César. Après les invasions du nord des Francs victorieux, elle eut à repousser les invasions du midi des Sarrasins venus d'Espagne. Ceux-ci l'assiégèrent pendant sept années. Les habitants mourant de faim, étaient forcés à se rendre, lorsqu'ils eurent recours à un stratagème heureux. Ils laissèrent sortir de la ville, comme par mégarde, une vache grasse ; les Sarrasins, désespérant de prendre par la famine une ville si bien approvisionnée, se retirèrent. Par reconnaissance, deux taureaux de gueules sur champ d'or furent adoptés pour les armoiries de la cité.

Dans la période historique qui s'étend de la conquête des Francs à l'institution de la féodalité, Uzerche, partie intégrante du comté du Limousin, circonscription politique et administrative antérieure au vicomté, devint le chef-lieu d'une vicairerie dont le territoire s'étendait en longueur, du nord-est au sud-est, de Treignac à Brive[1]. Cette

---

[1] Voy. le Cartulaire de l'abbaye de Beaulieu publié par

ville possédait entre autres droits celui de frapper monnaie.

Le chef de la seconde dynastie de nos rois, Pépin le Bref, après avoir ruiné Limoges pour punir cette ville d'avoir pris le parti de Waiffre, duc d'Aquitaine, dernier représentant de la dynastie mérovingienne, transporta à Uzerche, déjà célèbre par son monastère, le siége épiscopal.

Ce monarque rétablit et augmenta avec un soin tout particulier les fortifications de cette ville qu'il destina à servir de barrière contre les entreprises de Waiffre et contre les incursions des Sarrasins apparaissant parfois encore malgré la terrible défaite que leur avait infligé Charles Martel. Ces précautions ne la mirent pas à l'abri d'ennemis plus heureux ; en 909, les Normands s'en emparèrent, massacrèrent les habitants et firent de la ville, du château et de son église, un monceau de ruines.

Avant cette catastrophe, l'évêque Turpin avait rétabli à Limoges le siége épiscopal ; il y avait même conduit avec lui les religieux attachés à l'église d'Uzerche, afin d'éviter toute rivalité entre les deux siéges[1].

Le renouvellement de foi religieuse amené par la croyance que la fin du monde aurait lieu

notre savant compatriote, M. Maximin Deloche, membre de l'Institut. Paris, 1859.

[1] Histoire de la ville d'Uzerche par M. Combet. Tulle, 1856.

mille ans après la naissance de Jésus-Christ, fit renaître de leurs cendres l'église, le monastère et par suite la ville elle-même. Les dons pieux, les concessions de terres affluèrent de toutes parts[1]. Gaubert fut le premier abbé du monastère restauré sous la règle de saint Benoît[2]. Par suite des concessions de fiefs faites au monastère, l'abbé devint seigneur temporel du territoire de la ville, et de nombre de lieux environnants; cette dignité, par l'importance même qui lui fut acquise, fut dans la suite l'objet de plus d'une compétition regrettable.

Le 21 décembre 1095, le monastère eut l'insigne honneur de donner l'hospitalité splendide que lui permettait sa richesse au pape Urbain II, venant de prêcher à Clermont la première croisade. Le Souverain Pontife emmena avec lui, en quittant Uzerche, le moine Maurice Bourdin dont il avait distingué les talents. Bourdin devint successivement archidiacre de Tolède,

---

[1] Un grand nombre de maisons seigneuriales du Limousin, entre autres la maison de Cosnac, en 1050 et 1123, se firent un pieux devoir d'enrichir l'abbaye de leurs donations. Voy. les preuves authentiques de noblesse présentées par Daniel de Cosnac, en 1701, pour l'ordre du Saint-Esprit. *Mémoires de Cosnac*, t. II, p. 469.

[2] Le Cartulaire de l'abbaye d'Uzerche qui remontait à l'époque de la restauration du monastère était avec ceux des abbayes de Vigeois et de Beaulieu un des monuments historiques les plus précieux du Limousin; il a été détruit par le vandalisme révolutionnaire, le 30 novembre 1793.

évêque de Coïmbre, archevêque de Braga ; mais
entraîné par son ambition, il eut le malheur de
mourir antipape, en 1122, sous le nom de Grégoire VIII.

Lorsque le droit féodal eut fait passer par le
mariage d'Éléonore d'Aquitaine la province du
Limousin sous le sceptre des rois d'Angleterre,
Uzerche, en 1184, reçut dans ses murs, avec de
grands honneurs, la duchesse d'Aquitaine, la reine
douairière d'Angleterre, Éléonore, veuve alors de
Henri II, son second époux. La reine était accompagnée de son fils, le roi Richard Cœur-de-Lion.
Gaucelme Faydit, joyeux troubadour, né à Uzerche,
faisait partie du cortége. Il s'était fait un renom
en chantant dans les seigneuriales demeures les
belles châtelaines. Ce protégé du roi Richard l'avait
accompagné en Palestine ; sa muse reconnaissante
consacra bientôt à la mort de son protecteur une
poétique élégie[1].

En 1279, Uzerche fut assiégé par Marguerite de
Bourgogne, veuve de Guy IV, vicomte de Limoges,
qui gouvernait la vicomté comme tutrice de sa
fille Marie. Sa folle ambition avait semé partout
le désordre et la résistance. Uzerche allait succomber, lorsqu'une révolte des habitants de Limoges

---

[1] *Histoire du Bas-Limousin*, par M. Marvaud. Paris, 1842.
Les poésies de Gaucelme Faydit sont conservées à la Bibliothèque nationale ; *Manuscrit*, n° 2701.

obligea la vicomtesse à lever le siége. Elle accourut à Limoges et ne tarda pas à y mourir laissant un souvenir détesté[1].

La prise de possession du Limousin par l'Angleterre ne s'était pas faite sans exciter des répulsions qui allèrent grandissant ; de cette époque date pour cette contrée une ère de luttes incessantes, de villes prises et de châteaux dévastés. Les bandes pillardes des Brabançons commirent partout les plus grands ravages ; mais leurs incursions dévastatrices s'arrêtaient impuissantes au pied des murailles d'Uzerche. Cette ville qui avait trouvé moyen de se soustraire promptement au joug étranger, refusa de reconnaître les clauses du désastreux traité de Brétigny[2] ; aussi, en 1374, les Anglais tentèrent-ils de s'en emparer par surprise. Ils furent vaillamment repoussés. Cette énergique défense valut à cette cité le surnom d'Uzerche-la-Pucelle[3] ; et le roi Charles V, sur la demande du duc d'Anjou, son frère, lui accorda d'ajouter en

---

[1] *Études historiques et critiques du Bas-Limousin* par M. de Larouvrade. Tulle, 1860.

[2] Par ce traité, si. Edouard III, roi d'Angleterre, renonçait à toutes prétentions sur la couronne de France, le roi Jean, en recouvrant sa liberté, cédait au roi d'Angleterre l'Aquitaine, l'Agenois, l'Aunis, la Saintonge, le Périgord, le Limousin, le Quercy, Calais et son territoire, et payait pour sa rançon trois millions d'écus d'or.

[3] *Histoire d'Uzerche* par M. Combet. Tulle, 1856.

chef à ses armes trois fleurs de lis d'or sur champ
d'azur [1].

[1] En 1814, le roi Louis XVIII a conféré à la ville d'Uzerche
de nouvelles armoiries dans les circonstances suivantes :
Cette ville avait accueilli la restauration de l'ancienne maison de France par des manifestations enthousiastes. L'aïeul ma-
ternel de l'auteur de ces *Souvenirs*, M. le lieutenant général marquis de Guillaumanches du Boscage, ancien officier supérieur
des gardes du corps, qui reprit son commandement en 1814,
dès que la maison du roi fut reformée, vivait, depuis son retour
de l'émigration, retiré dans le château de la Gente qu'il avait
acquis à quelques lieues d'Uzerche, depuis la vente révolutionnaire de ses biens d'Auvergne ; ce fut à lui que cette ville
s'adressa, en le priant de présenter à Paris à M. le comte d'Ar-
tois, pour transmettre au roi, son frère, encore attendu en
France, une adresse chaleureuse (voy. le *Moniteur universel*
du 26 avril 1814). (Mon grand-père, esprit distingué, a publié
les ouvrages suivants : *Précis historique sur le feld-maréchal
Souvarow*, 1 vol. Hambourg, 1808 ; *Essais philosophiques, politiques et législatifs*; 3 vol. Paris, 1835.)
Le maire d'Uzerche adressa à Paris à M. le marquis du Boscage cette lettre de remerciement :

« Uzerche, 1er mai 1814.

« Monsieur le Marquis,

« Mes administrés sentent vivement qu'ils ne pouvaient mettre leurs
intérêts en de meilleures et de plus nobles mains. Agréez l'expression
de leur profonde reconnaissance dont je suis infiniment flatté d'être
l'interprète.

« La lettre que vous m'avez fait l'honneur de m'écrire sera transcrite
sur les registres de la mairie. Là, comme dans nos cœurs, vivra le souvenir de la grâce et de l'empressement avec lesquels vous avez daigné
vous charger de déposer l'hommage de nos sentiments auprès d'un
Prince dont vous êtes l'un des plus honorables serviteurs.

« Agréez l'assurance de la haute estime et de la considération distin-
guée avec lesquels j'ai l'honneur d'être,

« Monsieur le Marquis,

« Votre très-humble et très-obéissant serviteur,

« Le Maire d'Uzerche,

« Tereygeol. »

Six semaines après, M. le marquis du Boscage recevait de M. le

La possession du Limousin par les Anglais fixe pour cette province la date de l'institution des sé-

duc de Pienne, premier gentilhomme de la chambre, la lettre suivante :

« Aux Tuileries, 22 juin 1814.

« Monsieur le Marquis,

« J'ai l'honneur de vous informer que, d'après les ordres du Roi, la ville d'Uzerche, département de la Corrèze, prendra à l'avenir pour armes la décoration de la fleur de lys d'argent sur champ d'azur et elle aura le droit de placer les mêmes armes au centre du drapeau de sa garde nationale. Sa Majesté daigne accorder aussi sa décoration du Lys à M. le Marquis du Boscage, officier supérieur de la garde nationale, à M. Cluzac, maire d'Uzerche, à M. de Verrière, à M. Grégoire Lanouaille, à M. Louis Personne, à M. Creveilher, à M. Haine.

« C'est avec plaisir, monsieur le Marquis, que je m'empresse de vous transmettre l'ordre du Roy relatif aux grâces ci-dessus que vous avez sollicitées pour la ville d'Uzerche. Cette ville y verra la preuve de la bienveillance paternelle de Sa Majesté qui aime à distinguer ses fidèles sujets, et vous, monsieur le Marquis, vous y trouverez une nouvelle preuve des bontés de Sa Majesté pour un ancien officier de ses gardes dont le zèle et le dévouement lui sont connus.

« Recevez, je vous prie, etc. »

Le conseil municipal de la ville d'Uzerche réuni extraordinairement, le 17 juillet 1814, ordonna que cette lettre transmise par M. le marquis du Boscage serait transcrite sur ses registres ; qu'un *Te Deum* serait chanté le même jour, et que le soir il y aurait illumination générale accompagnée de feux allumés dans les divers quartiers en signe d'allégresse publique. En raison de l'origine antique et non moins honorable des anciennes armoiries, le conseil municipal décida que l'ancien écu et le nouveau seraient accolés, qu'autour du premier serait conservée l'ancienne exergue : *Scel des communes d'Uzarche* 1373; qu'autour du second serait inscrite celle-ci : *Civitati semper fideli Ludovicus XVIII redux dedit anno* MDCCCXIV. Le conseil décida enfin qu'une copie authentique de sa délibération serait envoyée à M. le marquis du Boscage.

Cette transmission fut faite avec accompagnement d'une

néchaux ; cependant une charte dont nous allons
parler prétend la rattacher au règne de Pépin le

lettre du 1ᵉʳ août 1814, signée du maire et des membres du
conseil municipal ci-après : Deyzac, Chastaing adjoint, Boyer,
Chamard, Pradel, Dessus jeune, Larouvrades, Clédat-Lavigerie
aîné, Chastenet aîné. M. le marquis du Boscage y est prié de
porter aux pieds du trône les témoignages de reconnaissance
de la ville d'Uzerche et le vœu qu'elle soit érigée en chef-
lieu d'arrondissement.

L'auteur de ces *Souvenirs* conserve soigneusement toutes les
pièces de ce précieux dossier qui lui ont été transmises par
son aïeul. Lui-même a eu l'honneur d'être l'objet d'une délibération du conseil municipal de la ville d'Uzerche prise le 25
avril 1865, en remerciement de ses efforts pour un tracé de
chemin de fer compensant le trafic séculaire de la route de
Paris à Toulouse. Il avait défendu les droits de cette ville par
des Mémoires imprimés et par sa parole devant le comité
consultatif des chemins de fer. M. Lestrade, conducteur des
ponts et chaussées à Uzerche qui a rempli les fonctions d'ingénieur à Tulle, lui avait fourni les renseignements techniques
les mieux étudiés ; mais les meilleures raisons et les droits les
plus légitimes échouèrent en présence des intérêts d'une can-
didature officielle dans l'arrondissement de Saint-Yriex. Le
conseil municipal d'Uzerche vota à l'unanimité des remerciements à l'auteur des *Souvenirs*, et décida qu'une copie de sa
délibération lui serait transmise par M. Materre, maire de la
ville. Nous en extrayons ce passage :

« Le conseil municipal, après délibération, déclare à l'unanimité que M. le comte de Cosnac a bien mérité de la ville
d'Uzerche et lui vote des remerciements pour le dévouement
dont il a fait preuve dans l'accomplissement de la mission
qu'il avait daigné accepter dans une affaire où les meilleures
raisons devaient échouer devant un parti pris et où les intérêts sacrés de tout un département qui s'est toujours montré
jusqu'ici si dévoué aux intérêts du gouvernement de l'Empereur sont à la veille d'être sacrifiés à des intérêts privés, d'autres disent à des faveurs personnelles. »

Bref. Quoi qu'il en soit, les deux sénéchaux établis dans le Limousin par la domination anglaise annulèrent complétement l'autorité du vicomte de Limoges, et cette magistrature à la foi civile et militaire maintenue par les rois de France après l'expulsion des Anglais, acheva de ruiner la juridiction féodale. Uzerche devint le siége d'une sénéchaussée ; ce n'est pas que le sénéchal y eût jamais sa résidence ; mais il y était représenté par un délégué et parfois il y venait lui-même tenir ses assises. A cette occasion, des rivalités jalouses s'élevèrent entre les trois villes qui, après Limoges, tenaient dans la province un rang à peu près équivalent : Tulle, Brive et Uzerche. Le roi Louis XI, de passage dans cette dernière ville, le 29 juillet 1463, n'y trancha pas encore la question ; mais peu de temps après, par un édit daté d'Alluye, il décida au détriment de la ville de Tulle que les assises du sénéchal ou de son lieutenant seraient tenues dans les villes de Brive et d'Uzerche. Ce ne fut qu'en 1523 que la ville de Tulle put obtenir la création d'une sénéchaussée. La décision rendue en faveur de Brive et d'Uzerche ne fit qu'accroître les rivalités de ces deux villes ; elles s'efforcèrent mutuellement de se supplanter pour devenir le siége exclusif des assises du sénéchal. La première sortit victorieuse de la lutte par l'application de l'édit de Henri II, du mois de janvier 1551, qui établit dans tout le royaume des siéges présidiaux en nombre déterminé par ressort de parlement. La juridiction des sénéchaux avait un caractère trop militaire pour les temps nouveaux ; les juges des présidiaux étaient uniquement de l'ordre civil. Le présidial fut établi à Brive, et les sénéchaussées d'Uzerche et de Tulle furent supprimées par application d'une mesure générale pour toutes les localités autres que le siége présidial[1].

Une institution de vieille date disparaît rarement sans laisser après elle des mouvements de flux et reflux ; il en fut ainsi de celles des sénéchaux et des baillis, les titres étaient différents suivant les localités, mais les attributions étaient les mêmes. Quelques sénéchaussées et bailliages furent rétablis dans les localités où la suppression les avait atteints ; mais le rétablissement fut partiel, amoindri, défiguré et accordé surtout parce qu'il était l'occasion de demander aux villes une finance toujours bien accueillie dans le trésor obéré ; un lieutenant civil qui s'attribua ou se fit attribuer le titre pompeux de lieutenant général de la sénéchaussée tint la place du sénéchal militaire qui ne reparut plus ; en outre la juridiction des sénéchaussées rétablies ou maintenues fut subordonnée à celle des présidiaux qui recevaient l'appel de

[1] Disposition postérieurement renouvelée par l'*Ordonnance de Moulins* de 1566.

leurs sentences. Les villes d'Uzerche et de Tulle protestèrent contre la suppression de leurs sénéchaussées, et ce ne fut que dans des conditions amoindries que nous venons de constater, qu'elles en obtinrent le rétablissement[1]. La sénéchaussée d'Uzerche fut rétablie par un édit de 1558; mais une vicissitude nouvelle la fit supprimer l'année suivante. Un édit de Charles IX la fit renaître en 1572 et demeura lettre morte; mais un nouvel édit de Henri III, donné à Blois, en 1577, ordonna son rétablissement définitif, nonobstant toutes les oppositions. Cet édit dont l'exposé historique paraît contestable, fait remonter à Pépin le Bref, sans doute pour rendre l'institution plus respectable par son antiquité, la création de la sénéchaussée d'Uzerche [2].

Le règne de Louis XIII vit la dernière lutte armée dont la ville d'Uzerche ait été le théâtre. Le

---

[1] Par une singularité caractéristique, lorsque le sénéchal, après cet amoindrissement de sa charge, voulait paraître à l'audience, il n'avait plus que droit de séance. Son lieutenant présidait et, en prononçant ses sentences au nom du sénéchal, employait cette formule : *Monsieur dit*; quand il prononçait ses sentences hors de la présence du sénéchal, il employait cette autre formule : *Nous disons*.

En définitive, les sénéchaux ne conservèrent de leurs anciennes attributions que la conduite de l'arrière-ban de la noblesse à la guerre.

[2] L'auteur de ces *Souvenirs* possède l'expédition originale sur parchemin de l'édit royal envoyée aux habitants de la ville d'Uzerche.

duc d'Épernon, gouverneur du Limousin, qui tenait
pour le parti de la reine mère contre le roi, avait
fait occuper l'abbaye par une garnison de vingt-
quatre soldats sous les ordres du capitaine Breul;
cette garnison trop faible avait demandé du secours
au duc d'Épernon qui accourait en personne d'Angoulême à la tête de cinq cents chevaux et de deux
mille hommes de pied; de son côté, le comte de
Scomberg réunissait à Limoges des troupes pour
s'opposer au secours du duc d'Épernon. Avant que
les troupes de l'un ou de l'autre parti pussent arriver
sous les murs d'Uzerche, les habitants avaient attaqué la petite garnison de l'abbaye; un prêtre était
monté par un endroit réputé inaccessible au haut
du clocher, d'où il jetait des pierres sur les assiégés
combattant contre les assiégeants ; les assiégés pris
à revers se retirèrent dans une tour où ils capitulèrent, après avoir perdu trois des leurs[1]. Le duc
d'Épernon, qui s'était avancé jusqu'à Lubersac, revint sur ses pas en apprenant la capitulation de la
garnison de l'abbaye ; et Uzerche ouvrit ses portes
au maréchal de Scomberg.

De l'année 1619, passant à l'année 1652, nous
allons être témoins d'une autre entrée dans les murs
de la ville d'Uzerche, de l'entrée d'un archevêque
en armes.

---

[1] *Mercure français*, tom. V, p. 172, année 1619.

Le duc d'Orléans avait envoyé dans toutes les provinces des commissions pour la levée des hommes et des deniers nécessaires à l'entretien des troupes de son parti; mais toujours au nom du roi, suivant la formule adoptée. Une de ces commissions concernant la province du Limousin avait été adressée au comte de Bonneval, seigneur de Bonneval et de Blanchefort, partisan zélé des princes.

Le comte de Bonneval appartenait à l'une des plus anciennes et des plus illustres familles de cette province, à laquelle elle avait fourni un sénéchal. Le château de Bonneval offre encore le spécimen d'une des constructions à la fois imposantes et gracieuses de la féodalité[1]. Cette maison était alliée indirectement à la maison de France par le mariage d'Antoine de Bonneval avec Marguerite de Foix, cousine germaine de Gaston de Foix, roi de Navarre. Un sang généreux, mais parfois trop bouillant, la caractérisait; il en a donné au dix-septième siècle une preuve nouvelle en la personne de ce personnage singulier, Claude-Alexandre, comte de Bonneval, qui quitta le ser-

---

[1] Ce château a été splendidement restauré par M. le général marquis de Bonneval dont le beau-fils, M. le vicomte d'Hugonneau du Chastenet, a épousé la sœur de l'auteur de ces *Souvenirs*; il appartient aujourd'hui à M. le comte Henri de Bonneval.

vice de France pour celui de l'Allemagne, qui quitta le service de l'Allemagne pour celui de la Turquie, où il mourut sous le nom d'Achmet-Pacha, étant grand maître de l'artillerie, avec le titre de *chef des bombardiers*. Une originalité instinctive caractérisait même parfois les femmes auxquelles s'alliait cette maison : Tallemand des Réaux rapporte que Jeanne de Lastours, mariée en premières noces à Gabriel d'Abzac, marquis de la Douze, et en secondes noces à Henri de Bonneval, se battit en duel avec lui; qu'étant devenue veuve pour la seconde fois, et recevant un gentilhomme nommé La Citardie, au château de Bonneval, elle lui fit employer la soirée à moucher la chandelle à coups d'arquebuse; et qu'elle appela en duel un de ses parents qui était passé près du château sans venir lui rendre ses devoirs.

En exécution de la commission délivrée par le lieutenant général du royaume, le comte de Bonneval écrivit aux receveurs généraux de la ville d'Uzerche d'avoir à verser cent mille livres. En même temps, il adressait la lettre suivante aux consuls de la même ville pour leur recommander de tenir la main à ce que ce payement fût exécuté sous un délai de quatre jours au plus, soit en son château de Bonneval, soit en son château de Blanchefort. Cette lettre avait un sous-entendu évident peu agréable pour les habitants de la ville d'Uzerche : la somme de cent mille livres, dans le cas plus que probable, vu la pénurie des finances en ce temps, où elle ne se trouverait pas dans la caisse des receveurs généraux, devait être fournie par les habitants, sous peine pour ceux-ci de se voir à la merci des gens de guerre que le comte appellerait dans la province :

« *Monsieur de Bonneval à Messieurs les Consuls de la ville d'Uzerche.*

« Bonneval, ce 7 juillet 1652.

« Messieurs,

« Comme mon intention n'a jamais esté autre que de servir la ville d'Uzerche, je n'ai point voulu escrire à Messieurs les recepveurs généraux d'icelle qu'en mesme temps que je ne vous fisse la présente pour vous faire scavoir que son Altesse Royale [1] m'ayant chargé de commissions pour la levée de gens de guerre pour le service du roy, m'a aussy ordonné de prendre sur la recepte générale du Limousin cent mille livres pour la levée et subsistance des dites troupes ; qui fait que je vous supplie, Messieurs, avec tout le corps de vostre ville, de faire en façon que les dits recepveurs n'appor-

[1] Le duc d'Orléans.

tent point de retardement à mettre entre les mains de mon commissaire la dite somme de cent mille livres, dans quatre jours, en ce lieu de Bonneval ou à Blanchefort ; autrement je serais contrainct avec douleur d'appeler des troupes dans la province qui pourront causer des suites qu'il n'est pas besoing que je vous escripve, puisque vous voyez l'exemple des provinces voyzines qui vous l'apprend assez. Celle-cy n'estant à autre fin, je vous prieray de me croire,

« Messieurs,
« Vostre très-humble et très-fidel serviteur,

« BONNEVAL [1]. »

Cette lettre qui déguise faiblement l'intimidation sous des termes en apparence conciliants, démontre que son auteur s'attendait à deux choses : la première, que la caisse des receveurs serait vide ; la seconde, qu'à défaut de cette ressource les habitants de la ville d'Uzerche se montreraient peu empressés à accomplir le sacrifice d'argent demandé pour le soutien du parti des princes; autrement eût-il été nécessaire de leur faire entrevoir l'appel de troupes pour les y contraindre et leur faire subir une part du terrible fléau de la guerre?

[1] Lettre inédite; *Archives du ministère de la guerre*, vol. 134.

Au reste, il était difficile que la commission du duc d'Orléans fût plus mal confiée pour obtenir l'exécution spontanée de ses ordres ; car il existait entre les habitants de la ville d'Uzerche et la maison de Bonneval un vieux levain de ressentiment. Aux États généraux de 1614, les députés du haut Limousin étaient : pour le clergé, Henri de la Martonie, évêque de Limoges ; pour la noblesse, Henri de Bonneval, chevalier, seigneur dudit lieu ; pour le tiers-état, Léonard de Chastenet, lieutenant général en la sénéchaussée de Limoges, sieur de Saint-Jean-Ligoure, bourgeois de Limoges ; ceux du bas Limousin : pour le clergé, Jean de Genouillac de Vaillac, évêque de Tulle ; pour la noblesse, Charles de Saint-Marsault, chevalier, seigneur de Courson et du Verdier ; pour le tiers-état, François Dumas, lieutenant-général en la sénéchaussée de Brive, et Jacques de Chavaille, sieur de Faugeras et du Poujet, lieutenant général en la sénéchaussée d'Uzerche[1].

[1] Relevons en passant un point intéressant à propos des noms des députés du tiers-état, qui est l'erreur accréditée de nos jours que la particule est un signe certain de noblesse ; le titre même de seigneur d'une terre que prenaient parfois par abus certains propriétaires bourgeois qui ne devaient porter que la dénomination de sieur, n'était pas non plus un signe de noblesse, depuis que les fiefs pouvaient être acquis par les roturiers. En définitive, la preuve de la noblesse de race ne résulte ni de la particule, ni même du titre ; mais de la valeur intrinsèque du nom basé sur une antique possession de noblesse recon-

Jacques de Chavaille, député du tiers-état, pour la sénéchaussée d'Uzerche, mourut au moment de de partir pour remplir son mandat. Pierre de Chavaille, son fils, se rendit à Paris pour siéger à la place de son père. A la séance de vérification des pouvoirs, une vive opposition s'éleva contre son admission ; elle fut particulièrement suscitée par les autres députés de la province qui se firent en cette occasion les champions des vieilles rivalités qui existaient entre les trois villes de Brive, de Tulle et d'Uzerche. Leur opposition se fondait sur ce que Chavaille n'avait pas été personnellement élu, et sur ce qu'il était en outre mineur de vingt-cinq ans. Cette opposition trouva de l'écho dans l'assemblée ; néanmoins l'admission de Chavaille fut prononcée ; mais il fut décidé que les députés du tiers état d'Uzerche, de Brive et de Tulle ne formeraient qu'une seule voix.

L'admission de Chavaille sur laquelle le seigneur de Bonneval, député de la noblesse pour le haut Limousin, avait certainement exprimé une opinion contraire, avait dû lui attirer de la part du député contesté quelque propos qui l'avait irrité. Bien plus, il existait de la part du comte de

nue. Si ce principe était moins oublié, combien de nos jours éviteraient d'accoler des particules à leurs noms roturiers ou d'y ajouter avec particule celui de quelque coin de terre pour jeter aux yeux une poudre qui n'aveugle que quelques ignorants.

Bonneval un motif de ressentiment dont Florimond Rapine, faisant preuve dans son livre sur les états généraux de 1614 de plus de passion que de bonne foi, se garde bien de parler. Le cahier même du tiers-état pour la sénéchaussée d'Uzerche[1] nous a révélé la cause de ce ressentiment. Ce cahier, mettant en avant le danger qui menaçait l'autorité du roi, réclamait la démolition des châteaux fortifiés du voisinage, et le château de Blanchefort appartenant au comte de Bonneval, bien que n'étant pas désigné nominativement, était particulièrement visé. Ce cahier du reste, sorte de diatribe contre la noblesse, démontre à quel point l'ancienne union entre les deux ordres que nous avons signalée ailleurs était alors altérée[2].

A la sortie du couvent des Grands Augustins où se tenaient les séances, le comte de Bonneval apostropha Pierre de Chavaille en ces termes :

« Petit galant, vous passez devant moi sans me
« saluer ; je vous apprendrai votre devoir, et lors-
« que vous me parlerez par votre bouche, je vous
« ferai connaître la façon de laquelle vous devez
« parler d'un homme de ma sorte. »

Ces paroles furent accompagnées d'un coup de canne si violent qu'elle se brisa sur le dos du

---

[1] Nous en devons la communication à un érudit d'Uzerche, M. Combet.
[2] Voy. t. 3, chap. 23.

jeune homme. Cet emportement était d'autant plus fâcheux que Chavaille s'était, paraîtrait-il, approché du seigneur de Bonneval dans l'intention de lui donner des explications satisfaisantes que celui-ci n'avait pas eu le temps d'écouter. Cette violence eut pour effet de changer les dispositions jusque-là peu favorables de l'assemblée pour le jeune Chavaille; le tiers-état voulut voir dans cet incident, non une querelle personnelle, mais une offense faite à son ordre.

Les querelles de corps ayant toujours une importance majeure, celle-ci prit aussitôt les proportions d'un événement. La passion s'en mêla, comme on devait s'y attendre, et il n'est pas difficile de reconnaître à quel point elle s'accentue dans le récit de Florimond Rapine [1], collègue de Chavaille, député du tiers-état pour Saint-Pierre-le-Moustier, en Nivernais. Dès le lendemain, le sieur de Claveau, député du tiers-état de la province de Guyenne, fit à l'assemblée un récit émouvant de

[1] Recueil très-exact et très-curieux de tout ce qui s'est passé de singulier et de mémorable à l'Assemblée générale des Estats tenue à Paris en l'année 1614 et particulièrement en chacune des séances du tiers-ordre, avec le cahier dudit ordre et autres pièces concernant le mesme sujet par Me Florimond Rapine, seigneur de Foucheranne et de Lathenon, conseiller et premier avocat du roi au bailliage et siége présidial de Saint-Pierre-le-Moustier, et l'un des députés pour le tiers-état dudit bailliage. Dédié à Monseigneur le Premier Président, Garde des sceaux de France, à Paris, au Palais, MDCLI.

l'événement de la veille ; les députés décidèrent qu'ils se transporteraient incontinent au Louvre, Miron, prévôt des marchands, leur président, en tête, pour demander justice au roi. Louis XIII se promenait à cette heure dans ses jardins des Tuileries ; les députés l'attendirent longtemps, sans que leur impatience, bien au contraire, fût calmée par cette attente. Enfin le roi parut ; suivant l'étiquette du tiers-état parlant au roi, tous les députés mirent un genou en terre, et le président Miron, dans cette respectueuse attitude, exposa la plainte. Louis XIII répondit : « qu'il avoit un grand mé-
« contentement de cet attentat, duquel il vouloit
« que justice fût faite et le renvoyoit à son parle-
« ment, et cependant nous commandoit de tra-
« vailler à nos cahiers sans discontinuation[1]. »

Lorsque les députés du tiers-état furent de retour aux Grands-Augustins, l'évêque d'Agen, député du clergé proposa : « de se rendre entremetteur de
« cette affaire et la composer en telle sorte que
« nous en aurions du contentement et qu'il fallait
« en tout événement qu'elle fust vidée par les estats
« et non par le parlement[2]. »

Le tiers-état répondit par un vote que l'affaire ayant été renvoyée par le roi en son parlement, elle n'était plus à sa disposition, « joint que les

[1] Relation de Florimond Rapine.
[2] Même relation.

estats n'étoient fondés en juridiction pour prendre connoissance d'un crime[1]. » Cette réponse ayant été transmise au clergé, celui-ci répliqua par l'organe du cardinal de Sourdis : « que l'offense « estant de député à député, elle devoit estre ven- « gée par les estats, l'authorité desquels il ne « falloit soumettre au parlement[2]. » L'évêque de Beauvais soutint avec vigueur cette opinion.

Dans cette discussion, le clergé comprenait mieux que le tiers-état la théorie et la pratique du gouvernement parlementaire et en même temps la dignité et l'indépendance des assemblées représentatives, particulièrement en ce qui concerne leur juridiction sur leurs propres membres lorsqu'aucune personne étrangère n'est impliquée dans l'accusation. Le principe de cette juridiction restreinte est tout différent de celui d'une juridiction générale, qui conduit à l'omnipotence révolutionnaire des assemblées. La politique ministérielle aidant à l'inaptitude du tiers-état et caressant volontiers le sentiment de jalousie contre la noblesse qui faisait faire bon marché à la bourgeoisie des libertés publiques, marchait triomphante à son but de la suppression des états généraux et à la théorie dont nous avons fait déjà ressortir les inconséquences du transport de leurs prérogatives au

[1] Relation de Florimond Rapine.
[2] Même relation.

parlement de Paris. Cette politique n'avait pas tardé à développer dans l'esprit des membres du parlement ces aspirations ambitieuses que la Fronde devait porter à son apogée dans sa première période.

Le seigneur de Bonneval ne jugea pas prudent d'engager devant le parlement un débat contradictoire ; il sortit du royaume et fut condamné à mort par contumace ; l'arrêt le condamnait encore à deux mille livres de dommages, à cinq cents livres d'amende et à la confiscation de ses biens. Il revint en France quand cette émotion fut calmée.

En 1652, cet événement déjà vieux de trente-huit ans avait laissé ailleurs un souvenir plus ou moins effacé ; mais il avait tracé une empreinte plus durable dans la mémoire des habitants de la ville d'Uzerche. Cet épisode parlementaire venait d'être ravivé par la publication du livre de Florimond Rapine qui ne datait que de l'année précédente. Ainsi à tous les points de vue, la lettre du comte de Bonneval fut mal accueillie. Les habitants loin de délier les cordons de leur bourse envoyèrent en toute hâte prévenir le gouverneur de la province.

Paraventure, le gouverneur du Limousin était alors l'archevêque de Bourges. Peu de temps auparavant, son frère François-Christophe de Lévis, comte de Brion, duc de Damville, était investi de ce gouvernement. Le duc de Damville n'avait pas été le premier gouverneur du Limousin de sa famille : celle-ci originaire du petit pays de Hurepoix, près de Paris, s'était illustrée dans la Croisade contre les Albigeois et les chefs de sa branche aînée y avaient conquis le titre héréditaire de *maréchaux de la foi*. Une branche cadette était venue pousser ses rejetons dans la province du Limousin par le mariage, en 1492, de Louis de Lévis, baron de la Voûte, avec Blanche de Ventadour, fille de Louis, comte de Ventadour, et de Catherine de Beaufort. Son arrière-petit-fils en faveur duquel le comté de Ventadour fut érigé en duché, en 1578 [1], avait été investi de la charge de gouverneur du Limousin en 1571. Enfin, celui-ci avait eu pour successeur dans son gouvernement, en 1591, son fils, Anne de Lévis, duc de Ventadour, père du duc de Damville.

Le duc de Damville était le quatrième fils issu du mariage célébré à Aleth, le 25 juin 1593, d'Anne de Lévis, duc de Ventadour, avec Marguerite de Montmorency ; l'archevêque de Bourges était le cinquième fils issu de cette union. Pourquoi le duc de Damville avait-il résigné sa charge de gouverneur du Limousin en faveur de l'archevêque de Bourges ? Bien que titulaire de la charge de premier écuyer

[1] La vicomté de Ventadour avait été érigée en comté avec la terre de Montpensier, en 1350, en faveur de Bernard, vicomte de Ventadour.

de Gaston, duc d'Orléans, le duc de Damville affectait les apparences de rester attaché au parti de la cour ; mais ses inévitables liaisons avec le prince dont il dépendait le rendaient suspect malgré lui. Le cardinal Mazarin n'aimait pas les tièdes dévouements à sa personne, et il n'avait pas tort en effet de considérer le duc de Damville comme l'un des amis douteux ou des ennemis cachés qu'il comptait dans l'entourage du jeune roi. Le cardinal de Retz nous fournit un précieux éclaircissement à cet égard : le duc de Damville lui parlant d'une mission qu'il avait reçue de la cour pour dissuader le duc d'Orléans de joindre ses troupes à celles du duc de Nemours, lui avait dit : « Ce misérable (le cardinal de Mazarin) va tout perdre, songez à vous, car il ne pense qu'à vous empêcher d'être cardinal, je ne vous en puis pas dire davantage. » Le cardinal Mazarin était informé par des espions trop sûrs de tous les dévouements suspects pour que la conduite équivoque du duc de Damville ne lui eût pas été signalée, et celui-ci, pour éviter quelque disgrâce plus éclatante, avait, sous une apparence volontaire, résigné, le 18 novembre 1651, sa charge de gouverneur en faveur de son frère.

Nous ne pensons pas que la douleur de la perte de sa femme survenue le 10 février de la même année, ait été pour quelque chose dans la démission du duc de Damville. Il avait épousé, pour sa grande fortune, Anne Le Camus de Jambeville, veuve de Claude Pinart, vicomte de Comblisy, baron de Cramailles, fille unique d'Antoine Le Camus, seigneur de Jambeville, président au parlement de Paris, et de Marie Le Clerc de Lesseville. Le malin Loret, assure que le volage époux qui n'avait pas eu d'enfants de son mariage, ne manquait pas de consolations pour lui faire oublier son veuvage[1]. La rési-

[1] « Lundy, mourut en cette ville,
« La dame duchesse d'Anville
« Dont les apas et les trésors
« Étoient au cofre, et non au corps;
« Son cher époux étant personne
« Qu'on tient avoir l'âme assez bonne
« (Car Messeigneurs les Ventadours
« Ont eu ce renom-là, toujours),
« Voulant montrer quelque tendresse
« En ce grand sujet de tristesse,
« Fit comme les bons compagnons
« Qui se frotent les yeux d'oignons :
« Mais il ne put dans ce vacarme
« Jamais répandre aucune larme ;
« Ce n'est pas qu'il ait le cœur dur
« Comme un rocher, ou comme un mur :
« Mais il fait réserve possible,
« De tout ce qu'il a de sensible,
« Comme de pleurs, larmes, soupirs,
« Yeux mourans, sanglots, déplaizirs,
« Piteux accens, tristes fleurettes,
« Pour tout plein d'autres amourettes,
« Dont on dit qu'il a quantité
« Aussi bien l'hyver que l'esté.

[1] Loret, *Muse historique*, lettre VIIIe, *Fidelle*, du 19 février 1651

gnation de sa charge avait donc de la part du duc de Damville des motifs politiques plutôt que des chagrins domestiques. Par un adoucissement à cette perte, il avait obtenu que sa charge ne sortirait point de sa famille, et que son frère l'archevêque en serait investi; après l'archevêque, l'un de leurs neveux communs, fils de leur frère aîné, pouvait à son tour, suivant les probabilités, recevoir cette charge comme une sorte d'héritage. Voilà comment Anne de Lévis, abbé de Meymac et de Ruricourt, dom d'Aubrac, baron de Donzenac, trésorier de la Sainte-Chapelle de Paris, conseiller d'État, archevêque de Bourges depuis 1649, était devenu gouverneur du Limousin par lettres patentes données à Poitiers, le 18 novembre 1651.

Sous l'ancienne monarchie, lorsque certaines charges étaient entrées dans les familles, celles-ci faisaient tous leurs efforts pour qu'elles n'en sortissent plus; c'est ainsi qu'un grand nombre de ces charges étaient assurées en survivance; c'est ainsi qu'il y avait de certains colonels au maillot, qui n'en devenaient pas moins de vaillants officiers, quand l'âge était venu pour eux de marcher à la tête de leurs régiments. Néanmoins il y avait dans cette transmission héréditaire de fonctions qui doivent rester toujours distinctes du patrimoine, un incontestable abus qui jaillit aux yeux plus vivement encore lorsqu'on voit un archevêque revêtu des fonctions militaires de gouverneur d'une province. Les abus malheureusement sont de tous les temps; et si l'on a reproché avec tant d'amertume leurs priviléges à ceux qui n'avaient pris, disait-on, que la peine de naître, n'a-t-on pas souffert sous nos gouvernements modernes que les révolutions renversent si souvent sans aboutir jamais à aucune amélioration, des abus plus criants ! N'a-t-on pas vu tantôt les favoris exclusifs du népotisme ministériel, tantôt les révolutionnaires toujours ardents à la curée des places, envahir les fonctions publiques, sans aptitude, sans savoir, sans moralité même trop souvent, privés des traditions qui peuvent dans une très-réelle mesure suppléer aux grands talents ; or ces privilégiés du hasard ont-ils fait autre chose que de prendre la peine de naître ! Ils représentent le système des générations spontanées appliqué à la politique.

L'archevêque de Bourges avait accepté avec empressement la charge de son frère, d'abord pour la conserver dans sa maison, ensuite parce qu'il était flatté de se mêler avec quelque importance au cours des affaires du monde. Ce prélat était actif et entreprenant, il était passionné pour rechercher les occasions de se distinguer ; mais il était incontestablement dépourvu du tact nécessaire pour faire le choix de ces occasions. Notre jugement, tout sévère qu'il puisse paraître, n'a rien d'exagéré, il est basé sur les faits qui vont suivre.

L'acte le plus important à accomplir qui aurait dû fixer l'attention et tenter l'ambition de l'archevêque de Bourges comme gouverneur du Limousin, était bien certainement la mise à exécution de l'ordonnance royale qui prescrivait le transfèrement à Limoges du parlement de Guyenne. Ce transfèrement des cours souveraines, dont le résultat devait être si décisif par la translation à Pontoise du parlement de Paris, avait pour objet autant de les soustraire à la pression tumultueuse des habitants des villes dévouées à la Fronde, que d'enlever à ces cours souveraines le levier même dont elles se servaient pour rendre leur opposition plus redoutable.

Cette mesure était habile, et le premier essai de son application fut fait sur le parlement de Bordeaux. Nous nous plaisons à rappeler que nous avons le premier soulevé le voile d'oubli dont cet essai était demeuré couvert en faisant connaître la lettre inédite du conseiller du Burg qui déclinait la délicate et dangereuse mission d'être l'agent du transfèrement à Limoges du parlement dont il était l'un des conseillers [1].

L'archevêque de Bourges fut convié à coopérer

---

[1] Voy. tóm. 3, chap. 24, p. 171.

au succès de cette entreprise; le roi lui adressa ce message :

« A Gyen, 9 avril 1652.

« M. l'archevêque de Bourges, ayant ordonné que la séance de ma Cour de parlement qui estoit à Bordeaux sera transférée en ma ville de Limoges pour y rendre la justice à mes sujets du ressort de ladite Cour, à cause de la rébellion de la ville de Bordeaux, j'ai bien voulu vous faire cette part pour que vous ayez à favoriser et à faciliter, autant qu'il dépendra de vous, l'établissement de la séance de madite Cour de parlement en madite ville de Limoges et à tenir la main que les officiers de madite Cour y reçoivent tous les honneurs et respects dus à leur qualité et toute l'assistance qui dépendra de vous et même que vous teniez la main à l'exécution des décrets et arrests qui seront par eux rendus, vous assurant que vous ferez chose qui me sera très-agréable et sur ce je prie Dieu... »

« Il a esté escrit aux échevins et habitants de Limoges et au Présidial dudit lieu pour mesme sujet ledit jour [1]. »

Si l'archevêque de Bourges avait su discerner

[1] La minute de cette lettre inédite est conservée aux *Archives du ministère de la guerre*, vol. 135.

d'un coup d'œil plus sûr les occasions où il lui était loisible de remplir personnellement et avec zèle les devoirs de sa charge de gouverneur de la province du Limousin, il ne pouvait en rencontrer une meilleure : par un acte de haute administration qui demandait l'énergie morale bien plus que l'emploi de la force matérielle, il eût attaché son nom à l'accomplissement d'une mesure habile, et la réussite eût avancé d'une année peut-être la fin de la guerre civile. Cette mission à accomplir ne présentait rien d'anormal avec le caractère dont il était revêtu ; mais il ne paraît pas qu'il y ait apporté plus de zèle que n'en mit le conseiller du Burg ; et, faute d'exécuteurs, la volonté royale resta inexécutée.

L'archevêque de Bourges se réservait sans doute pour des occasions dont il se promettait plus d'éclat, par exemple en répondant en personne à l'appel des habitants d'Uzerche. Après avoir donné des ordres pour la convocation du ban et de l'arrière-ban de la noblesse du Limousin, le prélat se mit en marche avec les quelques troupes régulières formées du régiment de Grancey dont il pouvait disposer.

Le 18 juillet 1652, les habitants de la ville d'Uzerche virent paraître, se déroulant sur la pente du faubourg Sainte-Eulalie, les méandres d'une colonne dont les armes scintillaient aux chauds rayons d'un soleil couchant ; d'un air guerrier, l'archevêque lui-même s'avançait à leur tête. Les habitants étaient plongés depuis la sommation du seigneur de Bonneval dans une cruelle perplexité. Ils n'y avaient fait aucune réponse, et comme leur argent n'était pas sorti de leurs coffres, ils frémissaient en songeant à la menace de l'apparition de ce terrible colonel Balthazar, le récent vainqueur du marquis de Montausier, dont le nom seul inspirait un tel effroi, que nous avons vu un féroce aventurier tuant et pillant pour son propre compte, surnommé par la peur le *petit Balthazar*[1]. On peut s'imaginer facilement avec quelle reconnaissance les habitants accueillirent la venue de l'archevêque ; descendant en foule à sa rencontre, ils l'acclamèrent comme un libérateur.

Uzerche sans doute avait vu des entrées plus solennelles, particulièrement aux époques où elle avait reçu dans ses murs le pape Urbain II, les monarques Richard Cœur-de-Lion et Louis XI ; mais jamais peut-être cette ville ne s'était livrée à plus d'entraînement [2]. Nous pouvons croire que les ha-

[1] Voy. tome 3, chap. 26.
[2] Pour retrouver dans son histoire des jours aussi animés, il faut descendre à une époque toute moderne ; mais d'un tout autre aspect, puisque ces manifestations portent l'empreinte de l'affaiblissement des caractères chez les gouvernants et les gouvernés. Cette observation est loin de s'adresser à la seule ville d'Uzerche, puisque cette décadence a fait le succès des candidatures officielles qui, en appelant généralement à la représentation du pays de faux conservateurs ou des complaisants, a conduit la France aux catastrophes par le défaut même

bitants, qui avaient rarement passé d'aussi cruelles nuits que celles qui avaient suivi la lettre du 7 juillet, s'endormirent ce soir-là pleins de quiétude sous la double protection, en une seule personne, de leur gouverneur et de leur archevêque métropolitain.

Le fougueux prélat, après n'avoir donné au repos

du contrôle indépendant des hommes intéressés au premier chef à son salut. Or, à l'époque où nous mène la pente des rapprochements, un ministre des travaux publics, conduisant à sa suite un candidat officiel à la députation, a fait aussi dans la ville d'Uzerche sa solennelle entrée. La vieille cité ayant perdu sa prospérité d'autrefois que ses constructions jadis élégantes et fières, mais si délabrées aujourd'hui, attestent tristement, demandait aux progrès de l'industrie moderne, à un tracé de chemin de fer en un mot, une source nouvelle de jeunesse, afin de renaître à la vie. Le ministre même dispensateur de la fécondité venait en personne portant à quatre mains avec son candidat, escortés du préfet, la corne d'abondance d'où s'échappait en espérance les plus précieux trésors : ils disaient : Votez bien et vous obtiendrez. Les populations des campagnes, elles aussi, étaient accourues pour se confondre dans un même entraînement avec la population de la ville : le candidat du ministre portait un nom associé aux pronostics du temps par un illustre homonyme, et la connaissance du temps est si précieuse à l'agriculture. Tout concourait donc à embellir un si beau jour : les illusions de l'espoir sont si douces; illusions, hélas ! on eut le vote et l'on ne donna rien. Quelque historien peut être racontera plus tard ces déceptions et dira quel était le serpent caché sous ces fleurs ! L'auteur de ces *Souvenirs* était absent du canton d'Uzerche, lorsqu'eurent lieu ces manifestations et l'élection qui les suivit. Deux années après, il s'efforça vainement de défendre les droits méconnus de la ville d'Uzerche ; et à cette occasion fut prise la délibération du Conseil municipal mentionnée dans une note précédente.

que le temps strictement nécessaire, prit ses dispositions pour aller attaquer le repaire redouté du seigneur de Bonneval, le château de Blanchefort. Tout allait à sa particulière satisfaction, quand il se rencontra un esprit chagrin qui trouva à redire à la vocation militaire de l'archevêque de Bourges. Cet esprit malin faisait son séjour dans le corps du marquis de Pompadour qui adressa au ministre Le Tellier la lettre suivante :

« A Pompadour en Lymouzin, le 19 juillet 1652.

« Monsieur,

« M'estant rendu céans le 12 du courant pour y faire ma charge ensuite du commandement du Roy que monsieur l'archevêque de Bourges m'en avoit envoyé le 8, j'envoyai à l'instant un gentilhomme devers luy en donner advis et pour apprendre l'estat auquel il laissoit les affaires qui depuis quelque temps avoient pris un assez fâcheux cours par les mauvays déportements de monsieur de Bonneval. Mays m'ayant mandé qu'il vouloit avant son départ réduire cet homme à l'obéissance par la force de l'employ qu'il a fait de la noblesse des communes qu'il veut commander, j'ay creu qu'outre que l'indépendance de nos charges et la différence de nos professions ne me pourroyent permettre d'y servir avec luy, ainsy que je remontreray à Monseigneur le cardinal et à vous, Monsieur, cest hyver à Poictiers; j'y seroys encore inutile, veu l'apparence qu'il y a qu'il peult bien seul terminer cette affaire; et partant, je me dispose à m'en retourner à Rochechouart pour revenir aussy tost qu'il sera party, dont je vous supplie, Monsieur, de me faire la faveur d'informer Leurs Majestez et d'y ajouter la protestation inviolable de mes fidelles obéissances à leur service. La générosité dont il vous a toujours pleu m'obliger me fait encore espérer cette grâce que vous me croyez tel que je suis avec passion,

« Monsieur,

« Vostre très-humble et très-
affectionné serviteur,

« Pompadour [1] . »

Jean, marquis de Pompadour [2], baron de Treignac, lieutenant général des armées du roi et de la province de haut et bas Limousin, était d'une

[1] Lettre inédite, *Archives du ministère de la guerre*, vol. 134.
[2] Le marquis de Pompadour fut nommé chevalier du Saint-Esprit, en 1661 ; il mourut en 1684. Son fils, Jean, issu de son mariage avec Marie, vicomtesse de Rochechouart, mourut sans postérité : les deux sœurs de Jean, Marie et Marie-Françoise, épousèrent, l'une François, marquis d'Épinay-Saint-Luc, l'autre, François-Marie, marquis de Hautefort (voy. *Histoire généalogique* du P. Anselme).

maison non moins illustre que celle de l'archevêque de Bourges, plus considérable peut-être si l'on remonte aux premières origines. Les charges de gouverneur et de lieutenant général du Limousin avaient été également presque héréditaires dans sa famille : son aïeul, Geoffroy, seigneur de Pompadour, vicomte de Comborn, baron de Treignac, etc., avait été nommé par Charles IX gouverneur de cette province ; son père, Léonard-Philibert, vicomte de Pompadour, en avait été lieutenant général. Le marquis de Pompadour, homme de guerre, trouvait malséant de servir sous un homme d'église. Sa résistance sous ce rapport était mieux fondée que sous celui de l'indépendance des charges qu'il allègue, car les lieutenants généraux des provinces étaient bien réellement les subordonnés des gouverneurs et leurs suppléants en leur absence. Quand Louis XIV eut acquis l'apogée de sa puissance, la grande autorité des gouverneurs de province lui faisant ombrage, il rendit leurs charges simplement honorifiques en les retenant à la cour, et les lieutenants généraux remplirent leurs fonctions ; c'est ainsi que plus tard le comte de Grignan, gendre de la marquise de Sévigné, lieutenant général en Provence, fut investi en réalité de toutes les fonctions de gouverneur. Quoi qu'il en soit des raisons bonnes ou mauvaises du marquis de Pompadour, il ne s'en éloigna pas moins, en murmurant sans doute quelque propos semblable à celui du premier duc d'Epernon, lequel, outré de voir le cardinal de la Valette, son propre fils, et le cardinal de Richelieu commander les armées, reçut un jour, un bréviaire à la main, un envoyé du tout-puissant ministre, en lui disant dans son vieux langage : « Il faut bien que nous fassions l'office des capellans, puisqu'ils font le nôtre [1]. » Ce marquis de Pompadour qui portait haut la susceptibilité de l'honneur des armes, était un véritable homme de guerre. Il eut occasion, l'année suivante, de donner la mesure de sa valeur et de sa capacité militaires ; il fut le vengeur des défaites du marquis de Montausier et de bien d'autres, en battant à plate couture à Saint-Robert, dans le comté d'Ayen, le terrible colonel Balthazar.

L'archevêque de Bourges, avec une secrète satisfaction, put, en raison du refus de concours du marquis de Pompadour, continuer à lui seul ses préparatifs de guerre. Il n'avait pas négligé le soin capital pour assurer un succès, de s'entourer de forces supérieures ; il lui manquait, il est vrai, deux pièces de canon inutilement demandées à Limoges, mais il avait cinq mille hommes sous ses ordres, tandis que le château de Blanchefort, dé-

[1] Voy. l'*Histoire généalogique* du P. Anselme, art. d'*Épernon*.

pourvu d'artillerie, n'était défendu que par une garnison de cinquante hommes.

L'archevêque rend compte à Le Tellier de ses dispositions militaires, sans négliger de l'informer de certaines particularités relatives au seigneur châtelain :

« Monsieur,

« Je vous ay escrit, il y a huict jours, par l'ordinaire, les mauvais desseins de M. de Bonneval et les soins que je prenois pour m'y opposer. Ils m'ont obligé d'assembler les forces de mon gouvernement pour aller contre luy, en sorte qu'ayant beaucoup de trouppes, tant de la noblesse que des villes et communes du Bas-Limousin, je suis d'hier en ce lieu d'Uzarche.

« J'ay fait loger ces trouppes au nombre d'environ cinq mil hommes le plus près que j'ay pu du chasteau de Blanchefort appartenant audit sieur de Bonneval qui est à une bonne lieue d'Uzarche, allant à Tulle [1], dans lequel il y a une garnison de cinquante hommes qui empesche le commerce des dites villes et mesme le passage du grand chemin d'Uzarche à Brive ; cette garnison y faisant

---

[1] La route d'Uzerche à Tulle passait alors par Blanchefort et la Graulière ; ce tracé est indiqué sur la carte de France de Cassini ; la route ne suit plus aujourd'hui la même direction.

paraillement des courses vers le poste du Bariolet qui est de la dite terre de Blanchefort.

« C'est ce qui m'oblige, à commancer par un attachement à prendre ce chasteau, à tesmoigner audit sieur de Bonneval l'estat où je me suis mis d'empescher ses entreprises contre le service du Roy et la tranquillité de cette province.

« Présentement je viens de donner rendez-vous à touttes les dites trouppes au bourg de la Graulière, près ce chasteau, et vays y passer la nuict pour le faire attaquer ; je vous escriray par un courrier exprès le succès que j'en auray eu.

« Je croyais recevoir à Uzarche deux canons que j'ay demandez à la ville de Limoges ; mais ne s'estant pas trouvés pretz ; je me sers de l'occasion que j'ay assez de forces pour l'attaque de ce chasteau dont la garnison incommode extrêmement ces trois villes d'Uzarche, Brives, et Tulle, et tout le voisinage, et aussy pour ne laisser pas ce poste derrière moy, où il pourroit s'assembler plus de monde pour surprendre quelqu'une des dites villes, lorque je seray du costé de Bonneval :

« J'ay dépesché à Limoges, afin que les trouppes que je croy assemblées en ces quartiers là m'y attendent avec ces deux canons.

« Le dit sieur de Bonneval fait tous ses efforts pour avoir du secours de Périgord. J'ay prié M. le comte d'Arcour et aussy MM. de Montauzier et de Folleville qui ont des trouppes, et encore M. du Coudray-Monpensier qui en a pareillement vers le Rouergue, de faire suivre les trouppes ennemies qui voudraient venir en Limosin pour les enfermer en y arrivant, ce qui est cause principalement que j'ay assemblé le plus de monde que j'ay pû pour garantir la province autant qu'il est possible du dommage qu'elle receuvroit si les ennemis y avoient entrée comme le sieur de Bonneval s'est proposé les y pouvoir mettre. Je vous prie que si le Roy leur en escrit, et vous aussy, Monsieur, qu'ilz ayent à m'assister de quelques unes des dites trouppes, en cas de besoin, lors que je les pricray de m'en bailler et non autrement, et me faire avoir les dépesches que je leur feray tenir s'il est nécessaire.

« J'apprendz que la dame de Bonneval se dispose lorsque son mary se verra hors d'aparence de secours par les trouppes de Balthazar, à s'aller jeter aux picdz de la Royne pour obtenir grâce, et demander la confiscation des biens dudit sieur de Bonneval. On dit qu'elle a mesme tesmoigné qu'elle ne seroit faschée de cette confiscation, la pouvant obtenir comme elle le croyt, pour frustrer ainsy les enfants du premier lict des biens de leur père ; l'aisné desquelz elle a desjà fait sortir de la maison qui ne participe point aux mauvaises actions dudit sieur de Bonneval ; ce qui m'oblige à vous représenter les mauvaises conduites de ladite dame qui conseille fort le dit sieur de Bonneval, et à vous prier d'en informer Leurs Majestez qui en useront comme il leur plaira.

« Ce n'est pas d'aujourd'huy que ce chasteau de Blanchefort donne de la payne. Il aist un lieu de retraitte en tous les remumentz ; et on y est allé jusques à trois fois; celle-cy est la quatriesme fois. M. le maréchal de Schomberg l'a fait prendre du temps qu'il commandoit en cette province.

« J'ay près de moy M. du Verdier, conseiller au parlement de Bordeaux, fort zellé au service de Sa Majesté, et M. Blondeau, trésorier de France, que sa compagnie y a députté pour pourvoir au pain de munition, aux poudres, plomb et mesche et autres choses qui sont nécessaires, à quoy nous apporterons tout le mesnage qui se peut désirer.

« Il vous plaira, Monsieur, nous envoyer les ordres nécessaires pour valider le tout ; j'en ai prié pareillement Monsieur le surintendant et vous supplie me faire la grâce de croire toujours que je suis parfaitement,

« Monsieur,

« Vostre très-humble,

« Archevêque de Bourges. »

A Uzarche, ce vendredy 19° juillet 1652[1].

---

[1] Lettre inédite ; *Archives du ministère de la guerre;* vol. 134.

Lorsque sous la plume d'un historien se présente le récit à faire des siéges célèbres ou des grandes batailles, nulle nécessité pour lui de se transporter sur les lieux qui furent le théâtre de ces illustres actions : les documents nombreux, les cartes, les tableaux, les gravures, viennent à son aide pour lui éviter tout déplacement ; mais, s'il veut décrire des faits moins importants, ces moyens de s'éclairer lui font généralement défaut, et il devient d'autant plus opportun qu'il visite lui-même le théâtre de ces événements. Le siége de Blanchefort par l'archevêque de Bourges, nous a d'autant plus invité à faire par nous-même l'exploration des lieux que nulle histoire, pas même quelque chronique locale, ne l'a raconté ; et que nous en devons la révélation tout entière aux Archives du ministère de la guerre :

Par une belle matinée, nous partons à cheval, de notre château du Pin [1], situé à dix kilomètres au nord d'Uzerche. Notre itinéraire est de passer par cette ville ; mais nous ne l'abordons pas comme l'avait fait l'archevêque de Bourges, par la pittoresque descente du faubourg Sainte-Eulalie.

---

[1] Le château du Pin acquis par le père de l'auteur de ces *Souvenirs* a appartenu pendant plusieurs siècles à la maison de la Capelle Biron, branche de la maison de Carbonnières. Sous Henri IV, le seigneur de la Capelle-Biron fut gravement compromis dans la conspiration du duc de Bouillon, vicomte de Turenne ; voy. l'*Histoire de France*, par Dupleix.

Un tunnel moderne, invention excellente pour un tracé de chemin de fer, plus que médiocre pour une route, passant sous le faubourg, conduit au pied de la ville; au lieu d'une noire galerie, une simple tranchée à ciel ouvert aurait suffi. Nous nous engageons dans ce long et obscur pertuis, conception lumineuse de ce corps des ponts et chaussées qui a le privilége de former en France les ingénieurs ordinaires [1]. Pas une lampe n'éclaire, sous prétexte qu'il fait grand jour au dehors. Au milieu de cette savante obscurité, une lourde voiture dont le bruit seul nous révèle la présence, vient à nous croiser, nos chevaux, un domestique nous suivait, s'effrayent et se jettent dans l'attelage ; mais il y aurait mauvaise grâce à trouver malséant de rencontrer le péril quand on part pour une reconnaissance militaire! Le chaos se débrouille au milieu de quelques ruades, et nous revenons à la lumière à l'autre bout du pertuis.

Nous longeons sur la route en terrasse dominant la Vézère, la ville d'Uzerche déjà connue du lecteur ; au delà nous suivons pendant quelques kilomètres la route de Tulle ; puis nous nous jetons

---

[1] Au lecteur qui voudra s'édifier sur la décadence scientifique en France dont, malgré le préjugé, la cause remonte à l'institution de l'École polytechnique, nous recommandons la méditation d'une remarquable brochure : *l'École polytechnique et nos institutions militaires et scientifiques par un ancien officier* ; Lachaud, édit. Paris, 1872.

sur la droite dans des landes coupées de bruyères, de bois de châtaigners, de fondrières, à travers lesquelles s'aperçoivent quelques traces du passage des hommes et des animaux ; ces fils d'Ariane que nous saisissons à grand'peine, sont décorés du nom de chemins vicinaux. Nous pensions, en les suivant, que l'archevêque de Bourges avait été en définitive fort heureux de ne pas avoir reçu ses deux canons qu'il aurait été forcé d'abandonner dans quelque bourbier, abandon qui pourtant nous eût peut-être procuré le plaisir de faire la découverte de ces engins endommagés toutefois par une humidité contraire à leur tempérament. La réflexion nous fit revenir de ces suppositions sur les difficultés des communications en 1652 : si notre époque a fait d'incontestables progrès par l'invention des voies ferrées ; les voies secondaires, par suite d'une centralisation excessive, sont tombées dans une incontestable décadence. Quand les localités dépensaient chez elles presque toutes leurs ressources, l'État n'en absorbant que la plus faible partie, elles s'appliquaient ce proverbe : charité bien ordonnée commence par soi-même. Elles entretenaient donc convenablement leurs voies de communication, ce premier élément de la prospérité des campagnes. Aujourd'hui leurs ressources restreintes sont à la disposition de petits maires, qui, lorsqu'ils sont besogneux, ce qui n'est pas rare, et en outre munis de vues étroites et intéressées, ce qui est moins rare encore, bornent leur édilité au tracé et à l'entretien du chemin qui conduit à leur maison. Devisant ainsi avec nous-même, nous chevauchons jusqu'à un village de trois ou quatre maisons, comme sont la plupart des villages du Limousin, nommé le Chastenet ; quelques pas au delà nous découvrons le château de Blanchefort sur le versant opposé de la vallée.

En ce lieu prit souche une vieille famille ; mais, lorsqu'elle obtint son plus grand éclat, elle avait déjà quitté son berceau. Les Blanchefort, pareils à ces oiseaux parasites qui s'établissent dans le nid plus vaste et plus commode d'autres oiseaux plus industrieux, recueillirent deux titres éminents en devenant les continuateurs de deux maisons qui se sont éteintes dans leur alliance : héritiers de la maison de Créquy, ils devinrent ducs de Créquy ; héritiers de la maison de Bonne-Lesdiguières, ils devinrent ducs de Lesdiguières. Dès le commencement du quinzième siècle, le château de Blanchefort avait cessé de leur appartenir et était devenu la possession de la maison de Bonneval.

Le site du château de Blanchefort est triste et sans grandeur ; les contours des hauteurs qui dominent la vallée ne présentent aucune ligne pittoresque ; la vallée elle-même sans fertilité n'offre à l'œil que les gazons de quelques maigres prairies ;

la végétation s'étend comme une pièce de drap vert usé sur un fond de sol rouge qui apparaît çà et là. Nous avançâmes pour considérer de plus près le vieux manoir. En avant, un étang de médiocre grandeur offre sa chaussée comme chemin pour aborder la base d'un ancien rempart. Cette disposition est commune à un grand nombre d'anciens châteaux du Limousin ; ils se trouvaient ainsi défendus par une nappe d'eau sur l'une de leurs faces ; en outre, la possession des étangs ne pouvant être anciennement qu'une propriété seigneuriale, apportait par cette raison à la demeure son cachet de distinction. Nous descendons de cheval quelques pas avant de la chaussée, afin de tracer sur notre calepin une esquisse du château. La vieille demeure que rajeunit mal à propos un crépissage trop blanc, est élevée de deux étages de trois fenêtres chacun, et flanquée de deux tours déshonorées ; leurs mâchicoulis et leurs créneaux ont disparu ; les flèches jadis élancées de leur toiture ont fait place à deux petits éteignoirs en forme de champignons écrasés. Une enceinte fortifiée dont il reste pour vestiges quelques murs et une grosse tour en terrasse à demi rasée, environnait le manoir. Pendant que nous dessinions, quelque inquiétude nous parut naître dans la place : d'abord ma cavalerie disposée à l'entrée de la chaussée de l'étang (le lecteur que nous avons conduit au combat de Bléneau a reconnu

déjà que nous avions emprunté cette disposition
savante à Condé et à Turenne à l'étang d'Ozoüer),
ma cavalerie, dis-je, avait éveillé l'attention de quelques paysans; ensuite, comme je me servais d'une
lunette jumelle pour mieux reproduire quelques
détails, je remarquai qu'au lieu d'une seule fenêtre
ouverte au château lorsque j'avais pris mon poste
d'observation, il y en avait une seconde ; ma double
lunette était-elle prise pour les deux canons laissés
en arrière à Limoges par l'archevêque de Bourges,
amenés enfin, après plus de deux siècles écoulés,
pour être mis en batterie? J'achevai pourtant mon
croquis sans que la place eût tenté aucune sortie,
et je pus me rendre compte des dispositions militaires qu'avait dû prendre l'archevêque de Bourges.

La situation du château de Blanchefort était jadis
importante ; elle commandait la route qui conduisait d'Uzerche à Tulle, route qui, après avoir
passé sur la chaussée de l'étang, défilait sous les
remparts; de plus par la proximité du poste du
Bariolet, dépendance de la terre, elle se trouvait
commander la route d'Uzerche à Brive. Aussi l'archevêque avait-il jugé urgent de s'emparer de ce
château, avant d'aller attaquer celui de Bonneval situé à quelques lieues au nord-ouest d'Uzerche,
dans une contrée à travers laquelle ne s'ouvrait à
cette époque aucune route fréquentée. L'archevêque avait établi son quartier général au bourg de

la Graulière, au midi du château, par conséquent il devait avoir l'intention de diriger sa principale attaque du côté opposé à celui de notre poste d'observation : disposition sage, ne pouvant emporter la place que par un assaut. Sur cette face méridionale, l'ondulation du terrain domine le château à peu de distance; tandis que du côté opposé la colline brusquement coupée aux abords de l'étang augmente de toute sa hauteur la hauteur artificielle des murailles. Si l'archevêque avait eu ses deux canons retardataires, notre poste d'observation eût été certainement choisi pour l'attaque. De ce côté, le château se démasque en entier; et, contre l'artillerie, la hauteur même des constructions militaires du moyen âge devient une cause de faiblesse ; des murs battus à leur base ne peuvent que s'écrouler et ouvrir de larges brèches.

Quoi qu'il en soit, trop de chance heureuse ne permit à l'archevêque de Bourges que de fournir la preuve de ses talents pour les dispositions préliminaires d'un siége ; le commandant du château lui ravit l'occasion de donner la mesure de sa valeur dans le hasard des combats et de son impétuosité pour emporter les places de guerre dans une brillante attaque. Le sieur de Royer, lieutenant du comte de Bonneval, crut que la disproportion de ses forces lui permettait de signer honorablement une capitulation sans combat.. Il est certain que dans la lutte, il ne pouvait finir que par succomber ; mais il y a de glorieuses défaites.

L'archevêque de Bourges n'avait pas fait partir sa lettre du 19 juillet, attendant la suite des événements pour la compléter ; il put y ajouter le *post-scriptum* suivant:

« Depuis ma lettre escrite, j'ay à vous dire, Monsieur, que toutes choses estant disposées devant le chasteau de Blanchefort pour y donner l'attaque, celui qui commandoit dans la place s'est rendu selon le traitté dont vous avez la copie cy-jointe. J'ay mis garnison dans ladite place pour la tenir soubz l'auctorité du Roy.

« Ce samedy, 20e juillet 1652[1]. »

La capitulation obtenue était des plus honorables ; mais elle portait pour le comte de Bonneval l'engagement de licencier tous les gens de guerre qui tenaient garnison dans son château de Bonneval et à ne plus mettre d'obstacles à la levée des deniers royaux. Celui-ci dut hésiter à souscrire à ces conditions ; mais en présence des forces si supérieures qui le menaçaient, et ne voyant arriver nul secours de l'armée des princes occupée ailleurs à des opérations plus importantes, il signa le traité trois

[1] *Archives du Ministère de la guerre*, vol. 134.

jours après. L'archevêque en envoya au ministre la copie suivante :

« *Traité de M. l'Archevêque de Bourges avec M. de Bonneval.*

« M. l'Archevêque de Bourges, Gouverneur et Lieutenant-général pour le Roy en Limosin, ayant reçu les soubmissions que le Sieur de Royer luy a faictes de la part du Sieur comte de Bonneval, après avoir entendu le particulier de sa créance, a accordé ce qui s'en suit :

« Que la garnison que ledit Sieur comte de Bonneval tient dans son chasteau de Blanchefort en sortira avec armes et bagages et luy sera toute seureté donnée pour sa conduite jusqu'au lieu de Bonneval par le plus court chemin ;

« Que le chasteau de Blanchefort sera mis en suitte entre les mains et au pouvoir dudit Seigneur Gouverneur.

« Que le dit Sieur comte de Bonneval n'armera en aucune façon, n'y n'attirera aucunes troupes des autres provinces dans celle du haut et bas Limosin, qu'il n'empeschera directement, ny indirectement la levée des tailles et deniers royaux dans toutes ses terres, dans les bourgs et villages desquels les officiers de Sa Majesté auront toute liberté de faire valoir les contraintes en cas de refus et de non payement desdits deniers royaux, et ledit Sieur de Bonneval congédiera tous les gens de guerre qu'il a dans sa maison et terre de Bonneval, en sorte que ledit bourg soit libre.

« Et moyennant ce, ledit Seigneur Gouverneur n'attaquera pas ledit chasteau de Bonneval, et y laissera ledit Sieur de Bonneval demeurer paisiblement.

« Fait au camp devant ledit chasteau de Blanchefort, le vingtiesme juillet mil six cens cinquante deux. Ainsy signé : l'arch. de Bourges. Verdier, La Coste, Bonneval, Royer, Lentillac, Roffignac, et plus bas : par Monseigneur, Chrestien. »

« Ce traisté n'a esté signé par ledit sieur de Bonneval que le 23° juillet audit an 1652 [1]. »

Quelque bruit de l'aventure du comte de Bonneval était arrivé à Loret qui lui consacre des vers plaisants dans sa Muse historique [2] ; mais sans dire néanmoins un seul mot de l'expédition de Blanchefort ; nous donnons ces vers comme le seul document imprimé dont nous ayons connaissance sur cet épisode historique :

« On dit que le cas va fort mal
« Du sieur comte de Bonneval

[1] Document inédit ; *Archives du Ministère de la guerre*, vol. 134.
[2] Lettre intitulée *Circonspecte,* du 28 juillet 1652.

« Qui voulait mettre en ses cassettes
« Tout l'or et l'argent des Receptes
« Du haut et bas Limozin,
« Dont il eut fait grand magazin :
« Mais, du païs la populace
« Jugeant l'acte plein de fallace,
« Pour n'estre pas conforme aux lois,
« Et craignant de payer deux fois,
« Dont elle eût été courroucée,
« S'étant par troupeaux ramassée
« A, ledit Bonneval, siégé,
« Dont il est si fort affligé
« Qu'il demande avec grande instance
« Du sieur Balthazar l'assistance,
« Pour voir terminer ses mal-heurs,
« Mais il est empêché d'ailleurs [1]. »

Dès que le comte de Bonneval eût adhéré au traité, l'archevêque de Bourges s'empressa d'en porter la connaissance à Le Tellier par la lettre suivante, dans laquelle il ne ménage ses plaintes, ni contre le peu de zèle de la noblesse du haut Limousin, ni contre les habitants de la ville de Limoges qu'il se tient prêt à châtier à propos des deux canons dont le poids lui pèse toujours sur le cœur, ni contre le marquis de Pompadour. En revanche, il se félicite du zèle de la noblesse du bas Limousin et de celui de quelques personnes qu'il cite au ministre:

[1] On sait que la *Muse historique*, de Loret, était le journal en vers des événements de l'époque, comme la *Gazette*, de Renaudot, en était le journal en prose.

« Monsieur,

« Le courrier ordinaire estant passé, je vous dépesche exprès M. Blondeau, trésorier de France à Limoges, pour vous porter la nouvelle comme quoy le sieur de Bonneval s'est sousmis à demeurer dans son devoir; et vous diray, Monsieur, que la maison de Blanchefort demeurant au Roy tant qu'il plaira à Sa Majesté de la garder, mesme après la paix faite, je croy que Sa Majesté trouvera bon de la conserver par ce que cela obligera le dit sieur de Bonneval à ne rien entreprendre et facilitera mesme la levée des deniers des tailles; estant demeuré d'accord que le premier trouble qu'il fera le chasteau de Blanchefort sera razé, si le Roy le commande.

« Je suis obligé de vous dire que la noblesse du bas Limosin a tesmoigné grand zelle et fidélité au service du Roy. Pour ceux du haut Limosin, je n'en ay ouy que fort peu parler :

« Quant aux habitans de Limoges, je vous diray aussy qu'ilz sont allez très-lentement à aprester les deux canons que je leur demandois pour le service de Sa Majesté, sans lesquels il se fut perdu beaucoup de gens attaquant les places; mais devant que d'aller à Bonneval, j'avois résolu de m'en aller à Limoges avec ce que j'avois de troupes pour leur apprendre leur devoir aux occasions. Je vous prie de leur tesmoigner les manquements qu'ilz ont fait en cela.

« Pour M. de Pompadour, quelles dépesches qu'on luy aye faites pour le pouvoir voir et nous entretenir pour remédier à ces désordres, il n'a point paru, quoy qu'il soit venu à Pompadour assez près d'icy.

« M. de Meillars [1], depuis deux jours, m'a envoyé dire qu'il viendra servir le Roy et que n'estoit qu'il s'est trouvé malade, il seroit desjà venu, à ce qu'il me mande, et qu'il fait employ de ses amys; mais je croy n'en avoir pas besoin avec l'ayde de Dieu, si autre chose n'arrive. C'est ce que je luy ay respondu et mesme ay renvoyé ceux que j'avois assemblez, les ay priez de se retirer chacun chez soy, attendant nouvel ordre, pour ne pas fouler la province, et ne les eusse pas retenus un moment depuis le vingtième du mois, auquel jour je suis entré dans le chasteau, sans que le dit sieur de Bonneval n'a signé le traitté que le XXIII. Jusques là je les ay gardez auprès de moy à cause du peu d'asseurance qu'il y a en sa parole. Il y a beaucoup d'informations et de décretz contre luy faitz par le grand prévost de la généralité de Limoges. Je n'ay fait de despense que le moins qu'il m'a esté possible pour

---

[1] Daniel de Beaupoil, baron de Sainte-Aulaire, seigneur de Meilhars et de la Grénerie, frère utérin de Daniel de Cosnac. Voy. tome 1er, chap. 1er.

mesnager les deniers du Roy. Je vous prie, Monsieur, de m'envoyer l'ordre pour la validité du tout et celuy que vous voulez que l'on tienne pour la subsistance de la garnison que j'ay laissée dans ce chasteau, et le resgler avec monsieur le Surintendant. Il y faut plus de gens durant les troubles que quand out sera paciffié. Je croy la place assez importante au service de Sa Majesté pour la garder, ainsy que je vous diray lorsque j'auray l'honneur de vous voir. J'y ay mis soixante soldatz, un capitaine, un autre pour commander soubz luy, et quatre sergentz. Le dit sieur de Bonneval y avoit cinquante hommes et y faisoit entrer ceux de la terre touttes les nuictz. Il vous plaira régler aussy le nombre qui y doibz demeurer, car estant dans sa terre qui est assez grande où il y a des gens de sac et de corde, on doibz craindre une surprise.

« Je n'ay pas esté sans grande peyne pour régler les commandementz. Je vous supplie me vouloir donner les lettres de conseiller d'estat qu'il vous a plu me promettre pour M. de Fénis, président à Tulle. Il a veu ce que vous m'en avez escrit, ce qui m'engage à vous en supplier.

« M. du Verdier[1], conseiller au parlement de Bordeaux, et le dit sieur Blondeau, qui sont près de moy, ont servy et servent avec grande affection et fidé-

---

[1] N. de Saint-Marsault, seigneur du Verdier.

lité. Je vous supplie me vouloir renvoyer au plus tost le dit sieur Blondeau.

« J'ay retenu le régiment de Gransay jusques après le dit traitté signé; et, cela faict, je l'ay renvoyé avec l'attache sur sa routte pour la suivre, et les ordres que vous luy avez donnez. Je vous supplie tousjours me faire l'honneur de croire que je suis,

« Monsieur,

« Vostre très-humble et très-
obéissant serviteur,

« Arch. de Bourges. »

« A Tulle, le 25ᵉ juillet 1652[1]. »

De Tulle, l'archevêque de Bourges se rendit à Ussel, probablement pour faire quelque séjour à Ventadour, château de sa famille, et pour visiter son abbaye de Meymac qui en était proche. Il adressa cette nouvelle lettre à Le Tellier sur l'affaire qui le préoccupait :

« Monsieur,

« J'ai recu la dernière des vostres du xᵉ du courant et la lettre du Roy en mesme temps, laquelle je fais imprimer pour en distribuer partout où il faudra.

[1] Lettre inédite ; *Archives du Ministère de la guerre*, vol. 131.

« Je vous prie me mander combien de garnison vous désirez qu'on mette à Blanchefort; et ordre ensuitte pour la subsistance; et enfin ce que je doibs faire pour ce sujet.

« Je vous ay escrys plus amplement par le courrier que j'ay envoyé en cour informer Sa Majesté de ce qui s'est passé entre le comte de Bonneval et moy. Cette raison m'empesche de vous en dire davantage. Je vous assureray seulement que je fais profession d'estre parfaitement,

« Monsieur,

« Vostre très-humble et très-affectionné serviteur,

« Arch. de Bourges. »

« Ussel, 30⁰ juillet 1652 [1]. »

La correspondance de l'Archevêque avec Le Tellier se termine par cette lettre :

« Monsieur,

« Estant sur le point de partir de cette province pour aller à Bourges, selon la permission qu'il a plu au Roy m'en donner et que vous m'avez envoyée, dont je vous ay obligation très-particulière,

---

[1] Lettre inédite; *Archives du Ministère de la guerre*, vol. 131.

je vays dépescher à Monsieur de Pompadour pour l'en advertir, ainsy que je le luy ay promis lorsque je luy ay envoyé la lettre qu'il a receüe sur ce sujet de Sa Majesté. Touttes choses sont calmes de deçà, grâce à Dieu. Je marque aussy par ma lettre à M. de Pompadour que je luy remetz le chasteau de Blanchefort, afin qu'il soit conservé par ses ordres soubz l'autorité du Roy; puisqu'il a esté remis par le Sieur de Bonneval au pouvoir de Sa Majesté pour le garder tant qu'il luy plaira. Je vous supplie, Monsieur, qu'il en soit escrit audit Sieur de Pompadour, ou qu'il plaise à Sa Majesté ordonner qui elle voudra qui en demeure chargé, et donner pareillement les ordres nécessaires pour faire subsister ceux qui y seront. En les attendant, j'ay chargé les habitans de l'enclave dudit Blanchefort de fournir sur ce qu'ils doivent des tailles la subsistance de la dite garnison, à cause qu'ils sont beaucoup en reste, et c'est ce que je peux vous en escrire,

« Monsieur,

« Vostre très-humble et très-affectionné serviteur, »

« Archev. de Bourges. »

« A Ussel, ce 6ᵉ aoust 1652 [1]. »

---

[1] Lettre inédite; *Archives du Ministère de la guerre*, vol. 134.

On lit aisément entre les lignes par lesquelles l'archevêque de Bourges remercie le ministre de lui avoir permis de retourner dans son diocèse, que ce retour avait été bien moins sollicité par le prélat que par le marquis de Pompadour. Celui-ci avait posé le départ de l'archevêque de la province comme condition de son propre retour pour remplir les fonctions de sa charge. Ce différend entre les deux personnages ne se termina pas à la satisfaction de l'archevêque. Une dépêche de Le Tellier au marquis de Pompadour, en date du 15 février 1653, conféra à ce dernier l'autorité entière de gouverneur de la province du Limousin, l'archevêque de Bourges, y est-il dit, étant obligé de résider dans son diocèse. Cette sorte d'interdiction militaire infligée au prélat guerrier dut le froisser vivement, car elle fut suivie de l'abandon de sa charge de gouverneur du Limousin. Il la rendit, par résignation du 18 mai 1653, au duc de Damville, son frère, que la cour avait forcé naguère à s'en demettre en raison de son attachement à la personne du duc d'Orléans. Aussi la reprise de possession du duc de Damville ne fut-elle admise qu'à titre temporaire; il devait transmettre cette charge à leur neveu commun, le duc de Ventadour, dès que celui-ci aurait atteint l'âge de dix-huit ans. Le roi revint peu de temps après sur ces arrangements qu'il avait autorisés;

mais il éprouva une vive résistance de la part du duc de Damville qui fut exilé [1]. Moyennant quatre cent mille livres et quelques autres avantages, le roi exigea des deux frères leur démission pure et simple, sans aucune réserve pour leur neveu [1].

L'archevêque de Bourges eut pour successeur dans le gouvernement du Limousin un guerrier illustre par d'autres faits d'armes que la prise du château de Blanchefort, ce fut le maréchal de Turenne. Le nouveau gouverneur prêta serment entre les mains du roi le 16 juin 1653 [3], et ses lettres

[1] « Paris, 18 mars 1653. — Le duc de Damville ayant refusé la démission du gouvernement de Limosin et le Conseil estant d'ailleurs mal satisfait de luy, M. de Brienne luy porta le 14 du courant au soir l'ordre de se retirer à Bourdeaux près de Vigny, qui est une maison appartenant à madame de Ventadour, sa mère, et située trois lieues au-delà de Pontoise. Il fut prendre congé de la reyne et partit le lendemain 15 au matin; et M. l'archevêque de Bourges l'y ayant accompagné, l'on croyait d'abord qu'il eust le même ordre ; mais il n'avoit esté donné qu'à ce duc. » *Relation* inédite déjà citée; Bibliothèque nationale, Fonds de Sorbonne, n° 1257.

[2] *Archives du Ministère de la guerre*, vol. 139. Document intitulé : *Mémoire des choses accordées par le roy à M. le duc de Damville pour tenir lieu de la récompense qu'il a plu à Sa Majesté de lui accorder pour le gouvernement du Limousin.* Ce mémoire porte au bas cette mention : Fait double à Paris, le 12me jour de juin 1653; puis les signatures : *Le Tellier, Damville.*

[3] *Gazette de France*; Paris le 21 juin 1653 :

« Le 16 le mareschal de Turenne ayant presté entre les mains de Leurs Majestez le serment du gouvernement du Limosin, prit congé d'elles, partit de cette ville pour aller à Fismes joindre l'armée du Roy qu'il doit commander. »

de provision furent enregistrées au parlement de Guyenne au mois de décembre de la même année[1].

Après l'épisode dont nous venons de faire le récit, la province du Limousin rentra dans un calme que la Fronde ne devait plus troubler qu'une dernière fois, en l'année 1653.

[1] *Gazette de France*; La Réole, 16 décembre 1653 :
« La semaine dernière, furent registrées au parlement de Guyenne transféré en cette ville les lettres de provision du gouvernement du Limosin dont le mareschal de Turenne a esté pourveu par le Roy, en considération des grands services rendus à Sa Majesté dans ses armées, et particulièrement aux derniers troubles. »

CHAPITRE XXXIV.

Retour aux événements de Bordeaux et de la Guyenne. — Nécessité de la résidence à Bordeaux du prince de Conti. — Sa petite cour; ses favoris. — Maladie de ce prince. — Daniel de Cosnac ranime dans son cœur les sentiments de piété. — Il gagne son affection. — Lettre inédite, du 30 juin, de don Louis de Haro au prince de Conti sur son chapeau de cardinal. — Les bonnes dispositions du prince disparaissent avec la maladie. — Billet inédit du prince de Conti à Lenet. — Lettre inédite de Lenet au prince de Condé, du 1er juillet. — L'Ormée reprend son ascendant; nouvelles de la Gazette. — Lettre inédite de Lenet à Saint-Agoulin, du 5 juillet. — Divergence de politique entre les princes de Condé et de Conti. — Lettre inédite du prince de Condé à Vilars, l'un des chefs de l'Ormée. — Fragments d'une lettre inédite de Lenet au prince de Condé, du 15 juillet. — Le prince de Condé se range à la politique du prince de Conti. — Lettre inédite de Lenet au prince de Condé, du 18 juillet. — Alliance de la France avec le Portugal. — Procédés du comte du Dognon. — Lettre inédite, du 24 juillet, du prince de Condé à Lenet, lui ordonnant de satisfaire le comte du Dognon dans toutes ses prétentions.

(1652.)

La classification des événements de la Fronde entre les lieux principaux où ils se sont passés, nous ramène à Bordeaux un peu en arrière de certains faits militaires en Guyenne, le siége de Villeneuve d'Agen et le départ du comte d'Harcourt, que nous avons racontés et dont incidemment la correspondance de Lenet nous entretiendra parfois encore.

Depuis la dernière apparition que le prince de Conti avait faite à l'armée, lors de sa rapide excursion en Périgord, les difficultés révolutionnaires que présentait la situation intérieure de la ville de Bordeaux ne lui permettaient plus de s'en éloigner. Sa présence était indispensable pour maintenir dans des limites jour par jour calculées, le parti du désordre, point d'appui nécessaire, et pour empêcher les conseillers de la petite Fronde et la haute bourgeoisie de donner les mains à l'armée du roi, afin d'arriver à la conclusion de la paix. Le prince de Conti se sentait d'ailleurs porté à la guerre par élans brillants plutôt que par une vocation soutenue. La vie de Bordeaux, malgré les agitations populaires, convenait mieux que la vie des camps à sa nonchalance naturelle, d'autant plus que ces agitations si violentes, si sanglantes même, demeuraient respectueuses pour le nom de Condé et pour le sien. Le flot mugissant venait toujours expirer à ses pieds, n'y laissant en se retirant que son écume ; celle-ci toutefois lui inspirait plus d'un dégoût. Ce prince vivait donc environné par la tempête dans un calme relatif : il conduisait des intrigues de cœur ; sans compter sa malheureuse passion pour madame de Longueville, il avait des relations de sentiment plus effectives. Il était aussi entouré d'une petite cour à laquelle ne manquaient ni le vernis trompeur, ni l'élégance, ni l'esprit mordant, ni les vices parés, pour rappeler les grandes cours. Naturellement aussi il avait ses flatteurs.

Le comte de Barbézières-Chémerault [1], élégant et spirituel mauvais sujet, Sarrasin, secrétaire des commandements du prince, se partageaient d'un commun accord le titre de favoris. Le marquis de Sarsay qui venait souvent à Bordeaux chargé de missions du prince de Condé, était aussi du nombre de ses compagnons de plaisir ; mais comme il était plus occupé de la sœur que du frère, il n'entra jamais bien avant dans la confiance du prince [2]. Le silence gardé sur son compte par les Mémoires de Daniel de Cosnac nous en est le garant. Barbézières et Sarrasin appuyaient et développaient à l'envi le penchant du jeune prince pour la dissipation et le plaisir ; le premier était inventif ; le second donnait de l'entrain et du piquant aux moindres bagatelles.

[1] François, comte de Barbézières-Chémerault, d'une ancienne famille du Poitou, était le troisième fils de Geoffroy de Barbézières, seigneur de la Roche-Chémerault et de Louise de Marans. Nous rencontrerons dans le cours de cette histoire divers incidents de son aventureuse vie.
[2] Voy. t. 3, p. 187.

Dans leurs complaisances résidait tout le secret de leur faveur.

Marchant dans une voie différente qui lui était tracée par la gravité de la profession à laquelle il se destinait, Daniel de Cosnac aspirait non moins, mais par de meilleurs motifs, aux bonnes grâces du prince. Déjà il les avait obtenues dans une certaine mesure, lorsque, sur ses instances, ce prince s'était rendu à l'armée de Marsin. Se réservant pour les solides et bons conseils auxquels la vivacité de son esprit devait prêter quelque charme, Daniel de Cosnac voyait, non sans dépit, ses deux rivaux d'influence donner des avis plus séduisants que les siens et bien autrement écoutés. Découragé par cette lutte trop inégale, il aurait abandonné la partie, s'il n'avait été retenu par des considérations que lui-même fait connaître :

« Ces réflexions firent naître dans mon esprit pour la troisième fois l'envie de me retirer, et je l'aurais sans doute suivie, si mon aversion naturelle pour ma province, augmentée encore par le goût que j'avais pris pour la cour pendant le peu de temps que j'y avais demeuré, ne m'eût fait résoudre à tenter les derniers efforts pour éviter le malheur de m'en aller faire un séjour éternel en Limousin[1]. »

---

[1] *Mémoires de Cosnac*, t. 1, p. 12.

La patience, la persévérance, l'assiduité auprès du prince de Conti, furent les moyens employés par Daniel de Cosnac pour se maintenir. La politique qui devait se développer de plus en plus sous ce règne, consistant à dégoûter la noblesse du séjour des provinces pour la rattacher étroitement à la cour, avait fait germer chez lui des goûts précoces. Il dut se résigner même à ménager les deux favoris pour qu'ils ne prissent pas ombrage de sa présence. Il se soutenait sans progrès dans cet état de faveur subalterne, lorsque une circonstance vint en aide à ses désirs.

Le prince de Conti fut atteint d'une fièvre quarte dont les accès sévissaient avec violence. La maladie, comme le malheur, est la pierre de touche qui permet de discerner les attachements sûrs des amitiés frivoles. L'épreuve ne fut point à l'avantage des deux favoris. Les soins à donner à un malade, l'assiduité auprès de sa personne pour le distraire, se conciliaient mal avec les habitudes de leur vie de dissipation et de plaisir. Daniel de Cosnac au contraire, constamment dans la chambre et au chevet du malade, prit sur eux ses avantages. Le prince, sensible à ses soins, lui fit dans son cœur une part de sincère affection; il lui confia la favorable impression qu'il ressentait de sa conduite comparée à celle de ses deux amis. Le nouveau favori, par générosité en partie, par prudence plus encore, ne voulut point abuser contre eux du ressentiment du prince. Il redoutait le revirement que pouvait amener la guérison. Une raison cependant semblait devoir le rassurer contre cette mauvaise chance : ses conseils aidant, la maladie avait inspiré au prince des réflexions sérieuses ; touché des sentiments d'une vraie piété, il avait conçu le désir de vivre désormais selon les devoirs de sa profession ecclésiastique. Cette résolution n'aurait plus permis au prince de Conti de continuer ses rapports d'intimité avec ses deux favoris, si ceux-ci, avec une hypocrite souplesse, ne s'étaient pieusement transformés. Ils s'empressèrent même chaque jour de venir servir la messe dans les appartements du prince qui fut persuadé de la sincérité de leur conversion.

Cette lettre de don Louis de Haro au prince de Conti ne pouvait arriver dans une conjoncture plus opportune :

Monsieur,

« Le sieur de Saint-Agoulin m'a mis en main celles dont vous m'avez honoré en date du 12 du mois passé. Je tiens bien chère la faveur que vous m'y faite, et que je désire mériter aux occasions qui se présenteront de votre service.

« Le roy fait de nouvelles instances pour vostre

chapeau, et vous envoie le *duplicata*, afin que vous-
mesme en procuriez bonne adresse. Au surplus,
vous pouvez, Monsieur, estre certain que Sa Majesté vous continuera ses bons offices avec un désir extrême d'en avoir une heureuse issue, et que
pour moy j'y contribuerai à même fin tout ce qui
sera de mon pouvoir, désirant d'avoir encore plus
d'occasions de vous en donner des preuves, afin de
vous montrer par les effets que je suis, Monsieur,
votre très-humble et très-obéissant serviteur.

« Don Louis Mendès de Haro.

« Madrid, ce 30 juin 1652 [1]. »

Il ne fallait pas moins que la disposition d'esprit dans laquelle se trouvait le prince de Conti
pour lui faire trouver agréables les assurances et
la perspective que lui apportait cette missive du
ministre d'Espagne. Les idées du monde avaient
jusque-là germé plus volontiers dans sa tête et
dans son cœur que les sentiments de la vocation
religieuse. Être le chef d'un parti, le général d'une

---

[1] Portefeuille du prince de Condé. *Bibliothèque nationale.*
Fonds français, n. 6731, f° 121.
Cette lettre a été publiée dans la *Collection Michaud* avec
quelques erreurs; nous l'avons collationnée nous-même sur
l'original.

armée, devenir l'époux d'une femme de haute origine ou de grand crédit par son entourage, convenaient mieux aux inclinations d'un prince qui avait été proclamé, à l'origine des troubles à Paris, généralissime de la Fronde, qui s'était distingué par son courage à Staffort et à Miradoux, qui avait failli épouser mademoiselle de Chevreuse. Don Louis de Haro répondait bien davantage aux vues particulières du prince de Condé qu'aux aspirations personnelles du prince de Conti ; mais le hasard des circonstances fit arriver sa lettre à propos. La pourpre en définitive était mieux qu'un froc de nature à séduire le prince de Conti et pouvait apporter quelque consolation au sacrifice. Dans les premiers jours de sa convalescence, il partageait son temps entre la prière et la lecture de l'histoire ecclésiastique et des conciles. Croire toutefois à la persévérance de ses pieuses résolutions, serait mal connaître ce prince au temps de sa jeunesse. Les résolutions durèrent ce que dura la maladie ; avec la guérison elles s'évanouirent. Les deux favoris revenus en même temps de leur piété factice, reprirent leur empire. Daniel de Cosnac retint néanmoins de cette maladie une affection plus solide de la part du prince et une confiance plus grande que par le passé.

Au terme de sa convalescence, mais ne sortant pas encore, le prince de Conti ayant repris le soin de ses affaires, écrivit à Lenet, atteint aussi de la fièvre, le billet suivant[1] :

« M. mon frère m'ayant remis l'affaire de ces lieutenants-généraux, j'ay faict sonder la pluspart des mareschaux de camp, il n'y en a pas un qui ne donne les mains de tout son cœur à M. de Chavagnac[2], ainsi je luy ai fait faire des provisions de lieutenant-général que je lui donnerai aujourd'huy ; car pour le marquis de Fors, il n'a qu'à se tenir le cœur gay. Je vous prie de m'envoyer aussi par ce courrier une trentaine de pistoles. Vous voyez que je ne suis pas un gueux qui demande grand'chose. Quand je vous verrai, je vous dirai pour quoy c'est faire. Je n'ai plus de fièvre. Je souhaite que vous soyez de même ; car je pense disner chez vous un des premiers jours que je sortiray.

« Ne m'envoiés point cet argent en grosse monnaie.

« On vous portera un placard qui vous fera voir de quelle importance il est de chasser promptement messieurs du parlement à l'exception de sept ou huict que vous savés. Il est aussi tout à faict néces-

---

[1] Billet inédit que le prince de Conti a signé seulement de l'initiale de son prénom d'Armand. — Manuscrits de Lenet. *Bibliothèque nationale.* Fonds français, n° 6707, f° 249.

[2] Il était gouverneur de Sarlat et frère de Gaspard, comte de Chavagnac, qui a laissé des *Mémoires.*

saire, puisqu'il n'y a plus rien à mesnager avec le parlement, d'ordonner aujourd'hui un quartier de rabais pour les artisans.

« A. »

Ce billet qui nous apprend la promotion de Chavagnac au grade de lieutenant-général au détriment du marquis de Fors[1] dont l'échec est tourné en plaisanterie, nous fait connaître, outre quelques incidents, la fâcheuse ligne de conduite politique qui avait alors les préférences du prince de Conti.

Lenet, toujours fidèle au prince de Condé, après avoir en termes empreints d'amertume reproché à ce prince son oubli et son ingratitude dans une récente circonstance, nous initiera avec détail à la gravité des événements :

« A Bourdeaux, ce 1ᵉʳ juillet 1652.

« Comme je n'ay jamais eu de passion plus forte que de passer le reste de ma vie, ainsy que j'ay faict tout ce qui en est passé jusqu'icy dans le service de V. A. et de sa maison, je ne peux m'empescher de dire avec liberté que je suis surpris au dernier point d'avoir apris de science cer-

---

[1] Le marquis de Fors, le second frère probablement de mademoiselle du Vigean, voy. t. 1ᵉʳ, p. 146.

taine qu'elle n'a fait aucune proposition pour moy
daus celles qu'elle a faites pour tous ses serviteurs,
quand on en a fait pour la paix. Si ma fortune estoit
assez grande pour soustenir ma famille, je ne
vous tesmoignerois pas ce mal de cœur ; mais
comme elle est si médiocre que je ne puis continuer à vivre comme j'ai vescu depuis quelques
années sans la ruiner entièrement et que ce me
seroit une honte éternelle de me voir le seul abandonné en un rencontre comme cesluy-cy où toute
la France sait que j'ay agi avec honneur et fidélité,
trouvez bon, Monseigneur, que je vous face souvenir de ce que je vous ay dit plusieurs fois que je
vous serviray jusqu'à la mort sans vous importu-
ner tant que vous serez malheureux et hors d'estat
de faire pour les vostres ; mais que quand vous
pourrey les avancer, et que vous m'oubliriez, vous
me mettriez au désespoir. J'ay adjousté que je ne
prétendois rien au préjudice de M. le Président
Viole, je vous le répète encore, et c'est peut estre
que V. A. croyant qu'elle ne pouvoit en ceste occasion que pour l'un de nous, elle a si peu de
soing de l'autre. Mais souvenez-vous que vous
m'avez promis qu'en ce cas de quelque manière
qu'on réglast le Conseil vous m'y maintien-
driez [1], que vous me donneriez des emplois qui

---

[1] Lenet était conseiller d'État.

me seroient sortables et du bien d'Église à mes enfants.

« Je ne vous dis pas cecy, Monseigneur, pour vous estre à charge, ny pour vous contraindre; mais seulement pour vous faire voir que je souhaitte tenir ma fortune de vous, éviter le mépris de tout le monde, où je tomberay par celui que vous feriez de moy, et vous faire avouer que je ne ferai rien contre mon devoir, quand par impuissance vous m'aurez réduit à une retraicte qui ne sera pourtant jamais tant que l'estat présent de vos affaires continuera. J'ay deschargé mon cœur à M. de Marchin et à V. A., et après cela je n'en parlerai à âme vivante, et serviray jusqu'à la paix avec toute la fermeté dont un homme est capable.

« Depuis ma dernière lettre du 27 du passé, on tint un conseil pour adviser à ce qu'il y auroit à faire pour remettre l'Ormée en son debvoir. Ceux de la grande Fronde qui y estoient comme MM. de Tarangue et de Grimard, qu'on eust toutes les peines du monde de retenir, ne firent que se piquoter continuellement; enfin comme toute la petite Fronde et fort grand nombre des *plattes* [1]

---

[1] Nous n'avons rencontré dans aucun historien cette expression pour désigner un des partis de la ville de Bordeaux; elle était probablement propre à Lenet, et devait qualifier des gens indécis et sans vigueur; Ce parti semblerait répondre à celui que l'on a dénommé *la plaine* dans la Convention.

avoient protesté de ne point entrer au Palais tant que ces gens là seroient maistres de l'Hostel-de-Ville, et qu'il importe que la compagnie soit la plus nombreuse qu'il se pourra pour remédier à l'estat présent des affaires, on résolut de travailler à les en tirer. Mon advis qui fut suivy de M. de Marchin et de plusieurs autres, estoit que S. A. de de Conti prit la peine d'aller luy-mesme à l'Hostel-de-Ville prendre par le poing le capitaine qui la gardoit pour l'Ormée, le mettre dehors, y restablir les jurats et leur donner des gardes auxquels ils pussent prendre créance. Mais il ne fut pas suivy. M. de Moucha dévoué toute sa vie et particulièrement dans les dernières guerres pendant que Madame estoit icy, et qui maintenant s'est glissé dans cette Ormée, y est accrédité et couche dans l'Hostel-de-Ville où il donne les ordres ; il fallait luy dire d'en sortir et à six autres députez de quitter le poste et le laisser à la garde ordinaire.

« Le 28, sur une lettre que je receus de M. de Vatteville qui m'advertissoit de l'arrivée d'une petite frégate qui apportoit une partie des fonds de ceste lettre de change que Saint-Agoulin nous avoit apportée ; je me résolus d'aller à Bourg et aussy pour le faire escrire, comme je fis de mon costé, audit Sr de Saint-Agoulin touchant ceste affaire du compte. J'y allay donc et trouvay qu'il n'y estoit arrivé que trente mil patagons du Pé-

rou qui ne vallent pas les deux tiers des autres.
M. de Vatteville me dit que je prisse de ceste
somme celle que je voudrois ; qu'il estoit honteux
de me présenter si peu et enragé contre tout le
ministère d'Espagne qui le laissoit icy si longtemps
dans des espérances en l'attente desquelles il pé-
rissoit ; que si je prenois le tout, il n'avait qu'à
mander son armée navalle, embarquer tout ce
qu'il avoit à Bourg et se retirer en Espagne pour
ne pas mourir de faim à Bourg ; enfin il m'offrit
la moitié de ceste somme, et après vingt mil patagons. Là-dessus je me mis en la plus forte colère qu'il me fut possible et luy fis une sommation
par escrit, par laquelle je le sommai d'accomplir
le traité en hommes, argent, vaisseaux et munitions. Je luy représentai l'armement naval qui se
fait contre nous en Bretagne et ceux, où le bruit
icy, de Portugal, de Suède et d'Angleterre. Je pro-
testai de la dépérition de nos troupes et de nos
places arrivée et à arriver, faute d'avoir de leur
part satisfait audit traité, comme il y a été satisfait
de la vostre ; comme aussi de l'impossibilité en
laquelle vous estes de soustenir tout l'effort de la
guerre sans vous fournir ce à quoy ils sont obligés ;
et là-dessus, sans vouloir recevoir aucune chose,
je me retiray disant qu'il dépendoit de M. le prince
de Conti d'accepter ou de refuser les 20,000 patagons, et y laissai Le Vacher pour y attendre ses

ordres ; cependant que je vous allois dépescher un courrier pour vous en donner advis, et vous conjurer pour éviter la perte de V. A. et de vostre maison et de vos amys, d'accepter les grands avantages qu'on vous offre depuis si longtemps et que vous n'avez refusés que pour satisfaire au désir que vous avez tousjours eu de donner la paix à la chrestienté et de tenir la parolle que vous avez donnée au roy d'Espagne ; et me retirai de la sorte.

« Du 29. Je viens d'arriver de Bourg ; j'ai trouvé à mon retour que l'Ormée avoit proposé de chasser promptement les quatorze proscrits, les capitaines de ville qui n'ont pas voulu prendre les armes par leurs ordres, et le dédommagement des veufves et des blessez faits au combat du Chapeau rouge. Pour les premiers, M. le Prince de Conty m'a dit qu'il leur avoit respondu qu'ils se retiroient eux-mesmes, qu'il avoit desjà fait expédier tous leurs passeports ; quand aux seconds, qu'ils donnassent la liste des suspectz et qu'on la jugeroit au conseil establi pour cela ; et quant aux troisiesmes qu'il y pourvoiroit ; cependant qu'il vouloit qu'on rendist les chevaux et meubles du président Pichon qu'ils avoient pour seureté de cela.

S. A. m'a dit encore qu'ils estoient tous hors de l'Hostel-de-Ville et mesme M. de Moucha, et qu'il n'y restoit plus que la garde ordinaire, et m'a commandé d'aller à Bacalan chercher tous ceux de la petite Fronde qui y estoient et les inviter de rentrer au Palais.

« J'en viens, je les ay ramenés, à la réserve de MM. de la Roche et de Guionnet qui veullent absolument aller trouver V. A. à Paris, quelque instance et quelque prière que j'aye peu leur faire de demeurer. Les autres disent que ceux de l'Ormée estant tousjours maistres de l'Hostel-de-Ville, puisque la garde ordinaire qui y reste dépend d'eux, il n'y a point de seureté ny de liberté pour eux au Palais ; que ceux de la grande Fronde triomphent si haultement de leur abaissement, que MM. de Blaru, de Rémond et les autres ont dit ce matin en opinant qu'ils estoient de l'Ormée, que M. de Boucault-le-Rousseau avoit proposé de les arrester tous prisonniers ; qu'ils n'opinent tous qu'en leur disant des injures, que de les souffrir il est fascheux, et de les repousser ils seroient accablés ; enfin tout ce que j'ay peu faire, ça esté de les ramener et empescher qu'ils ne quittassent la ville.

« Je propose, il y a longtemps, de se faire tous d'un party et de mettre la branche d'ormeau au chapeau, depuis M. le prince de Conti jusqu'au dernier de la ville, afin que tout le monde estant en droit d'aller à toutes les assemblées, l'advis des honnestes gens prévalut, comme V. A. fit autrefois à l'assemblée de la noblesse. Je serois d'advis aussy qu'après cela on fist ceste procession générale qui avoit esté résolue, quand on donna l'amnistie, et après oster ceste grosse garde des portes et de conséquent de l'Hostel-de-ville, pour désarmer petit à petit le peuple qui reprenant son travail ordinaire quitteroit l'humeur de sédition. Plusieurs sont de ce sentiment-là ; mais d'autres croyent qu'il yroit beaucoup de leur honneur de monstrer qu'ils ont faibli en les faisant d'un party qu'ils ont voulu abattre ; enfin il fault tout gaigner avec le temps et l'argent ; icy veullent faire en un jour ce qu'on ne debvroit faire en un an.

« Je viens de recevoir vostre dépesche du 24 du passé par laquelle voyant que le calme remis à Bourdeaux vous avoit fort pleu, je me confirme dans la croyance que ceste rescheute vous faschera fort. Je l'ay dit ainsy, de vostre part, à tout le monde et remonstré le tort qu'elle fera à vos affaires. Je les invitte tous à la paix et à la réconciliation les uns avec les autres. Tous ceux-là de la grande Fronde n'en veullent ouïr parler en façon quelconque ; et, disant qu'ils ne veulent point de mal aux autres, se mettent insensiblement et par forme de confidence à en dire tous les maux imaginables. Je ne fais autre chose que d'adoucir tant que je puis de tous costés, et cela me donne plus de peyne que tout le reste des affaires qui par nostre pauvreté sont très-fascheuses et difficiles à soustenir. J'ay fait rendre toutes vos dépesches.

« Du 30 juin. M. de Marchin dit qu'on se moque quand on croit que M. de Baltazard et luy sont mal ensemble, et croit qu'il est fort maistre de l'Ormée. Il se plainct de ce que l'on a promis à la Roque de le faire mareschal de camp au voyage qu'on a faict à l'armée ; que cela débauchera tous les colonels, si on luy accorde, et le rebutera, si on luy refuse.

« Les bruicts de paix ont extrêremement réjouy ceste ville où l'on commence fort de se lasser de la guerre, particulièrement depuis la violence de ceste Ormée, et je continue tousjours de vous dire à songer à estre l'âme de la campagne avant les vendanges ou vous résoudre à perdre Bourdeaux, et que l'Ormée et tous les autres professent tousjours publiquement vostre service. Il n'y a que tous ceux qui sont abattus que j'entends parler, et beaucoup disent qu'ils aiment mieux dépendre du peuple que du diable.

« Je n'ay jamais peu mettre dans la teste de ceux qui poussent les quatorze suspects de les empescher de rentrer au Parlement ; mais pourtant les garder dans la ville de crainte qu'ils veuillent establir un Parlement ailleurs comme j'ay appris sous main qu'ils veulent faire ce coup icy ; mais l'animosité particulière est telle que quand on dit cela à leurs ennemis qui les poussent, ils disent que s'ils le font, on bruslera leurs femmes et leurs enfants dans leurs maisons [1].

« Du premier juillet. Ceux de l'Ormée sont allés trouver S. A. pour presser l'exécution de leurs demandes. C'est à ceste heure un nommé Prade, ung prestre mathématicien du collège de........, qui dit qu'il a veu dans les astres que Bourdeaux doit estre une puissante république, qui porte toutes les parolles ; ce qu'ils pressent le plus est de dédommager les veufves et blessez. Sur quoy j'ay dit à M. le prince de Conty qu'il debvoit leur faire donner quelque chose par forme de libéralité et chârité ; et par effort nous avons emprunté pour cela quatre mille livres, afin de finir les clameurs, et le menu peuple ne pas faire une affaire de cet article qui lui tient au cœur plus qu'aucun autre, et faire rendre plus promptement ce qu'ils retiennent au président Pichon qui fait une vie non pareille, aussi bien que le président d'Affis qu'il fault visiter deux fois le jour et que les archers n'osent quitter de peur qu'il ne se defface luy-mesme.

« Ceste Ormée a proposé aujourd'hui une chose nouvelle qui est de donner des passeports à MM. de Tarangues, Bordes et Mirat, accordant, disent-ils, aux instantes prières de S. A. le président d'Affis. Mais comme M. le prince de Conty estoit adverti

[1] C'étaient évidemment ces menaces qui avaient effrayé le conseiller du Burg ; voy. t. 3, p. 170.

par l'un d'eux de ce qu'ils avoient à proposer, et prié de leur part de ne pas escouter pire là dessus et au contraire de les gourmander, parce que cela ne partoit point de leur mouvement, mais de la sollicitation de quelques-uns de la grande Fronde qui les avoient fort pressés, à ce point qu'ils n'avoient peu s'en défendre. S. A. leur a parlé avec vigueur là dessus, et s'en sont retournés sans oppiniastrer.

« J'ay supplié S. A. de pénétrer par ceux qui luy ont donné cet advis qui sont ceux de la grande Fronde qui ont voulu cela, afin qu'on leur destache M. de Chavagnac de la part de V. A. comme sur des gens qui manquent de parole.

« Je ne voys personne qui face rien icy avec habileté ; ils vont comme leurs passions les poussent, et tout le raisonnement du monde ne peut les faire changer.

« Avec tout cela je trouve dans la ville un air assez calme ; ils ne vont que trente aux assemblées et elles se font dans l'Hostel-de-ville. On va patienter encore là dessus ; il fault à mon sens tout adoucir jusqu'à ce qu'on puisse ou qu'on veuille maintenir tout dans le debvoir par auctorité ; et si le guet peut mieux conserver Bordeaux aux dépens de ceux qui seront oppiniastres, je croy pourtant qu'il ne faudra venir à aucune extrémité et que tout ira de mieux en mieux.

« M. le duc[1] et Madame de Longueville sont depuis avant-hier chacun chez eux. Vilars a discontinué d'entrer, quelqu'uns le jalousant.

« M. Dureteste n'est pas entré aussy tous ces jours icy à cause d'une cheutte qui l'a blessé au pied.

« M. de Villeneufve, le frère de feu Cauderroque, est party pour traiter un restablissement de commerce entre Toulouse, le hault pays, et Bourdeaux. M. le comte d'Harcour a donné les mains, à la réserve des grains et des munitions de guerre.

« Je crois que tout cet équipage de mer qu'on prépare n'est que pour nous attaquer devers les vendanges, et se saisir de l'entrée de la rivière pour empêcher nostre secours d'Espagne. Sur quoy il sera fort à propos de faire deux choses : l'une, que V. A. parle à l'ambassadeur du Portugal, à Paris, et de prendre des mesures avec luy pour empescher lesdits vaisseaux dont on nous menace et qui s'équipent assurément en ce pays-là, où l'on dit hautement que c'est pour la rivière de Bordeaux ; l'autre, est d'adviser s'il n'est point expédient de faire rentrer nos vaisseaux à l'embouchure de nostre rivière d'où ils secourreroient facilement Brouage, en cas de besoing, et empescheroient tousjours les vaisseaux estrangers de prendre ce poste sans donner un combat que

---

[1] Le jeune duc d'Enghien.

celui. qui est posté livreroit tousjours avec grand avantage au dire de tous les cognaisseurs. Il faut adjuster tout cela avec M. du Dognon.

« La nécessité nous contraint de désarmer nostre grande galère pour espargner 4,000 livres par mois ; mais nous la donnerons à M. de Vatteville, qui a près de 2,000 Espagnols dont une partye ne luy coustera pas plus là dessus qu'à terre, aussi bien que les mathelots qui luy sont venus, et nous promettra par escrit de nous la rendre toutes les fois qu'on voudra, et d'en garder Blaye; de sorte que nous l'aurons sans l'avoir à nos dépens.

« J'ay fait cesser les fortifications faute d'argent. Je fais ce que je puis pour emprunter vingt mil escus sur gages avec assignation sur la cargaison d'octobre, par ce qu'avec cela et le peu que je prendray maintenant à Bourg, j'envoiray de quoy faire une demye monstre aux trouppes, qui se montera environ à trente mille escus, et donnerai un mois à M. du Dognon pour les munitionnaires. Comme on leur doit quantité d'argent ; je me contenteray de leur donner de petites sommes de temps en temps pour rouler ; car ils n'oseroient me quitter de peur de tout perdre. En un mot, je leur feray avancer tout ce qu'ils peuvent avoir gagné et, après que nous serons en argent comptant, nous entrerons en compte exact et juste.

« L'advis est arrivé à Madrid, ainsi que Saint-
Agoulin me l'escrit par sa lettre du 2 du passé, par
le vaisseau qui a coustume de venir avant les galions, qui est arrivé à Séville, et qui dit qu'il les a
laissés se mettant en mer pour achever leur voyage.
Ils n'ont jamais esté si chargés, et sont attendus de
jour en jour. Ledit sieur de Saint-Agoulin me
mande qu'il a esté fort bien receu audit Madrid, où
l'on estoit fort en alarme de vostre accommodement, jurant cresme et baptesme qu'on satisferoit
jusques au dernier teston à l'arrivée des galions.
J'ay veu la lettre que vous escrivez à M. de Marchin. Je vous puis asseurer qu'on ne sauroit plus
fortement presser ny M. de Vatteville, ny M. Don
Louis, ny Saint-Agoulin que je fais. Je n'y perds
pas un moment de temps et y travaillons tousjours
de mesme sorte. Si l'on fait la paix aussi tost que
l'on le dit, nous aurons un peu de relasche.

« On ne peut rien adjouter à la joye de M. le
prince de Conty et de Madame de Longueville, depuis qu'ils ont sceu que V. A. avoit adjusté avec
M. d'Angoulesme l'affaire de Provence dont ils ont
donné part à tous leurs serviteurs [1].

« Il se peut que les longues lettres que V. A. re-

[1] Voy. ci-après l'explication de cette joie dans la lettre du 5
juillet de Lenet à Saint-Agoulin. Du reste l'affaire de Provence
n'avait pas répondu aux espérances du parti des princes ; nous
n'avons donné le dénoûment au chap. 30.

çoit de moy deux fois la semaine vous ennuyent furieusement; mais il me semble que je ne puis vous instruire assez bien de vos affaires [1]. »

Il n'y a rien de nouveau sous le soleil, rien ne se voit, ou ne se fait, qui n'ait été déjà vu et se soit fait; l'année 1652 avait ses suspects et ses victimes, comme 1793 et 1871 ont eu les leurs ; seulement il était réservé à notre époque de progrès prétendu, puisque le progrès matériel y est accompagné d'une déchéance morale, de descendre plus bas encore les échelons du crime. Nous voyons la populace, comme ces gardes nationaux mercenaires de 1870 et de 1871 et leurs dignes compagnes, ne se préoccuper au milieu des désastres publics que de questions de bas intérêt; Lenet nous dit que ce qui tenait le plus à cœur à cette tourbe était de l'argent pour les blessés et les veuves de ceux qui n'avaient été victimes que parce qu'ils avaient marché pour le renversement de l'ordre social. Enfin Lenet reconnaissait que la mesure de sécurité la plus essentielle était le désarmement du peuple; cependant l'on était en pleine guerre, le peuple pouvait combattre des adversaires sur le champ de bataille, s'il l'avait voulu ; mais comme ces gardes prétoriennes de nos cités révolution-

---

[1] Minute inédite; *Bibliothèque nationale.* Manuscrits de Lenet. Fonds français, 6708, f° 1.

naires dans notre malheureuse guerre contre la Prusse, il trouvait moins périlleux et plus conforme à ses mauvais instincts de tourner ses armes contre des concitoyens, et d'user de sa force pour le pillage et l'incendie. Vainement Lenet désire renvoyer les ouvriers au travail, lui-même est entraîné plus qu'il ne le croit par ce mouvement qu'il voudrait enrayer ; volontiers il ferait de l'ordre avec le désordre; une branche d'ormeau sur tous les chapeaux ne lui déplairait pas ; il voudrait organiser une procession générale qui ressemblerait beaucoup à celles des fanatiques de la Ligue, à Paris. Le parlement qui pourrait avoir une influence considérable pour le maintien de l'ordre, s'il était uni, se déchire par ses rivalités. Les conseillers de la grande Fronde, pour mieux écraser leurs collègues de la petite, affichent la prétention singulière d'être affiliés à l'Ormée. Enfin l'aveuglement est tel que Lenet ne peut faire comprendre qu'il est plus habile en se contentant de leur interdire l'entrée au parlement, de garder dans Bordeaux les conseillers suspects de la petite Fronde, qu'il ne le serait de les chasser, parce qu'ils pourraient transporter ailleurs le parlement lui-même.

Nous retrouvons jusqu'au programme d'une république destinée à rendre le désordre légal, république dont un fanatique appuie l'espoir sur des visions.

Depuis que la cour concentrait autour de Paris tout l'effort de ses armes, la Fronde de Guyenne n'avait guère devant elle d'obstacles sérieux ; mais alors qu'elle semblait toucher au triomphe, ses troubles intérieurs et ses vices organiques préparaient sa ruine.

L'Ormée, qui avait cessé d'être comprimée, avait repris ses avantages. Paris, en 1871, nous offre encore le plagiat des agissements de Bordeaux, en 1652. Ouvrons la *Gazette* du temps ; elle nous raconte sous la rubrique de Bordeaux, 4 juillet 1652 :

« L'Ormée continue ses assemblées et a déclaré que le pillage fait en quelques maisons du Chapeau rouge serait déclaré de bonne guerre et employé pour faire panser les blessés et récompenser les veuves dont les maris ont été tués. »

Comme la violence et le désordre ne suffisent pas pour créer des ressources, mais que bien au contraire l'oisiveté populaire qu'elles engendrent en tarit la source, l'appui d'un secours étranger devenait d'autant plus nécessaire à la Fronde de Guyenne ; mais ces secours, en argent surtout, étaient lents à se produire. Alors Lenet, pour stimuler l'Espagne, chargeait l'envoyé à Madrid du prince de Condé de faire entrevoir à cette puissance la Guyenne perdue, la paix imminente ; enfin, dans une ardeur qui trouva peu d'écho à la cour d'Espagne, il lui demandait la vente des joyaux de la couronne pour secourir la Fronde. Voici les instructions inédites envoyées à M. de Saint-Agoulin :

« Bourdeaux, ce 5 juillet 1652.

« Je vous escrivis, il y eust aujourdhuy huict jours, par la voye que vous m'avez escrit jusques ce présent et vous envoyray le double de toutes mes lettres de mesme sorte que vous me le marquez par la vostre du 18 de juin que je viens de recevoir, pour response à laquelle je vous diray que je faictz savoir à Son Altesse tout ce que vous m'escrivez fort ponctuellement et qu'elle me mande qu'elle approuve fort vostre conduite.

« Vous verrez par la copie des nouvelles que M. Viole m'escript de la part de Son Altesse l'estat des affaires de Paris et l'extrême confusion où sont toutes choses, de là, vous jugerez en quel estat se trouveroit S. A. pour donner une paix généralle à la chrestienté, utile aux deux couronnes, s'il estoit assisté de S. M. C. suivant le traité ; mais il m'escript par toutes ses lettres qu'il n'est non plus secouru d'argent du costé de Flandres que de celuy de Guienne et qu'il a quasi engagé tout son bien pour soustenir son armée et ses places. Il me mande et m'ordonne qu'on presse, sans donner un moment de relâche, M. Don Louis pour exécutter le traité et luy faire fournir les hommes, argent, vaisseaux et munitions promises et qu'on luy face considérer qu'il fault de nécessité qu'il le secourre ou qu'il face la paix, si on l'abandonne comme l'on fait. Il adjouste qu'il veult croire par consolation que ce n'est pas (comme tout le monde luy fait persuader) par malice, et que rien ne porte S. M. C. et M. Don Louis [1] à ne luy pas fournir, que l'impuissance ; qui à l'esgard de S. A. est une mesme chose ; et que j'asseure tousjours l'un et l'autre par mes lettres et par vous, que quelques traitez que la nécessité extrême, l'union de M. le duc d'Orléans et de ses amis qui périssent faute d'argent, luy puissent faire faire, il ne sera jamais, qu'avec la participation de S. M. C. et conformément à ses traités. Voilà ce qu'il me commande de vous escrire de sa part ; quant à la mienne, je vous diray que toute la Guienne est perdue pour nous sans ressource. Villeneuve d'Agenois se défend tousjours bien depuis 22 jours : c'est M. le marquis de Théobon qui le deffend. Après ceste place perdue, Bergerac, Périgueux et Libourne et Sainte-Foy périront les uns

---

[1] Ce pléonasme de faire précéder le nom du premier ministre d'Espagne, Louis de Haro, de la double qualification, ayant le même sens, de Monsieur et de Don, est certainement une faute ridicule ; mais elle était passée en usage, nous la rencontrons à chaque instant dans les documents de cette époque.

après les autres pour ne pouvoir maintenir nos garnisons sans pain et sans argent ; nostre cavalerie nous quitte sans la pouvoir arrester faute d'argent. Si on prépare des vaisseaux dans toutes les costes de France, on arme en Angleterre et en Portugal contre nous. M. Du Dognon ne peut plus se maintenir sans argent. C'est-à-dire que quand les vendanges approcheront, il faudra nous rendre la corde au col ; quand mesme nous pourrions nous maintenir jusques à la Noël dont nous sommes bien esloignés. On ne nous tient parole en rien et nous ne nous sommes soustenus jusques ici que par fermeté et courage et parce que nous n'avons pas esté pressez aussy vigoureusement que nous nous sommes defendus. J'avois dit à S. E.[1] en faisant le traicté, que je la suppliois de ne rien promettre qu'on ne peut tenir, et que comme S. A. estoit extraordinairement ponctuelle, elle vouloit qu'on le fût aussy à son endroit ; et je vous confesse qu'encore que je le sache le plus courageux de tous les hommes, je ne me serois jamais persuadé qu'il l'eust peu estre jusques au poinct que de soustenir, comme il a fait, les efforts de toutes les armées du royaume et de tant d'offres avantageuses qu'on luy a faites, de tant de presse que ses ennemis luy ont faite pour le porter à une paix particulière et luy remonstrant mesme

---

[1] Don Louis de Haro.

le plaisir qu'il y auroit à se venger contre ceux qui luy avoient donné de si grandes espérances et si peu d'effect; mais la créance qu'il a tousjours eue qu'il ne manquoit pas de bonne foy, mais seulement de pouvoir à S. M. C. et à S. E. le fit tout souffrir jusques icy.

« Depuis quatre mois, nous avons reçeu seize mil patagons à compte de quarante mil qu'on nous promit à la fin de ce mois et nous n'avons aucune autre espérance que sur les galions qui est à vray dire une chançon au misérable estat auquel nous sommes; de sorte qu'il a fallu que, par commandement de Leurs Altesses qui sont icy, j'aye fait à M. le baron de Vatteville la sommation ci-joincte; vous la ferez voir à S. E. et tout ce que je vous mande sans déguisement et sans façon; car vous savez que je suivray toute ma conduite ordinaire dans les grandes affaires, comme dans les petites, qui est d'y agir avec sincérité.

« Remonstrez luy aussy de ma part que je ne puis consevoir par quel principe on ne vend pas les pierreries de la couronne plustost que de laisser périr un homme du poids de S. A. qui se trouve en sa posture; qui est dans Paris avec une armée aux portes; Madame sa femme dans Bordeaux; et dans toutes les places fortes de Guienne avec une armée pour le soustenir; qui ont en Champagne, Bourgogne et Berry les places qui y sont; à propos de quoy je vous diray qu'asseurement Montrond qui est d'un prix inestimable périra dans quinze jours. Tous les hommes y sont morts de faim et de peste depuis près de dix mois de siège ; on l'attaque maintenant par force depuis qu'on a sceu qu'il n'y avoit pas cent hommes de reste et on le bat de vingt pièces de canon. J'en ay un regret mortel, et on ne peut jamais rien donner à S. A. qui vaille cela. Il y perdra, outre la considération et la place, plus de trois millions. Il fault louer Dieu de tout.

« Et, pendant tout cela, on donne le mal de cœur que vous savez à S. A. de luy refuser M. de Guise, sur quoi elle vous ordonne de ne pas donner un moment de relâche ; rien au monde ne le touche tant que cela.

« Mandez à M. de Guise que M. le prince de Conti a traité avec M. d'Angoulesme pour le gouvernement de Provence dont il a présentement la démission, ce sera une affaire à exécuter après ; mais j'ay parolle de Leurs Altesses de traiter avec mondit seigneur de Guise du gouvernement de Champagne et de Brie et de savoir de luy ce qu'il en voudroit donner ; rien ne luy est plus commode à cause de Guise, de Joinville, de la Lorraine, Saint-Disier, et parlez-en à S. E. et voyez avec M. de Guise ce qu'il voudra dire là dessus ; si vous ne nous l'envoyez promptement, vous allez asseurément rebutter M. le Prince. Je l'ay tant dit que je n'en veux plus parler.

« Les affaires de Bordeaux sont assez tranquiles, et le bon est que tout est pour nous et que la chose ne va qu'à un peu de jalousie des partis. Au reste vous avez le diable au corps de me chiffrer des niaiseries. Adieu, je suis tout à vous et de tout mon cœur.

« Je vous prie, cherchez-moy une belle et exellente haquenée; car je veux aller à l'aise. Adieu [1]. »

Au dos est écrit : A M. de Saint-Agoulin, le 5 juillet 1652.

Les dépêches de Lenet au prince de Condé et à Saint-Agoulin nous ont fait connaître dans tous ses détails la situation de la Fronde à l'intérieur, dans la Guyenne, et sa situation diplomatique au dehors; mais le simple billet qui les précède, du prince de Conti à Lenet, rapproché de la lettre qui va suivre, du prince de Condé à l'un des chefs de l'Ormée, accuse entre les vues des deux frères une divergence prononcée.

Le prince de Conti veut se jeter sans regarder en arrière dans la faction de l'Ormée; à bon marché pour sa cause, afin d'enchaîner à son char la popularité, il veut remettre aux artisans une partie

---

[1] Minute inédite. Manuscrits de Lenet ; *Bibliothèque nationale.* Fonds français, 6708, f° 31.

dé ce qu'ils doivent pour leurs loyers; il déclare qu'il n'y a plus de ménagements à garder avec le parlement, qu'il faut en chasser les membres; il ne fait d'exception que pour sept ou huit. Il est vrai que ce prince était, au moment où il écrivait, sous l'impression de la vive irritation que venait de lui causer la lecture d'un de ces nombreux placards édictés par le parti du parlement et de la bourgeoisie; qui, chaque nuit, affichés dans les rues et les carrefours, livraient, chaque matin, son honneur et celui de sa sœur au mépris et au scandale. Le prince de Condé, au contraire, jugeant les choses avec plus de sang-froid, tenait essentiellement à ce que le parlement ne fût pas expulsé de Bordeaux. Cette faute eût facilité le projet de la cour de transférer ce corps dans quelque autre ville. A part cette imprudence à l'endroit du parlement, dans le rapprochement absolu qu'il jugeait nécessaire avec l'Ormée, le prince de Conti ne faisait que marcher en éclaireur dans la voie de la politique définitive que devait adopter son frère; mais à laquelle celui-ci, malgré sa connivence habituelle avec l'Ormée, n'était pas arrivé encore d'une manière aussi absolue.

Le prince de Condé, en effet, accentue tout différemment la ligne qu'il veut suivre dans sa lettre de reproches et de pardon à l'avocat Vilars [1],

---

[1] Nous avons adopté pour écrire le nom de Vilars son orthographe véritable qui n'est pas celle suivie par le prince de Condé.

lettre qui nous révèle cette particularité que ce prince ne dédaignait pas de correspondre directement avec l'un des deux principaux chefs de l'Ormée :

« *A Monsieur de Villars, avocat du parlement, à Bordeaux.*

« Monsieur de Villars, vos deux lettres du 18 et 22 du mois passé m'ont esté rendues. Je les aurais lues, avec plus de joye que je n'ay fait, sy au lieu d'y remarquer une suite de divisions entre le parlement de Bordeaux et de l'Ormée, j'avois pu apprendre que tous ces désordres pussent cesser. C'est à quoy je veux une fois pour toutes que vous et tous ceux qui me voudront persuader qu'ils m'aiment, travaillez de tout votre pouvoir et sincèrement, n'ayant aucune affaire qui me fasse tant que celle-cy, et ce qui me donne encore plus de déplaisir, c'est de voir que certaines gens s'attachent à entreprendre de mes meilleurs amys comme sont M. le président d'Affis, MM. de Taranque, de Mirat, de Borde et plusieurs autres dont je suis très-satisfait, et qui, dans toutes rencontres, ont signalé de telle sorte leur affection pour mes intérêts, qu'il n'est pas permis d'avoir le moindre soupçon de leur conduite. Sur le premier avis du désordre qui arriva au Palais, j'envoyay un de mes amys avec des lettres qui font assez cognoistre ma juste colère sur ce violent procédé. Faictes donc savoir sans remise, en cas que le porteur de mes premières lettres ne soit pas arrivé à Bordeaux, à tous les bourgeois de l'Ormée qu'ils facent toute la considération qu'ils doivent faire du parlement ; qu'ils se gardent bien de rien entreprendre contre la majesté d'une compagnie si auguste, et de faire en sorte qu'ils demeurent dans le respect qui luy est dû, surtout que nul ne soit sy hardy que de faire ou de proposer aucune assemblée sans l'ordre exprès de M. le prince de Conti, mon frère. Je veux croire que vous agissez tous par un mouvement de zèle pour moy dont je vous remercie, mais je veux absolument qu'il soit réglé comme mon frère vous le dira. Je luy envoie une copie de la présente, afin qu'il en fasse scavoir le contenu à tous les bourgeois de l'Ormée, lesquels en usant envers luy et envers Messieurs du parlement comme je vous le mande, recevront toujours des marques de mon amitié et de ma protection et vous pardonne.

« Je suis, Monsieur de Villars,
« Votre meilleur amy,
« Louis de Bourbon [1]. »

Les instructions du prince de Condé à Vilars pres-

---

[1] Lettre inédite. Manuscrits de Lenet; *Bibliothèque nationale*. Fonds français, 6707, f° 259.

crivaient la modération ; mais ainsi qu'il arrive le plus souvent lorsque celui qui veut dirriger les événements est éloigné du théâtre où ils s'accomplissent, les événements avaient marché depuis ceux auxquels fait allusion la lettre du prince ; son programme était devenu à peine applicable au fond, et ne l'était déjà plus pour les détails. Nombre de proscrits étaient partis, les Ormistes étaient en pied dans le gouvernement de la cité ; chaque matin trente de leurs délégués venaient siéger à l'Hôtel-de-Ville ; sur ces trente délégués, quinze devaient être changés tous les quinze jours ; les précautions soupçonneuses sont de l'essence des démocraties. Du reste Lenet lui-même, bien que très-parlementaire par goût et par position, mais appliqué sur toutes choses au succès, avait pris son parti de la situation nouvelle, il trouvait même que l'Ormée agissait avec quelque modération et se déclarait satisfait.

Nous extrayons de sa lettre adressée au prince de Condé à la date du 15 juillet 1652 les passages les plus intéressants sur la situation de Bordeaux et sur un incident qui avait fait naître une rupture entre le prince de Conti et le comte du Dognon :

« De Bordeaux, ce 15 juillet 1642.

. . . .

« Les trente entrent soir et matin à l'Hostel-de-Ville ; du reste tout va avec assez de modération. Ils s'assemblèrent hier pour changer quinze des trente, comme ils font de quinzaine en quinzaine, pour lire leurs despesches et faire response. Ils font les reigles pour l'union de l'Ormée, comme de solliciter ses procès, prester de l'argent aux pauvres, réconcilier les querelles et soutenir, disent-ils, au péril de leur vie, qu'ils ont voix délibérative dans l'Hostel-de-Ville et non pas consultative, comme les jurats ont tousjours prétendu. Au surplus, tout est fort tranquille. Ils prennent tousjours leurs mesures pour faire les desputés de la Jurade par les cent et les trente et ensuite les jurats à leur mode. Je n'ay rien à adjouter à ce que j'ay dit là-dessus à Vostre Altesse par les deux ou trois derniers ordinaires. Quand l'envoyé que nous vous avons demandé sera icy, il agira suivant ses ordres. Pour moy je suis tout à fait content de la manière dont l'Ormée semble vouloir agir désormais, et je vais tousjours mon train dont je me trouve très-bien.

. . . .

« Tous les proscrits sont allés à Dax à l'exception du président Pichon qui est encore à La Chartreuse. Chacun croit qu'ils y établiront un parlement. Je m'imagine tousjours que laissant icy de quoy respondre du mal qu'ils nous feroient, ils y songeront plus d'une fois.

« M. de Mirat est fort malade d'une fièvre continue, M. de Thibault aussy.

« La lettre que Vostre Altesse a escrite à M. d'Affis est venue bien à propos pour le consoler, il la fait voir à tout le monde......

« M. de Lusignan a repris la ville de Langon et mis le feu à l'esglise qui capituloit cette nuit. Je crois qu'aujourd'huy ou demain le chasteau en fera autant; M. d'Espagnet vient d'y aller.

« Il y a quelques jours que sur un avis qui vint à M. le prince de Conty que le Plessis-Bellière avoit quitté Marennes, Son Altesse envoya dans le dessein de secourir Villeneufve un ordre au régiment de Conty et de Chouppes de desloger d'Oléron et Brouage et se rendre à Libourne (le tout supposé que M. du Dognon fût en estat de s'en passer). Il escrivit mesme dans ce sens. Blasson a rapporté que M. le comte du Dognon avoit deschiré la lettre et dit qu'il ne seroit jamais ami ni serviteur de M. le prince de Conti et qu'il chercheroit toute sa vie les occasions de s'en venger; qu'il avoit envoyé (sur les bruits de Bordeaux) offrir retraite à Madame de Longueville et à luy; mais qu'il rétractoit dès à présent sa parole, qu'il les verroit tirer la langue d'un pied sans leur donner secours; que son régiment pouvoit partir, que pour celuy de Chouppes, il le retiendroit; que pour Vostre Altesse, il estoit son serviteur; qu'il y estoit engagé et qu'il s'y tiendroit ferme jusques au bout; enfin plusieurs discours de cette nature.

« Le dit sieur de Blasson estant prest de s'embar-

quer à Oléron, M. du Chambon y arriva qui luy dit
de ne point sortir. Il respondit que rien ne pourroit
l'en empescher. Chambon répliqua qu'il luy deffen-
doit, et qu'il scauroit bien se faire obéir, fit mettre
les habitants sous les armes; Blasson, son régiment,
marcha et vint. M. le prince de Conty est en grande
colère contre luy disant qu'il a voulu tailler en pièces son régiment, et je gagerois que le pauvre diable de Chambon alloit à la bonne foy le recevoir,
attendant qu'il pust donner avis à Son Altesse que
M. du Dognon en avoit besoin et de la manière dont
il prenoit la chose. M. le prince de Conti est fort piqué contre ledit sieur comte. Il en a fait des plaintes publiquement et m'a dit qu'il ne nuiroit pourtant pas au gros, et que je pouvois en user comme
je voudrois, sans qu'il s'en meslast. Madame de
Longueville m'en ayant autant dit et ajousté que j'y
renvoyasse mesme Conti, si je voulois. Sur quoy j'ay
despeché à Brouage et mandé à M. du Dognon que
les ordres de M. le prince de Conti avoient fait un
effet bien contraire à ses intentions que je luy ay
expliquées, et prié M. du Chambon de m'esclaicir
de tout. Cependant je luy ai offert toutes choses de
la part de Votre Altesse et continue de faire tout ce
que j'ay acoustumé par toutes occasions et luy donner part de l'estat des affaires de Paris, comme en
ayant charge expresse de Votre Altesse, et mesme de
celles de Guyenne. Quand j'auray de quoy luy en-

voyer, je n'y manqueray pas ; mais il y a quasy deux mois que je ne soutiens cette affaire que par emprunts. Nostre demie monstre n'est pas encore faite, il ne tient pas à moy. J'attends qu'on vienne la quérir, et j'ay une grande partie des fonds.

« J'ai escrit à M. de Marchin d'envoyer à Brouage quelque corps pour remplacer celuy de Conti et faire toutes les amitiés possibles à M. du Daugnon. Je m'assure qu'il n'y manquera pas.

« J'envoie à Votre Altesse la response des capitaines à une lettre que M. le prince de Conti leur rendit de sa part, suivant que je luy mandois par le précédent ordinaire. Voilà, Monseigneur, tout ce que j'ay à luy dire par celuy-cy; que Madame et Monseigneur le duc se portent bien ; que M. le prince de Conty a eu son oppression assez forte depuis trois ou quatre jours, et Madame de Longueville a une grande fluxion sur le visage avec douleur des dents, pour laquelle on la saigna hier et aujourd'huy. M. d'Auteuil se porte mieux et ira, à ce qu'on croit, jusqu'à la chute des feuilles. Je prie Dieu, Monseigneur, qu'il conserve Votre Altesse et qu'il me donne les occasions de vous tesmoigner combien je suis à Elle. — Souvenez-vous des vendanges [1] ! »

Le prince de Condé, lorsqu'il fut mieux instruit

---

[1] Minute inédite. Manuscrits de Lenet. *Bibliothèque nationale.* Fonds français, 6708, f° 66.

de la marche rapide des événements, n'avait pas attendu l'arrivée de cette lettre de Lonet pour adopter sa politique et celle du prince de Conti de se ranger du côté le plus fort ; car il dépêcha à Bordeaux le marquis de Sarsay porteur d'une dépêche datée de Paris, le même jour 15 juillet, dans laquelle, entre autres choses, il écrit à Lenet :

« ... Vous asseùrant que je persiste toujours dans la pensée de nous joindre tous à ceux de l'Ormée, puisque ce parti se trouve de beaucoup plus fort que l'autre, et que l'on n'a peu le réduire ni par adresse, ni par auctorité, cê que je crois qu'il vault mieux faire que de hazarder de perdre Bourdeaux, en faisant autrement.

« Quant aux jurats, mon advis est qu'on les face de ceux qui sont dans les intérests de l'Ormée, pour nous acquérir tout-à-faict ces gens-là, pour arrester leur fougue. Après quoy, les mesmes jurats estant obligés de maintenir l'auctorité de la magistrature, ils travailleront eux-mesmes, avec le temps, à la destruction de l'Ormée ; c'est ce qu'il faut que vous expliquiez à M. de Mirat et à mes autres amis, afin de leur oster tout objet de plainte, leur donnant asseurance que tout le plus tost qu'il se pourra je travailleray au rétablissement de leur auctorité[1]. »

[1] Manuscrits de Lenet ; lettre publiée dans la collection Michaud.

La politique conseillée par Lenet, la nouvelle politique tracée par le prince de Condé, celle pour laquelle le prince de Conti avait pris les devants, sans attendre ni instructions, ni conseils, finissaient donc par se rencontrer dans un parfait accord : s'appuyer sur l'Ormée, non point parce qu'elle est le parti le plus honorable et le meilleur, mais parce qu'elle est le parti le plus puissant. Avec une finesse politique digne d'être remarquée parce qu'elle était rare chez ce prince, le prince de Condé observe que favoriser le triomphe de ce parti est le moyen le plus certain pour amener sa ruine. Combien de fois depuis cette époque, nos révolutions ne nous ont-elles pas prouvé que les hommes de désordre arrivés au pouvoir sont, dès le lendemain de leur avénement, obligés de faire de l'ordre dans l'intérêt même de la conservation de leur autorité ; mais que par contre-coup cette inconséquence d'une nécessité fatale les dépopularise et les conduit rapidement à leur chute.

Il n'en est pas moins contraire à toute morale de laisser la société, fût-ce même un seul instant, livrée à des hommes pervers convertis par intérêt ; car leur passage au pouvoir laisse toujours derrière eux d'irréparables ruines. Les positions enviées qu'ils ont conquises sont un dangereux encouragement pour de nouveaux entrepreneurs de bouleversements sociaux.

Lenet terminait sa lettre du 15 juillet par cette phrase bien courte et qui en disait bien long : « Souvenez-vous des vendanges! » En effet, il ne cessait de démontrer au prince de Condé que si, avant cette époque, il n'avait frappé un coup décisif de nature à permettre aux Bordelais de faire en toute sécurité cette récolte qui leur tenait tant à cœur, sa cause était perdue en Guyenne. La bonne volonté ne manquait sans doute pas au prince de Condé pour frapper le coup d'éclat demandé ; mais, au milieu des embarras de la situation compliquée qu'il s'était faite à Paris, il lui était bien difficile d'agir puissamment dans la Guyenne. La défection du comte d'Harcourt en jetant, comme nous l'avons vu, le désarroi dans l'armée royale, vint heureusement à son aide de la manière la plus inopinée ; grâce à cette défection, les vendanges purent être faites, et le vin de la récolte de 1652 put soutenir les frondeurs et les Ormistes bordelais jusque vers le milieu de l'année suivante.

Lenet, trois jours plus tard, envoyait au prince de Condé cette dépêche :

« A Bourdeaux, ce 18 juillet 1652.

« Je commanceray ceste despesche par la meilleure nouvelle du monde, c'est que l'advis certain par un courrier exprès du roy d'Espagne est arrivé à Saint-Sébastien, comme vous verrez par la cy-jointe que le sennor Antonio Sobaria, portuguais, vient de m'apporter [1]. Ce qui me met en peine est cet armement de Bretagne qui asseurément n'attend pour se mettre en mer, suivant tous les advis, que l'arrivée des galions de Portugal. Hier les Portugais m'asseurèrent que toutes leurs lettres sont conformes sur ce point et qu'elles portent que l'ambassadeur que le roy a en Portugal a fait un traité avec le roy de Portugal par lequel S. M. s'oblige tout de nouveau à ne jamais faire de paix avec l'Espagne qu'en maintenant le Portugal en l'estat auquel il est, moyennant quoy le roy de Portugal luy donne huict-cens mille escus par an et douze vaisseaux entretenus. M. Libault m'a dit qu'il avoit des lettres de ses correspondans de Lisbonne du 18 juin où on ne luy parle pas des vaisseaux, ny de tant d'argent ; mais seulement de cinq cens mille ducats qui font douze cens cinquante mille livres et que, dès à présent, ils avoient remis ceste quantité pour Hollande ; tous les Portuguais asseurent qu'il y aura du moins huit galions.

[1] Nous regrettons que Lenet ne s'explique pas sur la nature de cette bonne nouvelle contenue dans la dépêche espagnole qu'il fit parvenir au prince de Condé ; elle devait contrebalancer, tout au moins en espérance, les effets à craindre de l'alliance conclue entre la France et le Portugal.

« Hier je receus une lettre de Chambon par laquelle il me conte le procédé de Blasson sur ce régiment de Conty dont j'eus l'honneur d'escrire à V. A. par le précédent courrier. Il se plaint que cestuy-cy leur dit que l'on savoit certainement que M. du Dognon et luy trompoient et quittoient le party et que l'on retiroit ses troupes pour ceste raison. Il adjouste qu'un vaisseau anglois qui venoit d'arriver les asseuroit avoir veu et cogneu sept galions de Portugal tirant vers la Bretagne et que cela marquoit que les trois autres n'estoient pas loing et lesquelz arrivés se trouveroient en mer avec l'armement de Bretagne et pourroient venir faire une dessente en Oléron pour ensuitte attaquer Brouage et, là dessus me presse avec des violences extrêmes pour envoyer de l'argent à mille hommes de pied à M. du Dognon. J'envoyay tout à l'heure la lettre de M. de Vatteville en original et une copie à M. de Marchin; si on me rapporte à temps la première je la joindray à celle icy; et, après la response de l'un ou l'autre, je respondray au dit sieur de Chambon. Il parle de se retirer de Brouage sur ce qu'a dit Blasson. Je vous supplie de luy escrire avec amytié, et une lettre toute de vostre main à M. du Dognon, de ceste manière que (comme dit M. de la Roque) V. A. scait si bien. Je ne leur puis donner de l'argent, quand tout debvroit périr, qu'il ne nous en soit arrivé; cela ne peut tarder plus qu'au commencement d'aoust. Cependant je ne pers pas une occasion de leur envoyer tout ce qu'ilz me demandent de provisions, ustanciles, droits de sel et autres choses dont je puis avoir crédit. A tous les ordinaires, j'escrips à mondit sieur du Dognon de vostre part ; je luy donne part de tout ce que scay ; enfin je n'oublie rien de tout ce qui m'est possible ; cependant il n'escrit ny à Leurs Altesses, ny à moy, depuis plus d'un mois. M. de Chambon est l'interpretté de ses volontez. Il prend pendant ce temps tout ce qui luy est propre, et tout l'est. Voilà desjà quatre ou cinq marchands de Bordeaux à qui il a pris pour quarante mille francs de bled et pendant que j'ay l'honneur d'escrire à V. A. M. de (illisible) vient de m'apporter une lettre de luy par laquelle il redemande ses briguantins, disant que M. le prince de Conty et tous tant que nous sommes, nous moquons de luy et que puis qu'il fault qu'il soustienne la guerre tout seul, il a besoing de toutes ses pièces. Le premier argent qui viendra remédira à tout ; cependant nous luy renvoyrons de l'infanterie ce qu'on pourra. J'attendz pour cela response de M. de Marchin. Il faudra sortir d'affaire avec luy le moins mal qu'il sera possible.

« Je fus avant hier à Bourg pour accorder avec M. de Vatteville. J'en viens à bout pour jusques à la fin du mois d'aoust. La flotte arrivée est le meilleur de tous les remèdes. Elle nous rendra tout le monde souple et obéissant.

« La Roche qui commande vostre galère faisant le malcontant, s'alla poster devant Blaye et envoya dire qu'il vouloit tout sur le champ estre payé de ce qu'on luy devoit et qu'on lui portast son argent à son bord; j'envoyay quantité de petits bastimens l'environner et en mesme temps un ordre de venir mouiller devant Bordeaux. Comme il estoit fort mal en équipage, il n'osa résister à l'ordre; la galère est remontée et luy, dans sa chaloupe, s'est retiré, les uns disent à Blaye, les autres à Brouage. Je vais donner ceste galère à M. de Vatteville pour l'armer; elle fera le mesme service et encore meilleur, car la jalousie des commissaires de la marine gaste tout, et ne nous coustera rien, ny mesme à M. de Vatteville, parce qu'il a des matelots et des soldats qu'il entretient d'ailleurs inutilement.

« M. de Baltazard est venu faire icy un tour.

« M. de Marchin est allé traiter le secours de Villeneufve qui est tousjours au mesme estat que par ma précédente; le bruit de la levée de siège estoit faux.

« J'oubliois à vous dire sur le subject du Portugal que les mesmes marchandz avoient advis que l'ambassadeur revenoit en France avec huict cens mille escus qu'il apportoit au Roy; qu'il devoit prendre terre à Nantes. J'en ay envoyé l'advis à

M. de Vatteville, afin de mettre les ordres nécessaires pour le prendre, si l'on peut. M. de Lusignan a pris le chasteau de Langon par assault. Cent cinquante hommes qui y estoient ont esté passés par le fil de l'espée, et nul n'en est eschappé que la Serre et son cornette auxquels on a donné la vie en faisant rendre le chasteau de Budos, ce qui a esté fait. M. d'Espagnet est dedans : tout Bordeaux veult qu'on le démolice. Il ne nous reste à nettoyer icy autour que Rions : c'est à quoy on va s'applicuer.

« Pour responce à la lettre de V. A. du onze du courant, je vous diray que l'on pratique envers l'Ormée, avec le plus de prudence qu'on peut, tout ce que V. A. mande ; on a changé le traité ; Pradé ne changera point, car il est secrétaire ; au surplus ils vont avec assez de retenue.

« Ilz prennent entre eux plusieurs mesures pour la Jurade et se mettent dans la teste de faire des gens de bien. Ilz parlent fort pour bourgeois de Neursse, de Trevel et de Pineau, qui sont trois riches et braves gens à ce qu'on dit; pour advocats, Despeches, Grenier et Causage, le premier est plus de l'Ormée qu'aucun, il est en réputation ; l'autre est un vieillard qui passe pour homme d'honneur; le troisième V. A. le cognoist pour le gentilhomme. Ilz en sont fort ambarassez, n'ayant nulle inclination pour ces trois ou quatre qui dans ceste espérance s'y sont glissez. Je tasche à descouvrir tous leurs sentimens, et sur tout à leur servir par toute voye la doctrine de ne rien faire contre les formes et d'agir en gens sages; à quoy je m'asseure qu'ilz se porteront par une raison, c'est que ceux qui prétendent à la Jurade et qui feront tout mouvoir, voudront y être admis par les voyes ordinaires pour pouvoir y estre conservez, la paix venant à se faire. S'il arrive ainsy à la bonne heure, il ne nous sera pas mal aisé par la voye des prud'hommes de les faire; si au contraire ilz se portent à vouloir faire les prud'hommes par les cent et les trente et qu'on ne puisse rompre ce coup, en ce cas-là je suis d'advis qu'on voye ceux qu'ils voudront faire, afin que V. A. les demande et qu'on aye l'advantage de pouvoir dire dans le public qu'elle a fait les jurats d'auctorité. Quoy que s'en soit, je vous asseure que nul ne le sera qui n'en aye l'obligation à V. A. ou effective ou apparente, et l'envoyé que je vous ay supplié d'envoyer *ad hoc* agira suivant l'occurrence du temps; asseurez-vous qu'on ne gastera rien à tout cela.

« J'avois desjà sceu par une lettre escrite à M. le prince de Conty le contenu à celle que V. A. m'a envoyée de M. de Barrière et avois résolu, si l'on eust trouvé le galand homme dont elle parle, d'en user comme vous me le mandez; mais on a sceu que de vérité il y avait eu icy un homme tel qu'il le dépint; mais qu'il y a plus de trois semaines qu'il s'est retiré.

« J'ay envoyé à M. de Vatteville les dernières lettres de V. A. J'ay pris avec eux un style un peu plus pressant que le vostre. Quand vous luy escrirez, je vous supplierai de luy parler plus fièrement sur le traité et avec amytié sur son suject particulier ; au bout du compte il fait tout ce qu'il peult ; car asseurement sa nécessité est grande. Nous jugerons à cette heure par l'arrivée des galions s'ils agissent sincèrement.

« Dans peu de jours nostre courrier exprès par lequel je les presse si vivement sera de retour. Il ne sera pas arrivé mal à propos pour faire diligenter l'envoy de ce que la flotte nous doit fournir.

« Je redouble par tous les ordinaires mes fortes solicitations et leur donne part des nouvelles suivant le commandement de V. A.

« Quand la paix debvroit estre demain conclue, je ferois toujours mon compte et prendrois mes mesures comme si la guerre debvoit durer dix ans ; à plus forte raison à cette heure que V. A. le commande ainsy. Je luy envoye la dernière lettre de M. de Marchin par laquelle elle verra qu'il presse fort pour du secours.

« J'attends tousjours nos Hollandois avec M. de Guise.

« Il ne me reste à respondre qu'à ce que V. A. a eu la bonté de mettre de sa main au bas de la dicte lettre de vostre sœur sur ce qui me regarde, à quoy je n'ay qu'à la remercier très-humblement de ce qu'il luy plaist de me dire et de luy demander pardon si je luy dis que je ne me suis point inquiété mal à propos; que j'ay sceu ces choses de si bonne part que je n'en puis doubter; que cela ne m'a pas donné et que rien ne me peut donner un moment de relasche au service que j'ay voüé à V. A. que je finiray l'affaire avec autant de passion que je l'ay commencée et que je la continue et que les asseurances qu'il vous plaist de me donner de vostre protection ne me peuvent rendre plus affectionné ny plus fidèle que je le suis, V. A. le cognoistra, et que je ne prendray jamais de sentimens, quoy qui puisse arriver, que ceux qu'un homme d'honneur doit prendre; enfin que je ne souhaicte au monde que les moyens de finir mes jours en vous servant avec toute la fidélité dont un homme peut estre capable.

« Le pauvre M. de Mirat est fort malade du pourpre [1]. »

Cette dépêche nous instruit des conditions de l'alliance que le Portugal avait contractée avec la cour de France, pour se mettre à l'abri, en se procurant un puissant protecteur, de l'ambition envahissante de l'Espagne. Depuis douze ans seulement, cette monarchie avait reconquis son indépendance

---

[1] Minute inédite. Manuscrits de Lenet; *Bibliothèque nationale*. Fonds français, 6708, f° 80.

que Philippe II, roi d'Espagne, lui avait ravie, en 1580, en l'annexant à ses États.

La partie certainement la plus essentielle de ce document est celle qui touche aux intrigues en jeu pour l'élection de la jurade. On y voit se réaliser cette observation que nous avons émise, que les gens de désordre arrivés au pouvoir sont obligés de faire de l'ordre dans l'intérêt de la conservation de leur autorité ; aussi la plume de Lenet trace-t-elle sur le compte des ormistes de Bordeaux cette phrase ironique : *ils se mettent dans la tête de faire des gens de bien*. L'un des trois jurats à nommer doit appartenir à la bourgeoisie, et les candidats sur lesquels paraissent devoir se porter les suffrages sont riches et braves gens ; les concurrents qui prétendent à la place réservée au barreau ne paraissent réunir que des chances plus incertaines, et cependant parmi eux se trouve l'un des ormistes les plus avancés. Nous verrons plus tard, qu'aucun des candidats désignés dans cette dépêche ne fût élu. Cependant, quelle que fût l'élection, Lenet avait pris d'adroites mesures pour que les élus ne parussent devoir leur nomination qu'à l'appui du prince de Condé ; mais il réussit à faire mieux encore, en faisant porter les suffrages populaires sur d'autres candidats dont le dévouement était plus assuré.

L'incident relatif au comte du Dognon n'osant pas s'opposer au départ de Brouage et d'Oléron du régiment de Conti mandé pour le secours de Villeneuve d'Agen, mais retenant, malgré les ordres reçus, le régiment de Chouppes, nous fournit la mesure du degré d'indépendance auquel s'était élevé ce gouverneur qui attirait à lui et voulait retenir toutes les ressources en hommes et en argent, il s'était créé en quelque façon une Fronde à lui et faisait la guerre pour son propre compte. Froissé, il ne craint pas de rompre hautement en visière avec le prince de Conti ; il adresse ses plaintes au prince de Condé qui se hâte d'écrire à Lenet :

« Ce courrier m'a esté dépesché par M. le comte du Dognon, tout exprès pour me demander des hommes et de l'argent. Il m'escrit en des termes si pressans le besoing qu'il a présentement des mille hommes qu'il vous a demandés, déduisant ce que peut monter le régiment de Chouppes, qu'il n'y a rien qu'il ne faille mettre en œuvre pour lui donner ce contentement. Si les Irlandois sont arrivés, vous les luy pourrez envoyer, sinon il faudra demander à M. de Vatteville trois ou quatre cens des Allemands ou même des Espagnols qu'il a dans sa place, lesquels M. du Dognon ne fera difficulté de recevoir, et le surplus il faut que M. de Marchin les tire de tous ses corps, et les luy envoye promptement. Et pour l'argent, je désire absoluement qu'il soit payé par préférence à toute autre chose, sur le premier que vous toucherez, en sorte qu'il n'ayt pas le moindre subject de se plaindre.

« Il m'escrit aussy que les Espagnols ont quitté le poste où il les avoit mis ; c'est une chose que je vous prie d'adjuster entre luy et M. de Vatteville.

« Louis de Bourbon. »

« De Paris, le 24 juillet 1652[1]. »

Il n'était pas possible d'ordonner avec plus d'empressement que le comte du Dognon fût servi à souhait et le premier ; la perte même de Villeneuve d'Agen dût-elle s'en suivre. Quels qu'aient été la condescendance du prince de Condé et l'empressement de Lenet à se conformer à ses volontés, en envoyant à Brouage le régiment de Marsin, infanterie, il est certain que le comte de Dognon, dans son exigence, trouva que le parti faisait encore trop peu pour lui, et ce premier froissement devint probablement la cause ou le prétexte des mesures qu'il prit pour préparer sa défection.

---

[1] *Manuscrits de Lenet* ; lettre publiée dans la collection Michaud.

CHAPITRE XXXV.

Influence des troubles politiques sur la santé publique. — Presque tous les chefs de la Fronde sont atteints de maladies. — L'Ormée s'assouplit dans la main des princes. — Rapport inédit de Lenet, au prince de Condé, du 29 juillet. — L'Ormée dominée d'autorité. — Succès obtenu pour l'élection des Jurats. — Dépêche inédite de Lenet au prince de Condé, du 8 août. — Brouillerie de Marigny avec Sarrasin. — Le prince de Condé et la duchesse de Longueville prennent parti dans ce différend. — Deux lettres de Marigny à Lenet sur ce sujet. — L'animosité des deux Frondes du parlement de Bordeaux se réveille. — Arrêt d'adhésion du parlement de Bordeaux à l'arrêt du parlement de Paris instituant la lieutenance générale du royaume. — Dépêche inédite de Lenet au prince de Condé, du 12 août. — Lettre inédite du prince de Condé à Lenet, du 19 août. — Refus d'adhésion du parlement de Toulouse aux arrêts de Paris et de Bordeaux. — Tentative de transfèrement du parlement de Bordeaux à Dax. — Le président Pichon menacé et rançonné. — Brouillerie entre le comte de Marsin et le colonel Balthazar. — Lettre inédite à ce sujet du comte de Marsin à Lenet, du 18 août. — Appréciation générale de la situation.

(1652.)

Si les guerres civiles ont pour résultat de verser le sang dans les luttes qu'elles engendrent, elles ont encore par les excitations morales et physiques, par les espérances, par les inquiétudes qu'elles font naître, le triste effet de produire des maladies nombreuses de l'esprit et du corps. Il est curieux de constater à quel point était atteinte au moment où nous sommes, la santé de la plupart des principaux personnages de la Fronde. Le prince de de Conti, nous venons d'en parler, était atteint de fièvre et d'oppression ; Lenet avait aussi la fièvre ; les beaux yeux de la duchesse de Longueville étaient en partie voilés par une fluxion ; et la princesse désarmée recourait pour se guérir aux saignées répétées. L'énergique Condé lui-même payait à Paris son tribut au point de ne pouvoir diriger en personne les opérations de son armée; Caillet, son secrétaire, écrivait à Lenet le 22 juillet 1652 : « Son Altesse fut saignée vendredi et samedi à l'issue du Palais; elle le sera encore aujourd'hui. Les deux premières l'ont si fort soulagé d'un mal de teste qu'elle avoit et d'un estourdissement qui la tourmentoit, joincte à une émotion du poulx qui la menaçoit d'une fièvre assez violente au rapport des médecins, qu'ils ont jugé à propos de saigner jusqu'à trois fois Son Altesse, ce que l'on a fait à l'heure que je vous écris. Il ne faut pas que Madame en ait aucune inquiétude, car avec l'ayde de Dieu, ce ne sera rien [1]. » Le prince de Condé avait commu-

---

[1] Lettre inédite. Manuscrits de Lenet, *Bibliothèque nationale*. Fonds français, 6708, f° 102.

niqué son mal à Chavigny qui en mourut [1]. Enfin la princesse de Condé voyait son état de grossesse compliqué par la maladie, tandis que la santé du jeune duc d'Enghien réclamait les soins d'un médecin habitué à son tempérament. L'infatigable Condé qui, malgré son propre état, veillait et pourvoyait à toutes choses, écrivait à Lenet : « Je vous prie de me mander souvent des nouvelles de la santé de ma femme. Le médecin de mon fils est parti ; M. Du Pré fera bientost partir la sage femme que Madame de Tourville demande ; pour son mémoire, j'y respondrai au premier jour [2]. » Il lui écrivait une autre fois au sujet de la princesse : « J'en suis extrêmement en peine ; mandez-moi, je vous prie, des nouvelles par tous les ordinaires et n'épargnez rien de toutes les choses possibles pour le recouvrement de sa santé et pour sauver l'enfant, si faire se peut. »

Du reste l'altération de la santé des principaux personnages de la Fronde à Bordeaux n'eut point de conséquences fâcheuses pour leur vie.

Les soins habiles pris par Lenet, toujours ardent malgré la maladie, pour préparer l'élection de la Jurade, lui permirent de pousser assez loin son entreprise pour parvenir à faire de l'Ormée un corps

---

[1] Voy. chap. 31.
[2] Manuscrits de Lenet ; lettre publiée dans la Collection Michaud.

souple et obéissant, d'un maniement facile entre la main des princes et terrible seulement pour leurs ennemis. Le rapport suivant de Lenet au prince de Condé expose, après de meilleures nouvelles de la santé des princes et princesses, le mode employé pour cette transformation, et entre dans les détails des divers événements :

« A Bourdeaux, ce 29 juillet 1652.

«Je ne faits point de response sur la lettre de V. A. du 21 du courant, parce que, lorsque je l'ay receue, j'avois desjà fait tout le contenu en icelle soit pour l'Ormée, soit pour messieurs de Théobon, du Dognon, etc. Je vous diray seulement que toutes Leurs Altesses sont en parfaite santé et que Madame vous demande response sur tout le contenu dans une lettre de madame de Tourville sur les choses nécessaires pour sa couche.

« J'envoye une dépesche de M. de Marchin adressante à M. Caillet pour V. A. et quoy que je sache bien qu'il ne manque pas de vous donner advis de toutes les affaires de la guerre, je ne puis m'empescher de vous dire qu'il m'escrit que le 5, le secours qu'il avoit envoyé pour Villeneufve n'estoit pas entré; mais qu'il sçavoit un moyen qu'il croyoit infaillible pour secourir cette place, qu'il veult estre secret. Il adjouste que les pluyes continuelles ont encore ruyné tout le travail des ennemis et mesme la mine qu'ils avoient faite avec tant de soing et de précaution. M. le comte d'Harcour est au désespoir de ceste entreprise, et quoy qu'on lui mande de la cour d'envoyer de la cavalerie, il n'en veult absolument rien faire.

« M. de Lussan en revint hier seulement, y estant demeuré prisonnier depuis la prise de Lauserte où il s'est deffendu avec une vigueur extraordinaire, a souffert l'assault, et fait prisonnier de guerre, n'a rapporté que sa chemise. J'ay emprunté 1500 livres pour l'ayder à se remettre en équipage et luy en donneray encore autant quand j'en auray receu, M. de Marchin l'ayant jugé ainsy à propos. Il dit que ledict sieur comte d'Harcour fait estat, Villeneufve pris ou failly, de venir aux portes de ceste ville et de faire assiéger Libourne par les troupes du Plessis-Bellière; mais, par la grâce de Dieu, le comte de Maure est arrivé tout à temps pour deffendre sa place. Tout cela revient assez à ce que j'ay tousjours creu que le bruit du siége de Brouage n'aboutiroit à aucune chose qu'à amasser de l'argent, du sel à Marennes, des tailles à Xainctes et à Cognac, des vaisseaux et des hommes, pour joindre le tout aux vendanges et venir fondre aux environs de Bourdeaux. V. A. n'a plus que le temps qu'il fault pour y songer et y pourvoir; s'il nous vient du secours d'Espagne, on n'oubliera rien pour deçà de tout ce qui sera faisable.

« Cependant nous avons de ce matin receu nouvelles d'Oléron que le Plessis-Bellière ayant voulu faire quelque manière d'approche de Brouage, a esté repoussé et mené tousjours battant dans Marennes avec perte de quelqu'uns des siens. J'ay fait tenir la vostre à M. du Dognon. Je ne manque pas de donner advis de toute chose et de faire tout ce que je puis pour le contenter ; mais jusques à ce que j'aye de l'argent, il sera bien difficile, quelque soing que j'y apporte.

« J'ai aussy eu nouvelle ce matin que le pont de Marmande est asseurément rompu, qui est une fort grande affaire, parce que nous aurons quelques quartiers assurez du costé de deçà, dont on tirera quelque avantage.

« On m'a encore mandé que Marchin a enlevé un quartier des troupes de M. de Poyannes, où il y a eu cinquante ou soixante fantassins tués.

« M. de Gallapian est party pour le siège de Rions dont les préparatifs m'ont cousté quatre ou cinq mille francs dont je me serois bien passé.

« J'ay fait aussy pourvoir à l'embarquement de Marchin, d'infanterie, pour Brouage, cela consolera un peu M. du Dognon, car ce corps est de près de six cens hommes. Le tonnerre a fait tourner tout le vin de provision de l'Archevesché ; j'en ay

fait embarquer une partye pour ce régiment là.
J'en feray employer une autre aux travailleurs de
Rions ; mais la question est de trouver de quoy
remplasser. Je suis extrêmement embarrassé, et il y
a longtemps que je serois succombé si je n'avois
trouvé un peu de crédit ; mais il est désormais si
petit.

« Le commerce est stérile, car depuis que j'y suis
il n'as pas produit cent escus, et le secours d'Espagne si lent que j'auray bien de la peyne de l'attendre.

« Je vous envoye le billet de Saint-Agoulin que
je viens de recevoir ; V. A. verra par là l'estat des
affaires d'Espagne, il y avoit près de vingt-cinq
jours que je n'en avois receu aucunes nouvelles.

« J'ai creu devoir faire audit sieur de Saint-
Agoulin la dépesche dont copie est cy-jointe et à
M. don Louis. Je vous supplie de mander si V. A.
approuve la manière dont je leur escris, afin que je
continue ou que je la corrige ; elle ne m'a pas seulement escrit si elle avoit receu la copie de celle
que j'envoyai à Don Louis, le 7 du courant, et cela
me met en peyne, de peur qu'elle ne soit tombée
en quelqu'autres mains qu'en celles de V. A.

« J'ay donné la dernière monstre, moytié en bil-
lets payables à la my-aoust, et moytié argent comptant ; les trouppes ont faict cela assez gayement,
après leur avoir dit que je cognoissois que leurs ex-

traictz estoient de plus d'un tiers plus hault qu'ils ne debvoient estre; mais que M. de Marchin m'avoit prié par ses lettres de les bien traitter comme gens qui sont avec passion très-grande au service de V. A. J'ay creu que V. A. trouveroit bon que j'en usasse ainsy, premièrement parce que je n'avois pas de quoy payer tout, et qu'en les traicttant bien ils m'ont fait crédit sans murmurer; et, en second lieu, j'ay pensé qu'il estoit bon qu'ils creussent avoir obligation à M. de Marchin duquel ils croyoient avoir quelque suject de se plaindre; cela me coustra près de cent mille livres.

« Si je puis faire un traicté que j'ay dans la teste avec nos munitionnaires auxquelz on doit plus de cent mille francs, je mettray un magasin dans Périgueux, un à Bergerac, un à Sainte-Foy, un à Libourne, et je n'auray plus à songer à eux qu'en mi-septembre auquel temps il fault que nous soyons perdus ou les maistres; car si vous ne nous envoyez point de secours d'icy là et que les Indes n'arrivent pas, nous sommes mal en nos affaires; si, au contraire, les Mazarins passeront mal leur temps.

« J'ay voulu vous mander tout ce petit destail pour venir à nos affaires de Bordeaux qui est et sera tousjours Bordeaux, et je me confirme dans la pensée que nous avions raison, il y a deux ans, d'en user en maistres comme nous faisions, et de ne rien faire avec eux que d'auctorité, car, en ménageant tout, on les a mis en estat qu'on ne peut plus rien y ménager sur quoy l'on puisse faire un fondement certain.

«S. A. saura donc que l'Ormée et tout Bourdeaux se sont mis dans la teste le rasement de Cudos[1] avec une chaleur non pareille. M. d'Espagnet, au contraire, a voulu l'empescher avec une obstination très-grande au lieu de carguer la voile et tirer les choses en longueur. L'Ormée voulut s'assembler tumultuairement, enfin on fit tant que les envoyer demander à M. le prince de Conty une assemblée de ville. S. A. les renvoya aux Jurats et ceux-ci au parlement pour en demander la permission à des commissaires, samedi matin. Lundy, après le disner, on s'assembla; M. de Boucault, Le Rousseau et de Favas furent députés, ilz y allèrent. A l'entrée, un gentilhomme nommé Lissac et Dureteste furent à eux leur dire que s'ils vouloient entrer conme citoyens ilz seroient les biens venus, mais non en qualité de commissaires de la cour qui n'avoient aucun droit d'y entrer, n'estant qu'une pure usurpation. Eux, au lieu d'y entrer *quoquo modo* et d'ajuster après leur auctorité, voulurent insister, gourmander, *etc.* Le comte de Maure que S. A. y avoit envoyé pour remonstrer la conséquence de razer

[1] Cudos est aujourd'hui un village de mille habitants, à 5 kilomètres de Bazas.

des maisons particulières, ny les Jurats, ne purent jamais y apporter aucun ordre, et, sans qu'on voulust permettre d'en avertir S. A. ilz voulurent qu'on oppinast au fondz ; et là, tout d'une voix, on résolut de dire à M. le prince de Conty que l'assemblée des cent et des trente estimoit que Cudos, la Brède et quelques autres chasteaux devoient estre rasés et S. A. suppliée d'y pourvoir. MM. d'Espagnet, de Nesmond et autres protecteurs de l'Ormée commencent à fulminer par la considération de la délibération, et tout le parlement par celle de l'insolence faite aux Jurats. Je vas chez M. le prince de Conty qui prit résolution d'aller hier dimanche à l'assemblée de l'Ormée; y mener M. de Sarzay qui porta la lettre de V. A. Il la fist lire en sa présence par ce qu'elle estoit conforme à l'estat présent des affaires et qu'elle deschargeoit d'autant nostre ambassadeur d'haranguer et après cela S. A. leur dit qu'elle estoit venue elle mesme leur tesmoigner sa colère du procédé qu'ils avoient eu le jour précédent contre les députés du Parlement; qu'elle voyoit bien que c'estoit un effort de ceux qui briguoient la Jurade qui vouloient renverser toutes les loix; qu'il sauroit bien les ranger à leur debvoir; que jeudy il entreroit au Parlement, qu'il amèneroit les commissaires à l'élection, et que si quelqu'un manquoit de respect, il le feroit si sévèrement chastier qu'un autre ne l'entreprendrait pas.

Là-dessus, après avoir leu vostre lettre avec un très-grand respect et escouté S. A., Lissac voulut répliquer; elle lui ferma la bouche. Sur quoy Robert avant pris la parole, exagéra la bonté de S. A., dit qu'il falloit que toute la compagnie n'eust d'autre pensée que de soubmission et de respect pour un si grand et si bon prince; mais qu'il prioit M. le prince de Conty de trouver bon qu'ils remontrassent leur droit qui estoit que le parlement n'en avoit point d'assister aux délibérations de l'Hostel-de-Ville, que depuis soixante ans seulement ils se sont mis en ceste possession, depuis que pour empescher qu'on ne fist des Jurats huguenots, deux commissaires y furent envoyés; que depuis ce temps-là la bourgeoisie a toujours faict des protestations, etc.; et plusieurs semblables raisons auxquelles M. le prince réplicqua que c'estoit un procès que le roy décideroit un jour; cependant qu'il vouloit que la possession fût continuée et le contenu en vostre lettre pleinement exécuté.

« Au sortir de là, M. le prince de Conty prit la peyne de passer chez moy. J'eus l'honneur de le suivre chez MM. d'Affis et de Gourgues pour leur dire les soings qu'il avoit pris pour le restablissement de leur auctorité, afin de les obliger tous à entrer au Palais et à ne pas quitter, comme chacun l'avoit résolu, dans un temps auquel nous jugeons assez l'importance de leur faire promptement donner l'arrest semblable à celuy de Paris, du 20 de ce mois.

« Ce matin, les députez de l'Ormée sont venus apporter à S. A. une vieille chronique justificative des droits de l'Ormée; elle leur a fermé la bouche et les a renvoyés; elle est entrée ensuite au Palais où il s'est trouvé seulement quinze juges tous pestans et fulminants contre l'Ormée, à la réserve de M. de Trancas qui a failly d'y estre mangé par ses confrères qui tous en estoient plus fermes protecteurs que luy.

« Ils ont esté contans du procédé de M. le Prince de Conty; mais tous disans que par ceste voye l'auctorité de la compagnie n'est pas respectable et ne le peut estre tant que celle de S. A. parroistra. Ils ont faict diverses propositions pour informer, chastier, etc. Ils ont mandé l'avocat général Dussault pour prendre conclusions. Il a esté d'advis d'adjourner Lissac et Dureteste non pas criminellement, mais civilement, pour savoir leurs raisons, afin d'y déférer si elles estoient bonnes; et, si elles ne l'estoient pas, de se faire obéir et en user comme du passé. Le pauvre bon homme a esté hué de toute la compagnie et de son fils mesme, disant que cela estoit trop bas. Enfin, après beaucoup de contestations qui ont duré jusques à deux heures après midy, il a passé que ceux qui ont coustume d'entrer seront mandez à demain.

Comme les gens sont en ce pais d'une nature à
ne finir jamais, ils n'ont jamais voulu y appeler
les autres, de sorte qu'ilz sont si habiles qu'ilz
vont se brouiller mortellement avec l'Ormée dans
un temps qu'elle est triomphante et vont donner
lieu à leurs confrères abattus qui n'auront point
de part en leurs délibérations, de se racommoder
avec elle. Je croy que la chose ira de deux advis,
l'un de cesser d'entrer et demeurer particuliers
dans leurs maisons ; l'autre d'entrer seulement
pour donner l'arrest de Paris touchant M. le duc
d'Orléans et V. A. et puis vous escrire et vous demander leur translation en une ville du party. En
ce cas l'affaire tire en longueur ; ils recourent à
l'auctorité de M. le duc d'Orléans et à la vostre et
vous donnent lieu de tout accommoder. Je vas trouver la petite Fronde pour la porter à des sentiments
doux, afin de vouloir se racommoder avec l'Ormée,
rentrer au Palais, quand les autres quitteront. Ils
les obligeront à ne pas aller si vite et que chacun
songe à soy, au salut de la compagnie, en se récon-
ciliant. Mais il n'y a pas moyen en ce pais icy de
faire prendre à qui que ce soit un conseil d'habileté, tant ils sont tous portez à la vengeance.

« Lors, ceste assemblée d'Ormée, dans la chaleur
de ce qui s'estoit passé la veille, demeura calme et
respectueuse, parce que nous avions pris nos mesures avec (*les noms sont indiqués en chiffres*) et eux

avec leurs principaux amys. Ils avoient bien toutes les mesmes pensées ; mais leur ayant fait voir dans vostre lettre la pensée de Vostre Altesse et sa volonté, nous les y avons réduits et convenu avec eux des jurats qui doibvent estre faits par les formes ordinaires, quand, par leurs propres mesures, ny eux, ny nous n'y eussions esté les maistres; au lieu que les jurats, comme les prud'hommes que nous ferons à nostre mode, feront ce que nous voudrons; et nous voudrons ceux dont nous sommes demeurés d'accord avec eux; et eux, avec toute leur caballe, porteront tout à l'obéissance, de sorte que vous serez par là en possession de nommer les jurats, et ceux qui y prétendoient parvenir d'autre manière que par V. A. bien esloignés de leur espérance.

« Nous avons prié, ou pour mieux dire M. le prince de Conty a commandé à M. de Léger d'accepter la jurade; l'advocat sera Robert et le bourgeois, Brignon; le premier et le dernier auront une approbation générale et l'autre servira mieux qu'aucun, car il est agissant tout à fait. Ils nous ont donné toutes les paroles qu'on peut donner et pourveu que le secret qui est jusques icy demeuré entre nous quatre soit conservé, la chose est tout à fait immanquable. On s'est contenté jusques icy de faire comprendre à nos partisans et amys qu'il faut leur en donner quelqu'uns et comme toute la difficulté tombera sur Robert dont nous avons pourtant toutes les assurances qu'on peut avoir d'un homme, M. le prince de Conty priera la veille quelques présidens et conseillers amys de fermer la bouche à ceux qui pourroient y trouver à dire. Son père et son grand-père l'ont pourtant esté autrefois. Le parlement ne voudra asseurément donner de députés pour assister à l'élection pour se venger de ce qui arriva avant-hier et se tenir en estat de casser la jurade dans une autre saison ; mais on les ira inviter, et on dressera un bon acte de cela. S'ilz viennent, à la bonne heure ; sinon nos jurats serviront V. A. plus fidèlement, de crainte qu'en luy donnant quelque suject de mécontentement ils ne fussent cassés ; enfin il faudra conduire cecy et le reste le mieux qu'on pourra. Je n'y oublieray rien de tout ce qui dépendra de moy.

« Il ne me reste qu'à saluer V. A. en sa nouvelle qualité [1], et la prier de se souvenir de moy si l'on fait quelque conseiller ou quelque manière de ministère, afin que j'y sois admis et qu'il ne paroisse pas dans le monde que vous m'oubliez ; cela ne serait qu'à la façon d'un brevêt.

[1] Allusion à ce fait que, en même temps que le duc d'Orléans avait été proclamé à Paris lieutenant-général du royaume, le prince de Condé avait été nommé généralissime des armées du roi.

« A propos de brevêt, je vous supplie de m'envoyer une provision de controleur général de vostre maison pour le Sʳ Féville, bourgeois de Bordeaux, qui s'est or et toujours bien conduit, qui est de la jurade et qui y prétendoit. Ce sera pour le conserver dans le service.

«Depuis ma lettre escrite, je viens de recevoir une lettre qui m'apprend que M. de Guise devoit arriver hier à Saint-Sébastien. Je vous en manderay toute nouvelle par le premier ordinaire. Je croy qu'il nous viendra quelque argent. Ils seront bien venus l'un portant l'autre [1]. »

Lenet poussé à bout par les prétentions extravagantes d'un parti tumultueux, sortait des voies que nous appellerions aujourd'hui constitutionnelles, qu'il s'était efforcé de suivre, pour le prendre sur un ton différent, pour parler et agir d'autorité. Ce moyen lui réussit mieux; car le peuple, incapable de gouverner par lui-même, subit aisément, volontiers même, la dictature; bien plus il l'invoque tantôt comme un auxiliaire de ses fureurs, quand la dictature est exercée par un homme de révolution, tantôt comme un frein à ses propres folies, quand il a porté au comble la destruction et la misère, et qu'il en est la victime; alors le dictateur

[1] Minute inédite. Manuscrits de Lenet; *Bibliothèque nationale.* Fonds français, 6708, f° 145.

acclamé est un homme de conservation et de réorganisation sociale. Seulement celui-ci égaré constamment par un intérêt surexcité d'ambition personnelle, remplit rarement le programme désiré. Le prince de Conti lui-même prend en main la cause des députés du parlement et menace l'Ormée de sa colère. Le choix des jurats en reçut une complète modification, au lieu de ceux que Lenet nommait dans sa dépêche du 18 juillet, magistrats avec lesquels, dit-il, dans sa dépêche du 29, les princes n'eussent jamais été les maîtres, il en imposa de façonnés à sa mode, ainsi que les prud'hommes ; mais néanmoins censés élus par le peuple. Sans doute la participation des masses au suffrage politique présente de tels périls qu'un gouvernement peut avoir la tentation d'arriver par le maniement adroit du suffrage universel à faire de ce suffrage le plus puissant instrument d'absolutisme ; un gouvernement récent l'a prouvé à la France ; seulement il y aurait plus d'honnêteté et moins de péril à modifier ce qu'il y a d'irrationnel et d'excessif dans le suffrage universel que de recourir à cette allégation mensongère qui consiste à dire aux masses qu'elles ont le suffrage libre, tandis qu'on leur impose des choix par un jeu de cartes forcées. Après avoir avili par la tromperie gouvernants et gouvernés, ce système conduit fatalement aux catastrophes.

MM. de Léger de la Brangelie, gentilhomme du Périgord, Robert, avocat, et Brignon furent élus jurats malgré l'opposition des principaux fauteurs de l'Ormée. Le prince de Conti, pour empêcher tout désordre, présida lui-même, bien accompagné, à la cérémonie de leur installation dans l'église métropolitaine [1].

En définitive, l'Ormée, trouvant à qui parler, s'adoucit, comme ne manquent jamais à le faire tous les partis populaires en pareille occurrence. Lenet constatait ce résultat en écrivant au prince de Condé; puis il l'entretenait de difficultés d'une autre nature :

« 8 août 1652.

« Les bourgeois de l'Ormée se conduisent assez doucement depuis la Jurade; je n'entends mesme plus parler d'appeler de l'élection comme quelques-uns vouloient persuader de faire à M. Dussaut, advocat général. Il y avait aussi quelque difficulté entre le parlement et les Jurats sur ce que ceux-cy avoient ordonné la cessation de la garde aux portes sans l'advis de la Cour ; mais cela est appaisé. On ne faict plus de garde qu'à la Bastide et à l'Hostel-de-Ville. Quelque jour V. A. terminera cette difficulté.

[1] *Gazette*, Bordeaux, le 1er août 1652.

« J'ai mandé à Périgueux qu'on pouvoit s'aider du revenu de l'évesché qui est vacant et qui tombe en régale. Voilà de quoy gratifier quelqu'une de vos créatures. Le poste est assez important et la nomination de la Lieutenance[1] y vaudra assurément plus que celle du Mazarinisme. C'est dommage qu'il ne soit pas de grand revenu.

« J'oubliois de mander à V. A. que sur une lettre que M. de Marigny escrivit à M. le prince de Conty contre M. Sarazin, Madame de Longueville et ledit Seigneur prince ont esclatté publiquement contre le premier et mandé à M. l'abbé Roquette et aussy à leurs amis et serviteurs de ne plus le voir, ny souffrir. J'appréhende qu'il n'en arrive quelque mal et supplie très-humblement V. A. d'y pourvoir de bonne heure. Je ne crois pas que les menaces deussent estre si fortes, car M. le prince de Conty m'avoit fait l'honneur de me dire que comme il scavoit que ledit sieur de Marigny estoit de mes amis, il vouloit pour l'amour de moy dissimuler pour cette fois cette insolence, c'est ainsy qu'il appeloit cette lettre, et me prioit de mettre ordre que telle chose n'arrivât plus. Le lendemain, j'appris que la chose avoit esté un peu plus vite. Je crois qu'une lettre que V. A. escriroit à M. le prince de Conty ou à Madame de Longueville, ou un article dans la mienne

---

[1] La Lieutenance générale du royaume.

par laquelle elle manderoit qu'elle veut, avec Leurs Altesses, mettre un terme au différend des sieurs de Marigny et de Sarrazin, cependant que toutes menaces cessassent de part et d'autre, cela pourroit faire cesser toutes choses et prévenir les accidents qui en peuvent arriver et les suites qu'il y pourroit avoir.

« Un mot à M. le prince de Conty qui paraît extrêmement satisfaict de V. A. depuis les soings qu'elle a eu de son affaire, feroit merveille là-dessus ou à Madame de Longueville, à votre choix. Je vous advoue que comme cette affaire s'entourne et comme deux ou trois personnes aigrissent Leurs Altesses, j'en appréhende fort les suittes.

« Depuis ma lettre escrite, Comtade me faict parler pour luy pardonner et commence à offrir; j'en tireray quelque chose[1]. Deux bourgeois m'ont presté 2000 escus et le fils de Lavaux autant. Enfin je mettray tout en usage pour attendre notre argent tout le reste de ce mois-ci. Quand je donneray exemple aux autres de vous servir avec fermeté, je

---

[1] Lenet se faisait illusion ; car nous relevons ce passage dans une dépêche inédite au prince de Condé qui suivit celle-ci, et dans laquelle il disait qu'il ne savait plus ou donner de la tête pour trouver de l'argent :

« Le coquin de Comtade à qui j'ay détaché l'Ormée a débauché tous les présteurs leur disant publiquement que les princes ne payaient que quand ils vouloient; qu'on luy devoit de l'argent depuis deux ans, etc. » (t. 8, f° 64).

n'ay rien à adjouter à tout ce que je me donnay l'honneur de vous dire par le précédent ordinaire [1]. »

Cette dépêche nous a fait traverser une bourrasque qui s'était élevée dans la maison du prince de Conti, toute petite qu'elle paraisse, elle pouvait, en jetant la division parmi les partisans les plus dévoués des princes, entraîner des conséquences utiles à prévenir ; aussi la querelle qui venait de surgir entre Marigny et Sarasin, querelle dans laquelle entraient la duchesse de Longueville et le prince de Conti, fut traitée comme une affaire d'importance.

A tort ou à raison, Marigny était soupçonné d'avoir envenimé les bruits qui couraient sur la passion du prince de Conti pour Madame de Longueville, sa malignité pouvait bien avoir en effet laissé échapper quelque épigramme ; mais il s'en défendait avec énergie. Par suite, il avait été obligé de quitter Bordeaux où sa position était devenue impossible dans la petite cour des princes ; il s'était rendu à Paris, d'où il écrivit à Lenet pour se disculper :

« A Paris, le 11me aoust 1652.

« Mais puisque M. le prince de Conty s'est plaint à vous de ma conduitte, je pense qu'il est assez à

[1] Dépêche inédite. Manuscrits de Lenet ; *Bibliothèque nationale*. Fonds français, 6709, f° 62.

propos que je vous en rende conte en peu de paroles, afin qu'il vous soit plus facile de la justifier, et que ma deffense ne vous couste pas tant une autre fois. Il n'est pas besoing que je vous fasse ressouvenir de l'injure que l'on me fit à Bordeaux lorsque l'on me soupçonna d'avoir eu part à la chose du monde dont j'étois le moins capable et qui m'avoit touché le plus sensiblement. Vous êtes témoing des outrages qui me furent faits en cette rencontre ; je veux croire, que la religion de Madame de Longueville fut surprise ; mais cependant elle écrivit icy qu'elle ne doutoit point que je ne fusse coupable et je passay pour criminel dans son esprit parce que des gents dont le procédé n'a rien de celuy des hommes d'honneur luy avoient donné des mauvaises impressions. Vous scavez ce que je fis pour faire parler les autheurs d'une si noire imposture, et je ne vous cachay point alors de quelle façon j'étois résolu de les traitter en cas que je les peusse découvrir. Comme j'eus la satisfaction à Bourdeaux d'avoir parlé en homme d'honneur et d'avoir obligé mes calomniateurs au silence, depuis que je suis icy j'ay trouvé partout la satisfaction que je pouvois espérer ; c'est-à-dire une approbation universelle de ma conduite dont on estoit pleinement informé devant que e fusse arrivé.

« Lorsque j'étois sur le point de partir vous sca-

-vez que Mme. de Longueville vous pria de raccomoder Sarrazin avec moy, vous scavez ce que je vous répondis sur ce sujet et la déclaration que je vous fis de ne vouloir jamais avoir aucun commerce avec un homme reconnu fourbe par tout le monde et de qui Mme de Longueville mesme durant qu'elle étoit à Stenay avoit eu les derniers soupçons et certes avec grande raison. Je pense que vous avez sceu de quelle façon ce petit compagnon qui veut trancher du ministre s'est conduit à mon égard depuis que je suis icy, en quels termes il a parlé de moy en présence de M. le prince de Conty et de Mme de Longueville avec d'autres petits messieurs dont véritablement la vie est sans reproche et desquels il n'y a rien à dire; mais aussy qui me sembloient n'avoir rien à dire de moy, lorsque j'étois présent. Vous aurés peu apprendre par quelques lettres que j'ay reçeues à Bourdeaux que Sarrazin, devant que je luy eusse fait sentir le poids de mes justes réponses, avoit mandé plusieurs fois à M. de Courtin (qu'il ne croioit pas de mes amis) qu'ils prissent bien garde à moy, que j'étois un méchant homme, grand fourbe quoique j'affectasse de parestre sincère; que je débitois des calomnies contre luy parce qu'il avoit empesché que M. le prince de Conty ne payast les bulles de ma pension (chose qu'il m'avoit promise en présence de M. le comte de Maure), que ce que je disois de luy n'étoit que *sermones inopes rerum vocesque canoræ ;* que M. Courtin avoit tort de me souffrir parler contre luy, puisqu'un bon ami en de telles occasions *ignarum pecus arcet.*

« Il est vray que j'ay pris la liberté d'écrire à M. le prince de Conty et je pense luy avoir fait connestre assez clairement que ce que je puis dire de Sarrazin ne sont pas des *sermones inopes rerum*, etc. ; et en effet j'ay des informations en mains suffisantes pour le faire pendre en bonne justice et quand je voudray me divertir d'un *Salve* en Grêve à ses dépens, je le puis faire, et quand je voudray mettre entre les mains d'un procureur général les papiers que j'ay, il ne peut se sauver que par une abolition. Dites-moy, s'il vous plaist, Monsieur, de quel droit Sarrazin m'offensera-t-il sans que je repousse son médire, et M. le prince de Conty qui l'entend médire de moy qui suis absent, peut-il s'offenser si je replicque par lettre, et si je confonds la vanité de ce pied de sot ! Tout ce qu'il y a icy de gens de qualité à qui j'ay communiqué la lettre que j'ay escrite à S. A. devant que de luy envoyer, ont treuvé que j'avois raison, et il me semble que les advis que je donnois à M. le prince de Conty de la conduitte infâme de Sarrazin plus décrié à proportion de sa bassesse que n'est le Mazarin, méritoient une autre reconnoissance ; et pour traiter ce fourbe comme il le mérite est-ce offencer M. le prince de Conty, les intérests des patrons sont-ils inséparables de ceux de leurs ministres? Si cela étoit nous serions criminels; mais je ne pense pas que S. A. avoue de porter les armes contre le Roy pour les avoir prises contre le *Vilain*, ce seroit un mauvais exemple qu'elle nous donneroit. Pour moy je ne pense pas avoir offensé le Roy en disant les vérités de Mazarin, et je ne pense pas avoir peu donner le moindre sujet de mécontentement à M. le prince de Conti en réprimant l'orgueil de Sarrazin qui n'est en comparaison du *Vilain* que *progenies terræ*. Enfin je ne croy pas que S. A. voulut que je souffrisse les impertinences de Sarrazin; et je vous advoue que concervant toujours le respect que je dois avoir pour Leurs Altesses, je ne me sens pas d'humeur à les souffrir. C'est un homme que je scay fort bien et depuis son berceau. Tâchez de voir la lettre que j'ay écrite dont on se plaint, elle vous persuadera ce que je vous dis, et cependant elle ne vous apprendra pas la centiesme partie des choses que je scay dont la moindre est capable de le faire mourir de honte.

« Quant aux liaisons que Leurs Altesses disent que j'ay prises avec leurs ennemis, elles ne m'ont pas fait l'honneur de m'en donner la liste. Je ne veoy point le Mazarin, ny ses adhérents; je n'ay point de commerce avec M. le cardinal de Retz; je n'en scay point d'autres. Je fais ma cour fort régulièrement à S. A. Royale, à Mademoiselle, à M. le prince. Je veoy quelques fois M*me* de Chatillon, M. de Larochefoucault, M. et M*me* la comtesse de Fiesque; je vais chez M. le comte de Béthune et dans toutes les autres compagnies où se treuvent tous les amis et les serviteurs de M. le prince. Si parmi ces gens-là Leurs Altesses ont quelques ennemis, elles peuvent me les marquer. Pour moy je scay bien qu'elles protègent mes ennemis, qu'elles prennent plaisir à les entendre lorsqu'ils me déchirent. Voilà ce que je scay fort bien. Vous me ferés pourtant plaisir de les assurer que quoy qu'elles puissent faire contre moy, je ne me dispenseray jamais de mon devoir, et que ceux qui leur ont mandé que je manquois à ce que je leur devois ont faussement menti, puisque au contraire je pense estre de tous ceux qui sont icy, celui qui prend plus de plaisir à en dire du bien. Voilà, Monsieur, une grande lettre et peut-être bien ennuyeuse; mais je pense que vous aurés la bonté d'en faire scavoir à Leurs Altesses ce que vous trouverés à propos [1]. »

Nous relevons encore les passages qui suivent dans une seconde lettre de Marigny à Lenet :

[1] Papiers de Lenet. Fonds français, 6709, f° 82. Nous avons collationné cette lettre sur l'original; elle a été publiée dans les *notes* qui suivent l'article de Sarrasin dans l'éd. de Tallemand des Réaux publiée par MM. Montmerqué et Paulin Paris.

« A Paris, le 15 aoust 1652.

« ..... Mais je ne pense pas qu'elles puissent trouver mauvais (Leurs Altesses) que je repousse les injures d'un homme comme Sarrazin. La lettre que j'ai écrite à S. A. étoit pleine de vérités ; je serois au désespoir qu'elle crût que je fusse en la puissance de l'offenser ; il faudroit que je feusse fou pour ne pas séparer le maistre d'avec le valet, un grand prince d'avec un très-grand coquin. Il n'en use pas de la sorte ; car dans un billet qu'il écrit à M. de Nilleport datté du 8 de ce mois, il luy mande que S. A. a tellement trouvé mauvaise la lettre que je luy ai écritte qu'elle a mandé à l'abbé Roquette de me dire que si je continuois à parler de Sarrazin, elle me feroit coupper le nez. On ne m'a pas fait encore cette belle harangue ; mais, outre que la chose ne seroit pas facile, c'est que je ne pense pas que M. le prince de Conti voulût me priver d'un nez qui me feroit faute et que j'ay porté fort haut icy pour son service sans rien craindre durant sa prison. On dit que, dans cette lettre, S. A. me reproche de m'avoir donné cinq mille livres de rente de bénéfices, scavoir deux d'un prieuré et trois d'une pension. Outre que S. A. n'a pas été bien informée du bail du prieuré, je dis tout haut et je le diray que je ne le tiens point d'elle, mais de M. le comte de Bussi et de M. de Boucherat qui ne voulut point perdre son indult. Vous scavez cette histoire. Il est vray qu'il m'a fait l'honneur de me donner un parchemin qui ne m'a servi jusques icy qu'à me faire plaisir ; voilà tout le bien dont je lui suis obligé et j'ai la satisfaction qu'on dit partout que mes services (que je ne reproche point) valaient quelque chose.

. . . .

« Avant hier S. A. m'envoia quérir le soir et m'ayant retenu à soupper me parla de l'affaire de Sarrazin, il me dit que c'estoit un grand fripon et un grand voleur et que sans doute il auroit mal interprété à M. son frère ce que je luy avois écrit ; qu'il falloit que je lui écrivisse ; mais qu'il vouloit veoir ma lettre auparavant. Si ce qu'on dit de la lettre de M. le prince de Conti est vray, j'auray peine à me résoudre à luy écrire. »

Au milieu des tempêtes politiques et de ces bourrasques de cour, Lenet poursuit une grosse affaire, l'adhésion à obtenir de la part du parlement de Bordeaux à l'arrêt du parlement de Paris qui avait déclaré le duc d'Orléans lieutenant général du royaume et le prince de Condé généralissime. Mais, dans cette tâche, il se heurte encore contre les plus vifs dissentiments entre la petite et la grande Fronde du parlement. Celle-ci, malgré le dévouement qu'elle témoignait constamment à la cause des

princes, hésitait d'abord à adhérer; la première
au contraire, sans doute parce qu'elle voyait dans
l'arrêt de Paris une initiative parlementaire conforme à ses aspirations et beaucoup aussi pour
saisir une veine de popularité aux dépens de sa
rivale, témoignait sa bonne volonté pour donner
un arrêt d'adhésion. Il n'en fallut pas davantage
pour retourner les dispositions de la grande
Fronde; mais alors elle voulut donner l'arrêt en
excluant de sa délibération les conseillers de la
petite Fronde. Une des conditions de l'adhésion
de la grande Fronde était que l'Ormée serait abattue; ce point, il est vrai, ne pouvait être que très-
bien accueilli par la petite Fronde. Cette condition
était devenue moins difficile à remplir depuis les
dernières mesures prises par Lenet pour l'élection
des jurats; il avait mis le monstre à la chaîne; sauf
à le lâcher plus tard lorsque l'utilité s'en ferait
sentir pour l'ascendant de sa politique.

Voici sur ces faits les passages de la dépêche
adressée par Lenet au prince de Condé :

« Bourdeaux, ce 12 aoust 1652.

« Je commenceray cette cy en disant à Vostre
Altesse que je n'ay point reçu des siennes par le
dernier ordinaire dont je suis fort en peine, aussi
bien que plusieurs autres qui ne manquent jamais

de faire courir le bruit qu'on les supprime par ce qu'elles sont mauvaises. Je la supplie donc très-humblement de recommander à monsieur Caillet de respondre à celles que je me donne l'honneur de vous escrire partous les ordinaires ; quand il ne seroit que d'en accuser la réception et dire que Vostre Altesse se porte bien, ce seroit quasy assez pour consoler le monde.

« Après cela Vostre Altesse saura que MM. de la grande Fronde qui juroient qu'ils ne donneroient jamais l'arrest de la lieutenance que l'on n'eust abattu l'Ormée, ayant sceu que la petite Fronde se disposoit d'entrer et de la donner, se résolurent à gaigner le devant ; par effect s'estant assemblez le 9 du courant au nombre de 24, y compris Monsieur le Prince de Conty, on délibéra si l'on appelleroit tous ceux qui sont à la ville. Il passa par deux voix qu'ouy. MM. de Nesmond, Massin, Trancas et quelques autres faisoient grand bruit en disant qu'ils persistoient de se retirer en cas que ceux de la petite Fronde entrassent et demandant qu'on le retînt sur le registre. Enfin oppinant sur le jour qu'on pourroit assembler toute la compagnie, on trouva que le lendemain estoit la feste de Saint-Laurens, lequel estoit dimanche, aujourd'huy audience et demain feste. On se mit à dire qu'il falloit abrévier les choses et oppiner ledit jour, et sur le champ, Monsieur le prince de Conty y donna les mains. On demeura jusques à deux heures après midy au palais où il y eust arrest, hors deux voix, par 22 Juges (car messieurs de Castelneau, beau-frère du président de Nesmond, et Pelon, des requestes, se retirèrent et ne voulurent pas y oppiner) par lequel on ordonne la mesme chose qu'à Paris touchant Son A. R. et V. A. On adjouste deux choses : l'une qu'il sera informé contre ceux qui ont quelque commerce avec le cardinal Mazarin, et l'autre que Vos Altesses seront suppliées d'appeller deux de la Compagnie à vos choix pour assister auprès de vous et y prémonstrer les intérests de la province ; leur intention est qu'ils soient du Conseil de mesme que ceux des compagnies de Paris. On vous envoyera l'arrest par cet ordinaire ; si on me l'apporte aussi avant le départ du courrier, je le joindray à ces lignes.

« La compagnie adressera aussi deux de ses lettres à Monsieur Voisin pour Votre Altesse et une pour Monsieur le duc d'Orléans pour estre rendues un jour après la despêche de l'arrest par lesquelles elle prie Vos Altesses de s'employer pour assouspir les divisions de Bourdeaux (ce qu'ils causent eux-mesmes estans tous incapables d'oublier leurs anciens ressentiments).

« Je ne scay si vous vous résoudrez d'appeller quelqu'un ; mais, si vous le faites, j'estime que votre premier choix de Messieurs de Mirat et d'Espagnet serait le meilleur. Le président d'Affis m'en avait parlé pour luy ; et, après milles consults, m'est venu prier que Vostre Altesse ne fist point choix de sa personne pour cet employ qui ne lui apporteroit que de la fatigue et de la ruine. La petite Fronde paroit scandalisée de ce qu'ayant pensé dans la compagnie à les appeller, Monsieur le prince de Conty donna les mains à changer la délibération ; elle dit pourtant que c'est elle qui a donné l'arrest, puisque la résolution qu'elle avoit prise de le donner a fait changer la résolution que la grande avoit prise de ne le donner point.....

« Le sieur de Vatteville est icy, il a traité ce matin à disner M. le prince de Conty à l'espagnole. Il est si bien en ses affaires que, tout misérable que je suis, il a fallu que j'ay emprunté mil escus pour lui prester, cette frégatte qui est allée quérir Monsieur de Guise avec un peu d'argent que nous aurons de Saint-Sébastien, n'estant pas encore venue.

« Mandez-moi si l'affaire de Monsieur de Rieux ne doit rien changer en celle de Monsieur de Guise ; j'oubliay de vous le demander par le dernier ordinaire, afin d'en avoir plus prompte response[1]. »

[1] Papiers de Lenet, *Bibliothèque nationale*, Fonds français, 6709, f° 84. Nous raconterons plus loin les négociations relatives à la délivrance du duc de Guise ; de même que nous donnerons dans un autre chapitre la suite de cette dépêche iné-

L'exclusion des conseillers de la petite Fronde pour l'arrêt d'adhésion du parlement de Bordeaux à l'arrêt du parlement de Paris était une faute due à l'esprit de passion ; elle diminuait maladroitement l'autorité de cet arrêt. Aussi la satisfaction du prince de Condé en apprenant cette importante nouvelle ne fut pas entière ; ce prince s'en expliqua avec Lenet en ces termes :

« Pour respondre à vostre lettre du 12 de ce mois (août), je vous diray que Son Altesse Royale et moy avons eu beaucoup de joie de l'arrest qui a été donné au parlement de Bourdeaux pour la lieutenance générale ; mais, en mon particulier, j'ai eu du desplaisir de ce que MM. de la petite Fronde n'y ont pas assisté. Son Altesse Royale trouve bon aussy ce qui a esté adjousté à l'arrest pour la députation des deux conseillers. Elle et moy souhaitons que ce soient MM. d'Espagnet et de Mirat, et pour cet effect vous tascherez de les faire nommer, bien que je doubte que le sieur de Mirat le puisse estre, n'ayant pas assisté à l'arrest. Il faut que ceux qui seront députés viennent instruits des intérests de leur compagnie, de ceux de la province et de la ville. Car comme le cardinal est tous les jours à la veille de son départ, et qu'il

dite, relative au combat naval qui venait d'être livré entre la flotte royale et la flotte espagnole.

faudra ensuite traicter des conditions de la paix, ce sera autant d'avancé et de temps d'espargné. Je vous envoie la lettre que j'escris au Parlement sur ce subject, dans laquelle j'ay laissé en blanc les noms des deux conseillers que vous ferez escrire d'une escriture plus approchante qu'il se pourra du corps de la lettre, et si vous ne voyez pas de disposition à faire nommer ces deux Messieurs, vous en ferez choix de deux autres tels que vous jugerez à propos. Pour ce qui est de la seureté de leur voyage, vous leur direz qu'ils y mettent ordre le mieux qu'ils pourront; car pour des passeports je ne scaurais présentement leur en envoyer... etc. [1]. »

A deux voix près, l'arrêt d'adhésion à la lieutenance générale du royaume ne passa pas au parlement de Toulouse malgré le dévouement que la cause des princes avait constamment rencontré dans cette ville [2]; Lenet s'en inquiétait sérieusement. En outre, dans sa dépêche du 15 août, il apprenait au prince de Condé une nouvelle tentative de la cour pour enlever à la ville de Bordeaux la possession de son parlement :

« L'on vient de me dire que le président Pichon receut hier les lettres du roy pour establir le par-

---

[1] Lettre inédite datée de Paris, le 19 août 1652; Papiers de Lenet; *Bibliothèque nationale*, Fonds français, 6709, f° 152.
[2] Voy. t. III, p. 332.

lement à Dax, ou toute autre ville qu'il jugeroit à propos, et qu'il est parti avec toute sa famille pour Dax ; et ce n'est pas cela qui décidera nos affaires. Je croy que l'arrest de Toulouse aura bien surpris Son Altesse Royale ; d'Alliez me mande que nous ne l'avons perdu que de deux voix et tout par la faute d'en avoir eu advis par un courrier exprès qui eust donné le loisir d'assembler les advis des absents [1]. »

Ces deux nouvelles étaient fâcheuses pour le prince de Condé. En raison de sa situation dominante dans la Guyenne dont il avait fait un des plus sérieux points d'appui de sa cause, la première le préoccupait plus vivement encore ; il avait l'exemple du coup funeste que lui portait l'ordonnance royale du transfèrement du parlement de Paris à Pontoise ; aussi écrivit-il à Lenet :

« Empeschez surtout à quelque prix que ce puisse être l'establissement de ce parlement de Dax.... cela seroit du plus grand préjudice du monde, l'exemple de celuy de Pontoise me le faisant ainsy juger [2], etc. »

Cette tentative du transfèrement à Dax du parle-

---

[1] Fragment d'une dépêche inédite ; Papiers de Lenet, *Bibliothèque nationale*, Fonds français, 6709, f° 114.

[2] Lettre inédite datée de Paris, le 22 août 1652 ; Papiers de Lenet ; *Bibliothèque nationale*, Fonds français, 6709, f° 139.

ment de Bordeaux, certainement par des causes identiques, n'aboutit pas plus que ne l'avait fait la précédente tentative de son transfèrement dans la ville de Limoges [1]. Le président Pichon, comme le conseiller du Burg, fut certainement paralysé par la crainte ; il ne serait pas surprenant que le fait suivant ne fût un acte d'intimidation :

« Il y a trois jours que quinze ou seize hommes incogneus trouvèrent le président Pichon revenant de Lormont, ils le menacèrent de le tresner à Bourdeaux et l'exposer au peuple ; en un mot il fut contraint de se racheter pour cent cinquante livres ; quand on aura descouvert les auteurs, on taschera de les chastier [2]. »

Les divisions n'existaient pas seulement dans la ville de Bordeaux ; elles régnaient aussi parmi les troupes : malgré la différence des grades, une rivalité jalouse animait l'un contre l'autre Marsin et Balthazar. Le premier, formé aux habitudes de géneral d'une armée régulière, était dans cette guerre moins sur son terrain que le second doué surtout des aptitudes d'un chef de partisans ; aussi le

---

[1] Voy. t. III, p. 149 et suivantes ; t. IV, p. 241.
[2] Dépêche inédite de Lenet au prince de Condé ; Papiers de Lenet, *Bibliothèque nationale*, Fonds français, 6709, f° 114.

comte de Marsin n'était parvenu à remporter aucune victoire éclatante, tandis que le colonel Balthazar avait recueilli plus d'un brillant succès. Le prince de Condé, qui désirait les conserver l'un et l'autre à sa cause, s'alarmait de leurs dissentiments; il terminait une lettre à Lenet par ce *post-scriptum* :

« J'escris à M. Balthazar sur leur brouillerie de luy et de Marsin. Taschez au nom de Dieu de les accommoder[1]. »

Une lettre du prince de Condé au colonel Balthazar était une distinction et une faveur qui ne firent qu'offusquer davantage le comte de Marsin; il s'en expliqua avec Lenet en ces termes :

« Monseigneur le prince a prins une méthood d'escrire à Balthazar parlant de moy à quoy je ne m'attendois point, et je croiois qu'il y feroit la distinction parlant de l'un et de l'autre. Je luy ay escris mes sentiments sur ce subject, et seray bien aise qu'il 'scache que cette comparaison m'est odieuse, si pourtant je ne suis point le plus délicat home du monde. Que cecy soit de vous à moy, car j'adresse moy mesme ma plainte à S. A. et ne veux pas que d'autres en scachent à parler. Scachez si Balthazar se plaint de moy et ce qu'il dict, et

[1] Papiers de Lenet, *Bibliothèque nationale*, Fonds français, 6709, f° 100.

me l'escririez sans façon et au plus tost. Du reste je vois bien que nous sommes dupés et que le duc de Lorraine nous en donnera à garder, puisque le secours dépend de luy. Si le *vilain* s'en vat, assurez vous que S. A. ne peut plus différer de traiter de la paix et qu'il faut songer à s'y mettre. Taschons de tirer l'argent d'Espagne pour rester un peu en estat : et ne le distribués point sans ordre exprès de S. A., car tout est à craindre en ce temps. Je vous plains de scavoir votre douleur. Envoyés moy quelque argent pour les garnisons et soustenons jusques au bout pour cette fois, estant résolu de n'y plus retourner.

« Fait à Lesqure, ce 18 aoust 1652.

DE MARCHIN. »

« Nous aurons soing ne nous voir dans sept ou huit jours. » (Ces mots sont écrits en travers sur la marge de la 1re page [1].)

Cette intervention directe du prince de Condé dans les dissentiments qui existaient entre le comte

---

[1] Lettre inédite; Papiers de Lenet ; *Bibliothèque nationale*; Fonds français, 6707, f° 127.
Cette lettre est écrite en entier de la main du comte de Marsin; le type de son écriture est allemand, et le style dépeint toute la rudesse de son caractère. La lettre porte cette suscription : A Monsieur, Monsieur Lenet.

de Marsin et le colonel Balthazar nous a paru d'autant plus intéressante à faire connaître que celui-ci n'en parle pas dans ses *Mémoires*, dans lesquels cependant il ne dissimule pas la divergence de ses vues avec celles de son général.

En résumé, le moment où nous sommes arrivés marque l'apogée apparente de la Fronde des princes, à Paris, comme à Bordeaux. Par les arrêts des parlements de ces deux villes, ils se trouvaient investis aux yeux d'un certain vulgaire d'un pouvoir pour ainsi dire légal; le dénoûment du protectorat du jeune roi remis aux mains du duc d'Orléans et du prince de Condé semblait proche, le cardinal Mazarin quittant en apparence la cour et le pouvoir; l'armée royale en Guienne était désorganisée par le départ du comte d'Harcourt; une victoire navale de la flotte royale dans les eaux de la Rochelle, dont nous parlerons bientôt, était paralysée dans ses effets. La contre-partie de ces avantages était la lassitude de la guerre civile et le découragement général : la noblesse abandonnée par la politique royale et par la politique des princes ne pouvait plus espérer d'atteindre le but de la convocation des états généraux; les parlements n'étaient plus assez soutenus par le tiers état pour conquérir la toute-puissance; la pénurie des ressources de l'Espagne ajournait indéfiniment les secours promis; les jalousies, les divisions, les rivalités régnaient de toutes parts ; l'insuffisance du duc d'Orléans et du prince de Condé était notoire ; à l'un il eût fallu plus de portée et plus de fermeté ; à l'autre, un génie politique qui se rapprochât davantage de son génie militaire ; enfin, par-dessus tout, la lutte était trop inégale contre l'habileté du cardinal Mazarin dont la retraite n'était qu'une feinte !

CHAPITRE XXXVI.

Opérations maritimes de la guerre de la Fronde. — Le comte du Dognon et la place de Brouage. — Préparatifs du siége de cette place. — Projet d'une diversion en assiégeant Blaye. — Croisières du comte du Dognon; ses prises. — Trois vaisseaux de guerre hollandais occupent l'embouchure de la Charente. — L'île d'Oléron occupée par M. de Polastron. — Nouvelles incursions du comte du Dognon. — Son espionnage organisé. — Équippement de la flotte royale dans les ports de Bretagne. — Adjonction de vaisseaux étrangers. — Aventure de la reine Christine tombant à la mer. — La flotte royale, sous les ordres du duc de Vendôme, met à la voile de Brest pour les côtes de la Saintonge. — Elle se renforce sur sa route. — Son effectif. — Le comte du Dognon rallie avec son escadre la flotte espagnole. — Effectif de leurs forces réunies. — Grande bataille navale. — La flotte espagnole est vaincue; le comte du Dognon se retire avant la fin du combat. — Dépêches inédites, du 12 et du 15 août, de Lenet au prince de Condé. — Conséquences de cette victoire. — Petite expédition maritime couronnée de succès. — Restitution d'un navire hollandais; lettre inédite de remercîments, du 20 août, des états généraux des Provinces unies des Pays-Bas au prince de Conti. — Bordeaux menacé. — Inintelligente opposition de l'Ormée, dans l'intérêt de sa cause, aux fortifications de l'île de Casau. — La diversion du siége de Dunkerque sauve la flotte espagnole et Bordeaux. — La flotte de France cingle vers le nord pour secourir Dunkerque. — Le duc de Vendôme se rend à la cour. — Le commandeur de Neuchaise le remplace. — Guerre maritime entre l'Angleterre et la Hollande. — Tentatives du prince de Condé pour obtenir l'alliance de

Cromwel. — La flotte de France, traîtreusement surprise par la flotte d'Angleterre, est vaincue et dispersée. — Capitulation de Dunkerque. — Impopularité des Espagnols à Bordeaux. — Les Ormistes menacent le baron de Vatteville de le jeter à la rivière. — Traité de neutralité des villes de Rions et de Cadillac. — Quatre vaisseaux bordelais attaquent à Royan des navires de commerce. — Abandon du siège de Brouage. — Ordre au marquis du Plessis-Bellière de se rendre en Catalogne.

(1652.)

Nous abordons le récit des événements maritimes de la Fronde, plus importants qu'on ne le pense; car ce fut une expédition maritime qui parvint l'année suivante à donner à la Fronde le coup de grâce dans Bordeaux et par suite dans la France entière.

Le combat naval auquel nous allons assister dans les parages des îles de Ré et d'Oléron demande l'exposé d'une situation que domine le comte du Dognon dans les deux petites provinces de l'Aunis et de la Saintonge. Maître de la côte, il l'était presque exclusivement du recrutement des matelots; maître de Brouage, il avait sous la main un port, abri nécessaire pour les forces maritimes du parti des princes destinées à tenir en échec la flotte royale en s'appuyant sur la flotte d'Espagne. Aussi le prince de Condé, subissant la nécessité impérieuse du concours du comte du Dognon, re-

commandait-il toujours de satisfaire, avant toutes
choses, à ses exigences. Le futur maréchal de France
n'avait garde de ne pas user de ses avantages, il ne
faisait même nul scrupule d'en abuser, jouant avec
adresse un rôle à double face, destiné à aboutir,
dans les hypothèses les plus opposées, à un dénoûment toujours à son profit. Toutes les forces,
tous les subsides mis à sa disposition, devaient lui
permettre à son gré, soit de donner un vigoureux
élan à la cause des princes, soit de se faire, à l'occasion de la puissance même dont il était le déposi-
taire, un gage pour s'accommoder à des conditions
d'autant meilleures avec la cour. Celle-ci, qui comprenait combien il était important de débusquer de
vive force le comte de sa place de Brouage, avait
confié cette mission au marquis du Plessis-Bellière.

Des préparatifs considérables pour ce siége
avaient été faits; des taxes supplémentaires avaient
été imposées à toutes les contrées environnantes;
elles étaient onéreuses; car, à ne parler que de certaines paroisses de l'élection de Saintes, celles-ci
avaient été taxées à cinq mille livres, outre les deux
cents précédemment imposées; la part contributive
de la ville de Saintes était de six à sept mille livres.
Des affûts de canon étaient fabriqués à Angoulême
et à Tonnay-Charente; quantité d'arbres avaient
été exploités dans les bois de Saint-Jean d'Angely
pour faire des machines; on préparait à Saintes

neuf mille sacs à terre, six cent mille livres de poudre, et l'on se proposait d'enlever à cette ville les huit pièces destinées à la défense de ses remparts, afin de les employer à battre en brèche les murs de Brouage. Les troupes désignées pour prendre part à ce siége se composaient des régiments de Navailles, de Mazarin, de Gramont, de Jonzac, d'une partie de celui de Montausier, formant un effectif d'environ trois mille hommes d'infanterie; et du régiment d'Albret et des compagnies franches formant un total de plus de mille chevaux. Le comte d'Estissac disposait à la Rochelle et aux environs d'un corps de deux mille hommes; en outre le régiment de la Meilleraye, fort de deux mille hommes, arrivait de Bretagne. Pour faire diversion à cette entreprise, en appelant ailleurs le marquis du Plessis-Bellière, on parlait dans le parti contraire d'entreprendre le siége de Blaye avec le concours des Espagnols auxquels on devait fournir deux mille Bordelais appuyés par le régiment d'Enghien récemment remis sur pied en Médoc. Le duc de Saint-Simon, gouverneur de Blaye, se montrait très-préoccupé de ce projet auquel les hésitations espagnoles ne donnèrent aucune suite.

Pendant ce temps, le comte du Dognon croisait en mer avec ses voiles à la poursuite de prises productives, n'épargnant pas même des alliés éventuels et fort recherchés alors par le prince de Condé, qu'il eût été important de ménager dans l'intérêt de sa cause. Entre autres captures, il s'était emparé d'un vaisseau anglais; il l'avait relâché, il est vrai; mais après s'être approprié sa cargaison composée de vins, de vinaigre et d'eau-de-vie. Comme la Hollande craignait, non sans raisons, que la neutralité de son commerce ne fût peu respectée, elle s'était saisie, avec trois grands vaisseaux, de l'embouchure de la Charente pour protéger des navires marchands de sa nation qui étaient remontés à Tonnay-Charente pour charger des vins et des eaux-de-vie.

Le comte du Dognon, avisé des préparatifs qui se faisaient contre sa place, y rentra dès le mois de juin. Pour être maître des deux côtés du canal, il fit occuper l'île d'Oléron par une forte garnison. M. de la Villate, gouverneur de l'île, étant venu à mourir, il le remplaça par M. de Polastron, jusque-là capitaine de Brouage [1]. De Brouage,

---

[1] Nous avons tiré tous les détails du commencement de ce chapitre d'une très-curieuse relation inédite, le *Journal épistolaire de Samuel Robert*, dont M. de la Morinerie, savant érudit qui a fait une étude particulière de l'histoire de la Saintonge, nous avait attesté le mérite, et dont son possesseur, M. le baron Eschassériaux, député, nous a fait une communication empressée dont nous lui témoignons ici toute notre gratitude. Nous regrettons même de n'avoir pas eu plutôt connaissance de ce manuscrit, qui nous aurait permis d'ajouter quelques faits à nos chapitres antérieurs sur la Fronde en Saintonge.

Quelques détails intéresseront le lecteur sur l'auteur du *Journal épistolaire* et sur son manuscrit. Samuel Robert avait acheté la charge de lieutenant particulier de l'élection de

le comte du Dognon, placé comme un aigle dans son aire, fondait sur toutes les proies placées à sa portée ; faisant sur divers points des descentes ou des incursions imprévues. Pour punir une localité du nom de Diven, entre Soubise et la Rochelle, dont les habitants avaient refusé de se soumettre à ses ordres, il y parut inopinément, le 14 juillet, et ses troupes y commirent les plus grands dégâts. Il envoya à Nieulle deux de ses pataches, montées par quatre-vingts hommes, faire un débarquement pour enlever un quartier du régiment de Lislebonne ; mais le soin avec lequel le commandant du régiment se tenait sur ses gardes lui permit de n'être pas surpris et de repousser l'agression [1]. Par terre, des expéditions de ravitaillement étaient également entreprises ; l'une d'elles eut pour résultat l'enlèvement de troupeaux dans la prairie de Moëze ; une autre moins heureuse laissa vingt-cinq prisonniers entre les mains

Saintes ; mais comme il appartenait à la religion protestante, des difficultés, pour la validation, lui avaient été suscitées particulièrement par l'évêque de Saintes ; et il s'était rendu à Paris pour les surmonter. Sa correspondance roule donc en premier lieu sur ses affaires particulières, ensuite il raconte à ses correspondants les événements parvenus à sa connaissance ou dont il a été témoin. Ses lettres sont d'abord datées de Paris ; puis de Saintes, après son retour. Son manuscrit, qui contient aussi ses comptes de dépenses, consiste dans la minute de ses lettres. M. le baron Eschassériaux en a fait faire une copie d'un grand secours pour le lecteur, malgré des imperfections qui proviennent de la difficulté de déchiffrer l'écriture de l'auteur.

[1] *Gazette*, art. sous la rubrique : Saintes, le 23 juillet 1652.

des troupes du marquis du Plessis-Bellière qui les conduisirent à Marennes[1]. Enfin, le comte d'Etissac faillit être enlevé par le comte du Dognon prévenu de sa présence à deux lieues de Brouage; mais d'Estissac parvint à échapper aux deux cents fantassins et aux cent chevaux lancés à sa poursuite[2].

Le comte du Dognon était en effet merveilleusement informé par ses espions de tout ce qui se passait dans le parti contraire, nous en avons déjà rencontré des preuves[3]; le *Journal* inédit de Samuel Robert va nous apporter un témoignage nouveau, et nous faire connaître que le parti royal recueillait aussi ses informations :

« Il est sorti à la nage de Bordeaux un recolet qui aussy tost est allé voir M. de Bellière auquel il a dit que tout ce qu'il résoudoyt dans son conseil de guerre, deux heures après le comte du Dognon le sçavoit; que la division étoit grande audit Brouage, que les prisons estoient pleines de religieux, de bourgeois, de soldats, et qu'il y avoit mesme une dissenterie qui tuoyt beaucoup de gens; que les fils du sieur de Mont-Rolland-de-Saint-Jean en estoient morts. »

[1] Petite ville entourée de maraïs salants, avec un port sur la Seudre, à deux kilomètres de l'Océan.
[2] *Journal épistolaire* inédit de Samuel Robert.
[3] Voy. t. III, de ces *Souvenirs*, p. 184.

Ces petites expéditions et ces escarmouches étaient le prélude d'une lutte plus sérieuse. La flotte royale avait achevé de s'équipper sur les côtes de Bretagne; les préparatifs étaient formidables, surtout si l'on considère l'époque et la pénurie du trésor. A cette flotte étaient venus se joindre trois navires de puissances alliées : deux vaisseaux portugais et un vaisseau suédois envoyé par la reine Christine qui professait pour l'alliance de la cour de France une sympathie ardente. On n'ignore pas que cette princesse avait même infructueusement ambitionné le rôle de médiatrice entre la cour et la Fronde, en adressant au parlement de Paris une lettre datée de Stockholm, le 10 avril 1652 [1]. Si cette princesse fût parvenue à se faire écouter, elle eût atteint un résultat sans doute excellent en lui-même, mais dans lequel elle recherchait surtout l'auréole, objet de son ambition, l'auréole de la célébrité. Il n'y a nulle invraisemblance que ce fut en faisant la visite qui devait lui inspirer un intérêt tout particulier, de ce vaisseau destiné à rallier la flotte royale de France, que lui arriva cette périlleuse aventure :

La reine, pour monter à bord, ayant placé le pied sur une planche mal assujettie ressentit un tressail-

[1] Lettre imprimée à Paris chez Denys Langlois, au Mont-Saint-Hilaire, à l'enseigne du Pélican; 1652. Dubuisson-Aubenay a inséré dans son Journal manuscrit un exemplaire de cette lettre.

lement. L'amiral Flemming, qui lui donnait la main, fit un mouvement pour soutenir la reine ; mais, perdant l'équilibre, il tomba à la mer. Dans sa chute, il entraîna la princesse. Chacun de se précipiter au secours de la reine ; mais on ne put la sauver qu'à grand'peine parce que l'amiral, par une présence d'esprit jointe à un oubli de l'étiquette excusable peut-être chez un homme qui se noie, s'était accroché à ses vêtements. L'accident fut assez grave pour que la nouvelle de la mort tragique de la reine se répandît dans Stockholm, et pour obliger cette princesse, dont la couronne était mal affermie, à monter à cheval, le jour même, et à parcourir les rues de sa capitale, afin de démentir, en se montrant, un bruit dont les suites pouvaient lui devenir funestes [1].

Renforcée par les trois vaisseaux de ses alliés, la flotte royale de France mit à la voile, le dix-neuf juillet, de Brest, son principal port d'armement. Elle était commandée par le duc de Vendôme, grand amiral de France, ayant pour lieutenant général le commandeur de Neuchaise. La flotte cingla vers le sud, ralliant sur sa route les vaisseaux *le Sourdis*, *l'Elbœuf* et *le Fort*, ce dernier sorti du port de la Rochelle, un brulôt et quatre galiotes venant de l'île de Ré. Seize vaisseaux, trois frégates, une galère

[1] Voy. la *Gazette*, art. sous la rubrique : Saintes, 19 mai 1652 ; Stockholm, 25 mai 1652.

armée de douze pièces de canon, quatre galiotes et quatorze brûlots, divisés en deux escadres, se trouvèrent, après ces adjonctions, former l'effectif de la flotte de France [1]. Un vent favorable la porta avec rapidité à la rade des Sables-d'Olonne [2]. Sur ce point, des matelots et deux cents soldats du régiment d'Estissac s'embarquèrent pour renforcer les équipages, auxquels la seule ville de la Rochelle vint ajouter encore deux cents volontaires; de sorte que les forces embarquées montaient à près de huit mille hommes [3]. Un changement dans la direction du vent obligea la flotte à mettre deux jours pour parvenir de la rade d'Olonne à celle de la Palisse, en face du fort de la Prée. Le gouverneur pour le roi de l'île de Ré, avec quelques gentilshommes et d'excellentes troupes françaises et suisses, s'embarquèrent et se répartirent sur les différents vaisseaux.

Le comte du Dognon, prévenu de l'approche de la flotte royale, était sorti de Brouage avec son escadre composée de quatre vaisseaux et de cinq brûlots, pour rallier la flotte espagnole; celle-ci se composait de trois escadres : l'escadre dite de Dunkerque, forte de sept vaisseaux; l'escadre de Guyenne, forte

---

[1] Voy. à l'*Appendice*, à la suite de la relation de la bataille navale, l'état nominatif des bâtiments de la flotte.

[2] Son port a été creusé par Louis XI; cette ville est située sur une pointe sablonneuse qui avance dans l'Océan.

[3] *Gazette*, art. sous la rubrique : La Rochelle, 15 aoust 1652.

de deux vaisseaux; l'escadre de Naples, forte de trois vaisseaux, de quatre frégates et d'un brûlot. Les quatre escadres réunies forment en tout vingt-sept navires de différentes grandeurs [1]. Cette flotte combinée mouillait dans le pertuis d'Antioche, alors que la flotte royale de France entrait dans le canal par le pertuis Breton. Un vent du sud qui soufflait alors à l'avantage des escadres combinées leur aurait permis de courir vent arrière sur la flotte de France. Le duc de Vendôme envoya, à travers l'île de Ré, le comte de Montesson, lieutenant général de la marine [2]; et le chevalier de Cartray, vice-amiral, pour reconnaître les dispositions des escadres ennemies; ils lui rapportèrent qu'aucun mouvement des escadres combinées ne s'opérait pour quitter le mouillage; cette hésitation leur fut fatale. Un changement de vent retourne l'avantage dont les Espagnols et le comte du Dognon n'ont pas su ou n'ont pas osé profiter. Le duc de Vendôme, le 9 août, à quatre heures du matin, commande d'appareiller; le comte de Montesson fait exécuter un branle-bas de combat sur tous les vaisseaux, le commandeur de Neuchaise assigne à chacun son ordre de bataille; chaque vaisseau doit es-

[1] Voy. à l'*Appendice* l'état nominatif.
[2] Aïeul du marquis de Montesson, lieutenant général des armées du roi, dont la veuve Charlotte-Jeanne de la Haie de Riou devint la seconde femme du duc d'Orléans, petit-fils du régent.

corter son brulôt. Ces préparatifs s'accomplissent avec une joie immense et avec une célérité sans exemple. Le duc de Vendôme prend son poste d'amiral sur la poupe de son vaisseau, ayant auprès de lui le commandeur de Neuchaise et le chevalier de Cartray dont il veut avoir les conseils. Les principaux chefs, le comte de Goulaines, MM. de Vigneux, de Launay, de Bonneville, le capitaine Duquesne, MM. de Chabot, frères, sont à leurs places ; les troupes d'infanterie occupent les galeries à l'arrière de chaque vaisseau. Voguant en ligne formidable, la flotte de France s'avance à Chef-de-Baye, prenant sa direction sur Brouage ; puis, lorsque ses derniers vaisseaux sont assez avancés pour éviter le rocher de la pointe de l'île de Ré, par une conversion elle est bientôt portée en vue de la flotte espagnole placée entre les îles de Ré et d'Oléron [1]. Celle-ci ne juge pas prudent d'accepter le combat ; elle appareille et cingle au large en plein Océan. Le duc de Vendôme donne la chasse à la flotte ennemie ; il fait mettre toutes voiles dehors pour l'atteindre. Il gagne sur elle de vitesse et, à sept heures du matin, il est à portée du canon. Les Espagnols forcés au combat cessent de fuir ; ils tâchent de prendre pour eux l'avantage du vent, et font grand feu de leur artillerie. Le duc de Vendôme, qui veut les aborder

[1] Voy. la *Gazette*, art. sous la rubrique : La Rochelle, 15 aoust 1652.

de plus près, ordonne de ne pas répondre et continue d'avancer ; lorsqu'il se trouve assez rapproché, il tonne à son tour de tous ses canons. Un formidable combat d'artillerie engagé de part et d'autre dure deux heures entières, et tourne à l'avantage de la flotte de France ; le duc de Vendôme profite de l'obscurité répandue sur la scène par la fumée de la poudre pour donner ordre aux vaisseaux les plus proches du sien d'accrocher leurs brulôts aux vaisseaux ennemis. Le brûlot *la Sainte-Anne*, sous les ordres du capitaine Chéron, qu'escortent le vaisseau *l'Elbeuf* commandé par Pardejeu, et la galère commandée par des Thurolles, abordent le vaisseau *la Nativité*, l'un des plus grands de la flotte d'Espagne, armé de quarante-deux pièces de canon et monté par trois cents hommes. L'abordage est suivi du plus effrayant spectacle : le feu attaché aux flancs du vaisseau l'enveloppe de ses tourbillons, l'artillerie redouble ses coups sur cette masse enflammée, les poudres prennent feu, l'équipage se précipite à la mer ; Antoine Gonzalès, le capitaine, et six hommes parviennent seuls à se sauver à la nage. Le bruit de cette explosion formidable, les nuages de fumée, les lueurs de l'incendie portent la terreur dans la flotte ennemie, dont les vaisseaux s'écartent en désordre. Vainement le vaisseau amiral d'Espagne vient-t-il de couler de son canon le brûlot du capitaine Thibault qui l'abordait pour l'incendier, la terreur est à son comble; le vaisseau amiral lui-même donne le signal de la retraite.

Le comte du Dognon n'a pas attendu ce critique moment pour déserter le combat ; monté sur son vaisseau *la Lune*, il s'est retiré avec son escadre. Désertion ou excès de prudence sont en effet les accusations dont on l'accable ; mais il était en réalité victime d'une trahison de ses matelots.

Le combat n'est plus qu'une poursuite : la flotte espagnole est criblée de boulets dans la proportion de trois volées de canon sur une qu'elle envoie ; les mâtures, les vergues volent en éclats ; les vaisseaux français serrent de si près les vaisseaux espagnols qu'ils se mêlent avec eux. Le vaisseau amiral de Naples, *la Concorde*, a son grand mât rompu et toutes ses voiles déchirées ; il est capturé ; la frégate *la Sainte-Agnès* subit le même sort. D'autres prises sont imminentes ; mais la nuit vient au secours des Espagnols et le duc de Vendôme donne l'ordre de cesser la poursuite[1].

Dès que Lenet eut appris la nouvelle de ce combat, il en transmit au prince de Condé, dans sa dépêche datée de Bordeaux le 12 août, les premiers détails en ces termes[2] :

---

[1] Voy. à l'Appendice la *Relation* de ce combat naval publiée en 1652.

[2] Dépêche inédite; Papiers de Lenet, *Bibliothèque nationale*, Fonds français, 6709, f° 85.

« Nous avons eu ceste nuit nouvelle qu'il y avoit eu un très-grand combat naval entre l'armée navalle mazarine et la nostre ; ce matin, elle nous a esté confirmée et nous avons sceu que les *mazarins* ayant eu un grand vent en poupe, sont venus à nos vaisseaux espagnols ; car ceux de M. du Dognon n'y estoient pas. Je ne scay s'il veut la mettre à composition ou s'il a jugé à propos de s'approcher dans cette rivière où ils sont. Tant y a qu'un de nos vaisseaux a esté brûlé, un pris sur lequel estoit l'admiral qui est prisonnier, et deux perdus, du moins hors de combat. Les *mazarins* y ont perdu beaucoup de monde, nostre artillerie ayant esté fort bien servie ; ils y ont eu un grand vaisseau coulé à fond, plusieurs de leurs brûlots brûlés. Nous n'en savons autre chose, sinon que Salnove [1], qui est à Paulhiac, vient de dire à Méotrix que plusieurs de ceux qui montaient la *Lune* se sont révoltez et n'ont point voulu combattre ; chacun dit que, si ces vaisseaux eussent esté joints, le gain de la bataille estoit infaillible pour nous ; mais pour moy je n'en dis rien, car je n'y entend rien du tout : il adjoute que les

---

[1] Probablement Robert de Salnove, d'une ancienne famille du Poitou, né vers la fin du seizième siècle, mort en 1670, ancien page de Henri IV, écuyer de Christine de France, duchesse de Savoie, lieutenant de la grande louveterie de France, auteur d'un ouvrage curieux, *la Vénérie royale,* dont la première édition parut en 1655.

mazarins ne sont pas si forts qu'on avoit cru ; qu'ils se sont retirés à La Rochelle, et plusieurs vaisseaux espagnols du costé d'Espagne. Les frégates biscaiennes sont, à ce qu'on vient de me dire, sous Bourg. Ils nous rendront peut-être ce soir plus savants. Méotrix et Salenove sont d'advis de chasser ce qu'il y a de révoltez dans leurs bords, d'aller rejoindre du costé d'Espagne les autres vaisseaux, se remettre là en meilleur estat et venir aux *mazarins*. Nous allons voir ce qu'il y a à faire là dessus. Par provision, je suis d'advis d'envoyer le régiment de Conti, qui estoit destiné pour Rions, à Arcachon où nous ferons un petit fort pour entretenir la communication de l'Espagne ; car tous les grands vaisseaux de l'Europe ne sçauraient empescher que les petits bâtiments biscaiens viennent terre à terre audit Arcachon. Les régiments de Marchin, de Pibrac et de Conty, de cavalerie, feront la guerre de ce costé là avec Guitaud, et nous lèverons quelque chose en ces pays-là.

« J'envoye à Vostre Altesse une lettre de M. de Marchin par laquelle vous verrez ce qu'il fit. Si nous reprenons Castel Jaloux, comme il le croit, et le Mas d'Agenois, comme le croit M. de Gallapian, nous serons assez libres de çà la Garonne.

« Je crois qu'il faut faire un petit fort à Paulhiac, y mettre quelques canons et Vatteville avec ses Allemands pour deffèndre la rade qui est très bonne et occuper le poste de Castillon où la rade n'est pas mauvaise. Notre garnison de Bazas qui est là inutile sera bonne là. »

« Cependant il sera bon d'équipper force petits bâtiments et mettre force bruslosts en estat pour deffendre notre rivière. »

La victoire remportée par la flotte royale sur la flotte espagnole avait, on le voit par les mesures dont Lenet rend compte au prince de Condé, jeté une vive alarme à Bordeaux, et cependant Lenet avait dissimulé une partie de la vérité pour ne pas donner au prince de trop sérieuses inquiétudes. La défaite de la flotte espagnole avait coûté, outre les navires perdus, six cents hommes tués et quantité de prisonniers, tandis que la flotte royale n'avait éprouvé que des pertes infiniment moindres. La flotte espagnole était dispersée; une partie avait gagné les côtes d'Espagne ; quelques-uns de ses navires s'étaient réfugiés dans la Gironde ; mais on ne pouvait compter qu'ils fussent capables de repousser la flotte royale, si celle-ci se présentait pour remonter le fleuve ; aussi l'armement des deux rives était-il ordonné en toute hâte pour appuyer leur faiblesse et fermer le passage.

Cependant, comme la flotte royale ne s'empressait point de pousser son succès en entrant dans la Gironde pour remonter à Bordeaux, Lenet se rassurait et s'empressait de rassurer le prince de Condé par la dépêche suivante [1] écrite trois jours après la première :

« ... Je donnay à Vostre Altesse l'allarme un peu moins chaude qu'on ne me l'avoit donnée touchant notre combat naval, et avec tout cela je vous la donnai trois fois plus grande que je ne debvois. Nous avons depuis sceu la vérité, vous verrez par la relation ci-jointe que les vaisseaux de M. du Dognon n'ont point voulu combattre ; nous en avons sceu depuis la raison, qui est que l'équipage s'est révolté disant qu'il ne vouloit point se battre contre l'armée du roy ; mais bien plutôt contre les Espagnols. M. de Salnove qui est au désespoir croit qu'il y avoit une trahison formée dans la *Lune* parce que deux vaisseaux ennemis la cotoyèrent longtemps sans tirer dessus, et sans lui tout cet équipage se seroit rendu très-asseurément et n'eust hasté de se retirer, comme il fist, en rivière où il est. Les vaisseaux espagnols qui par l'ordre de bataille avoient celuy de les soustenir, les suivirent quelques temps ; mais ayant recogneu qu'ils fuyoient, ils les abandonnèrent, retournèrent au combat qui estoit sur ses fins,

---

[1] Dépêche inédite, Papiers de Lenet, *Bibliothèque nationale*, Fonds français, 6709, f° 114.

de sorte qu'il n'y eust que six de nos vaisseaux qui combattirent, qui firent des choses si extraordinaires et particulièrement l'*Amiral* et la *Conception*, que M. de Salnove dit que cela passe toute imagination et que Meigné et Mesnil sont les deux plus grands hommes de mer qui soient au monde. Nous avons perdu un vaisseau nommé *la Concorde* qui a esté coulé à fondz et estoit fort vieux, un autre nommé *la Nativité* bruslé; les *mazarins* ont eu un grand vaisseau coullé à fonds et huit brûlosts perdus ; quantité de leurs vaisseaux sont démastez, et se sont tous retirés à Saint-Martin de Ré, et les gens de M. de Vatteville à vent de la rivière d'où ils ont envoyé aux ordres. Il y avoit quarante-trois voiles dont la moytié ou environ estoient brûlosts ; ces derniers ont fort bien fait, mais les vaisseaux de guerre n'ont rien fait qui vaille. Si tous les nostres eussent combattu, c'estoit une grande armée perdue pour Son Éminence ; et enfin par la grâce de Dieu le mal n'est pas tel que l'on croyoit et nous n'avons perdu que ces deux vaisseaux, tout le reste est sauvé.

«.... Méotrix nous a bien ponctuellement adverty, et a bien aydé M. de Salnove à ménager son équipage, attendant qu'on y aye mis ordre ; hier il vint en Bacalan où S. A. de Conty, M. de Vatteville et moy fusmes conférer avec lui; car ledit sieur de Salnove n'ose quitter son bord, qui est mouillé sous Roque-de-Vaux. Là nous résolûmes de faire mettre cent mousquetaires d'Anguien sur les vaisseaux de M. du Dognon et particulièrement sur la *Lune*, et de laisser M. de Salnove faire une sévère et prompte justice contre les auteurs de la révolte de ce vaisseau. M. d'Escambols qui estoit ici fut mandé à l'heure mesme et les ordres donnez.

« On ne jugea pas à propos de fortiffier Paulliac, mais bien de faire un fort à l'isle de Casault sur la passe, un autre sur la pointe de cette mesme isle du costé du Bec d'Ambès, et un autre au Bec, dans chascun y mettre une batterie de canons. Il y en aura une autre dans le petit fort qui est près de Bourg et une dans le jardin, à Bourg. On mettra nostre armée au milieu de tous ces forts où elle sera en seureté, attendant qu'on l'aye mis en estat de sortir en mer et aller aux ennemis comme il fault de toute nécessité faire si on ne veult perdre le convoy et Bordeaux, parce qu'il faut liberté pour y apporter du bled, et liberté pour en tirer des vivres. Pour la mettre en estat, on la va radouber, remettre nostre grande galère, s'asseurer des vaisseaux de M. du Dognon, y remettre un équipage nouveau, mettre jusqu'à quinze ou seize brûlosts en estat, et mettre des Allemands dans les forts ; c'est mêlée que l'on avoit faite à Bordeaux pour ajouster dans l'une et quelques Espa-

gnols dans l'autre. On laissera les Irlandois à
Bourg et l'on mettra sur les vaisseaux et sur celuy
de Méotrix tout ce qu'il y aura de meilleure infanterie espagnole. M. de Vatteville dit qu'il s'embar-
quera luy-mesme; je ne le croy pas et je ne scay
pas mesme si ce seroit le meilleur; sa présence
estant ici plus nécessaire.

« On travaille à l'heure qu'il est aux forts et
nous avons pris tous les devants pour empescher
qu'on ne crie à Bordeaux : on leur en donnera
la garde s'ils veulent. Il fault mettre encore les
brigantins en estat ; mais pour tout cela il faut
de l'argent et nous n'avons pas receu un teston.
Jugez depuis le temps qu'on soustient les affaires
avec si peu et toutes les despences qu'on a sur
les bras et le peu d'assistance qu'on a, et les divisions qui sont ici, en quel estat on peut estre.

« J'ai proposé à Méotrix de s'attacher à Vostre
Altesse et qu'Elle m'avoit escrit depuis la mort de
M. de Nemours auquel il estoit particulièrement,
de luy offrir emplois ou pensions. Il a d'abord
refusé disant qu'il ne croit jamais qu'à luy-mesme
et enfin m'a dit qu'il y songeroit. Il vous est tout
à fait nécessaire. Je serois mesme d'advis, s'il veult
vous faire crédit, d'acheter sa frégatte et de la luy
laisser commander. Il a peur de la perdre. On
fera avec luy ce qu'on pourra [1]. »

[1] Nous sommes heureux de relever ces renseignements sur

Si, par des motifs qui vont être connus, la flotte royale ne poussa pas les avantages de sa victoire en forçant les passes de la Gironde pour remonter à Bordeaux, elle obtint du moins dans les parages avoisinant le lieu de la bataille des résultats de quelque importance. Elle devint maîtresse de toute la côte et dégagea le port de la Rochelle, que le comte du Dognon avait tenu jusque-là dans un état de blocus presque complet.

Le duc de Vendôme ayant été prévenu par le marquis du Plessis-Bellière que trois navires de guerre du comte du Dognon, dont une grande galère commandée par le capitaine Osée Blanchard, mouillaient dans la rivière de Seudre, vis-à-vis La Tremblade, pour protéger le déchargement des morues de deux bâtiments qu'ils avaient escortés depuis la Terre-Neuve, forma une petite expédition pour aller s'en emparer ; il choisit à cet effet la galère *Sainte-Anne*, commandée par des Thurolles, avec quatre galiotes sous les ordres de Pineau, Lilleau et Corby. Le 17 août, à minuit, l'expédition partit de la rade de Chef-de-Baye et commença par donner la chasse à un brigantin du comte du Dognon

ce personnage si souvent nommé dans la correspondance de Lenet ; nous avons rencontré dans celle-ci une lettre datée du 1er septembre 1652, signée *de Méotrix*, dans laquelle il lui dit que, n'étant pas assez connu du prince de Condé pour écrire lui-même, il le prie d'être son intermédiaire pour lui exprimer tout son dévouement. *Fonds français*, 6,710, f° 9.

qui courait le long de la terre de Chapus[1], et à sa petite galère qui s'esquiva grâce aux bancs de sable et aux rochers qui sont sur cette côte. En passant devant le fort d'Oléron, la flottille fut saluée de quelques volées de canon sans effet, puis, après avoir donné une nouvelle chasse à une barque longue de Brouage, elle arriva à l'embouchure de la rivière de Seudre. A la vue de la flottille, la grande galère du comte du Dognon et les deux autres navires levèrent l'ancre et prirent la fuite ; mais ils furent si vigoureusement poursuivis qu'ils furent contraints de s'échouer devant Challevette[2] ; les équipages se sauvèrent à terre en abandonnant leurs navires, après avoir laissé toutefois des mèches enflammées qui, communiquant le feu aux poudres, devaient les faire sauter. Les matelots de la flotte royale arrivèrent à temps pour éteindre les mèches et ramenèrent triomphalement dans la rade de Chef-de-Baye leurs cinq prises : les deux bâtiments chargés de morue, la galère armée de cinq gros canons, un brigantin armé de deux pièces en fonte verte et de quatre pierriers, et un traversier armé de deux canons[3].

[1] Le Chapus, petit port sur la côte en face de l'île d'Oléron.
[2] Petite localité située au-dessus de La Tremblade, sur la rive gauche de la Seudre.
[3] *Gazette*, art. sous la rubrique, La Rochelle, 22 aoust 1652.

Cet anéantissement de la petite marine du comte du Dognon ne lui laissant plus la possibilité de tenir la mer, interrompit ses expéditions et ses fructueuses attaques contre les navires de commerce du parti contraire, agressions qu'il se permettait même contre ceux des nations neutres ou amies. Un navire hollandais, dont il s'était emparé, avait motivé une vive réclamation de la part de la Hollande, à laquelle il fut fait droit par le prince de Conti qui en ordonna la restitution. A cet acte de justice et de politique répondit la lettre suivante adressée au prince par les états généraux de cette république :

« Monsieur,

« La lettre de Vostre Altesse escripte à Bourdeaux le 4ᵐᵉ du courant touchant nos subjects intéressez au navire nommé *la Roue de la Fortune*, duquel estoit maistre Jacques Van Düguen, noüs à esté rendue, et avons veu en icelle la continuation de l'affection de Vostre Altesse envers nous et cest Estat ; tellement, Monsieur, que nous avons trouvé convenable d'en remercier Vostre Altesse comme nous faisons de toute nostre affection par ces présentes, priants et réquérants en outre pour la seconde fois qu'il vous plaise donner les ordres deüs là où il appartiendra et besoing sera espécialement au comte du Dognon, affin que ledit navire avec sa charge, appendances et dépendances, au plustost et sans ultérieure remise ou plus long délai, puisse être restitué francq et libre ausdits nos subjects intéressez et aussi que ledit Jacques Van Düguen détenu prisonnier à Brouage soit mis en liberté, affin de poursuivre son voyage projecté; en quoy Vostre Altesse nous obligera infiniment et ne manqueront jamais ès occasions qui se pouroient présenter, à tesmoigner par effect que nous sommes de cœur et d'affection,

« Monsieur,
« De Vostre Altesse humbles et très-affectionnés serviteurs,

« Les États généraux des Provinces unies des Pays-Bas,

« M. Beverning.

« Par ordonnance d'iceux,

« Vruysds.

« A La Haye, le 20 d'aoust 1652 [1]. »

Les habitants de Bordeaux malgré l'inaction de la flotte royale dans leurs parages n'en continuáient pas moins à vivre dans les appréhensions d'une

[1] Lettre inédite, Papiers de Lenet, Bibliothèque nationale, *Fonds français*, 6709, f° 203.

prochaine attaque; les mesures de défense dont Lenet dans ses dépêches a donné connaissance au prince de Condé s'exécutaient avec activité; dans Bordeaux même, la garde qui, depuis la surprise tentée par le comte d'Harcourt, ne se faisait plus qu'à l'hôtel de ville, au château du Hâ et à la Bastide, fut replacée à tous les postes accoutumés aux jours de danger. Mais la construction par les Irlandais auxiliaires enrôlés par l'Espagne des deux forts dans l'île de Casau, l'un en face de Blaye, l'autre en face de la côte de Médoc, vint donner une démonstration nouvelle de l'inintelligence et de l'inconséquence des partis populaires. L'Ormée, dont Lenet croyait avoir prévenu les susceptibilités en lui proposant la garde de ces forts, s'émut de constructions dont le but était pourtant la protection nécessaire de la cause qu'elle avait adoptée; mais l'Ormée avait l'horreur prononcée des fortifications de toute nature; elle s'assembla, députa au prince de Conty, et finalement envoya, le 19 août, deux émissaires à l'île de Casau pour interdire la construction des forts [1]. Au retour les envoyés se vantèrent d'avoir été écoutés; mais les Espagnols s'étaient simplement contentés de se moquer d'eux.

Si l'Ormée eût été écoutée, les obstacles qui

---

[1] *Gazette*, art. sous la rubrique : Bordeaux, 22 aoust 1652.

pouvaient empêcher la flotte royale d'anéantir les restes de la flotte espagnole et de remonter triomphante à Bordeaux eussent été aplanis par l'incapacité et l'imprévoyance même de ces fauteurs de troubles populaires ; du reste d'autres événements vinrent apporter une diversion qui sauva la flotte d'Espagne et qui laissa pour longtemps encore la ville de Bordeaux livrée à la double oppression qui formait son triste gouvernement : l'autorité des princes, et l'autorité de l'émeute.

La ville de Dunkerque était assiégée par les Espagnols sous les ordres de l'archiduc Léopold d'Autriche, et bloquée par mer par une flotte de la même nation. L'armée assiégeante était forte de dix mille hommes ; la flotte comptait huit ou dix vaisseaux et sept frégates. L'archiduc avait ouvert la tranchée dans la nuit du 4 au 5 septembre et avait poussé les travaux avec tant de vigueur que, dans la nuit du 9 au 10, il s'était rendu maître de la contre-escarpe. Un habitant échappé de la ville à la nage avait appris à l'archiduc que le comte d'Estrade, gouverneur de la place, avait reçu une balle dans le ventre, que son major était retenu au lit par une grave maladie, et qu'enfin la disette et une épidémie de fièvres causaient parmi le assiégés une mortalité nombreuse. Pour profiter de ces conjonctures, l'archiduc avait donné des ordres pour un assaut, lorsque au moment où il allait commencer, les assiégés demandèrent à capituler. Après des négociations prolongées pendant le reste du jour et toute la nuit suivante, les conditions arrêtées avaient été celles-ci : si le 16 du même mois, au plus tard, la place n'avait pas reçu un secours de deux mille hommes par mer, les assiégés rendraient la place ; mais ils en sortiraient avec armes et bagages, un mortier et quatre pièces de canon, et seraient escortés jusqu'à Calais [1].

La cour de France, qui attachait un grand prix à la possession de Dunkerque, point de la plus haute importance dans la guerre soutenue contre l'Espagne sur nos frontières du nord, n'avait pas attendu qu'elle fût réduite à ces dernières extrémités pour envoyer au duc de Vendôme l'ordre d'abandonner ses opérations sur les côtes de la Saintonge et de la Guyenne afin de courir à la délivrance de Dunkerque. Un secours par mer était en effet le seul possible à tenter ; l'armée royale commandée par les maréchaux de Turenne et de la Ferté étant alors tenue en échec aux environs de Paris par l'armée du prince de Condé. Ainsi la flotte espagnole et Bordeaux se trouvèrent dégagés de l'étreinte qui allait les enserrer.

[1] *Relation de ce qui s'est passé en France depuis le 5 avril 1652 jusqu'au 26 avril 1653.* Bibliothèque nationale; Fonds de Sorbonne, n° 1257.

Le secours de Dunkerque par mer se présentait avec des chances considérables ; l'escadre espagnole de blocus était d'une infériorité marquée en comparaison de la flotte française, et celle-ci arrivait en outre avec toute la force morale que donne une victoire. En exécution des ordres reçus, elle fit voile vers le nord, le 26 du mois d'août, ayant à bord de ses vaisseaux tous les engins et tous les approvisionnements nécessaires pour ravitailler Dunkerque[1]. Le duc de Vendôme laissa la direction de cette expédition au commandeur de Neuchaise; il était de sa personne débarqué à la Rochelle, d'où il était parti, le 24 août, pour la cour. Il avait hâte sans doute d'y recevoir pour sa victoire les félicitations qui l'accueillirent à son arrivée à Compiègne, le 4 septembre [2]. Le commandeur de Neuchaise semblait donc à son tour appelé à se signaler comme amiral en chef ; la flotte royale s'était même renforcée d'un grand vaisseau armé de trente pièces de canon ; malheureusement il lui fallut compter avec une attaque traîtresse de la part de l'Angleterre.

Cette année 1652 est fertile en luttes maritimes, elle est marquée par la terrible guerre que se li-

[1] *Gazette*; art. sous la rubrique : de Calais, le 9 septembre 1652.
[2] *Gazette*; articles sous la rubrique : La Rochelle, 26 aoust 1652 ; Compiègne, 4 septembre 1652.

vraient les Anglais et les Hollandais. Pendant des négociations pacifiques, le 14 mai, dans les eaux de Douvres, une bataille navale avait été livrée entre Van Tromp, le célèbre amiral hollandais, et Blake, amiral anglais non moins éminent, sans qu'il eût été possible de constater de quel côté au juste était venue l'agression ; et, de part et d'autre, la guerre continuait acharnée. Une semblable agression en pleine paix, au mépris du droit des gens, devint fatale à la flotte de France.

Le prince de Condé sollicitait l'alliance anglaise ; malgré des ouvertures froidement accueillies, deux agents, le marquis de Cugnac [1] et Barrière, continuaient à Londres ces négociations. Tout ce qu'ils avaient pu jusqu'alors obtenir se bornait à l'autorisation de recruter, concurremment avec l'Espagne, des soldats irlandais pour renforcer l'armée de Guyenne. Cromwel, qui venait de ravir à Charles Ier

---

[1] Antoine de Cugnac, d'une ancienne maison de Guyenne, marquis de Dampierre, baron d'Huisseau, conseiller d'État, mort en 1666, fils de François de Cugnac, seigneur de Dampierre, lieutenant général au gouvernement de l'Orléanais, chevalier de l'Ordre du Saint-Esprit. Voy. l'*Histoire généalogique du P. Anselme*.

Un de ses descendants a épousé au dix-huitième siècle Mlle de Lostanges, dont deux sœurs ont épousé, l'une le marquis de Brassac, de la maison de Gallard-Terraube ; l'autre le marquis de Cosnac, union dont naquit Jean-Joseph-Marie-Victoire de Cosnac, successivement évêque de Meaux, archevêque de Sens, mort au château de Cosnac, en 1843.

sa couronne et de faire tomber sa tête, ne trouvait
pas que cette autorisation fût désavantageuse à ses
intérêts. Il redoutait, au milieu des luttes civiles
engagées, l'énergie de la catholique Irlande, et il
n'était pas fâché de l'affaiblir en favorisant l'émigration de la portion la plus jeune et la plus vigou-
reuse de ses enfants. Ce ne fut pas davantage le
désir de venir en aide à la cause du prince de
Condé, mais un intérêt politique tout personnel,
qui détermina l'usurpateur à une intervention plus
directe, à laquelle il fut en outre vivement poussé
par l'ambassadeur d'Espagne en résidence à Londres.
L'asile généreux accordé par la France aux deux
fils de Charles Ier qui servaient activement l'un et
l'autre, le duc d'York surtout, dans les rangs de
l'armée royale, le titre de roi d'Angleterre publiquement porté par l'aîné de ces princes, inspiraient
à Cromwel l'inquiétude d'une restauration faite
par l'influence française, si la cause royale parvenait à triompher. Une déclaration de guerre à la
France, malgré les embarras dont son gouvernement était alors accablé, présentait ses périls ; la
France pouvait contracter avec la Hollande une alliance compromettante pour les intérêts de l'Angleterre ; et, dans tous les cas, une déclaration de
guerre, en lui donnant l'éveil pour se mettre sur ses
gardes, la préservait de toute surprise. Cromwel
n'avait naturellement pas une politique loyale et

scrupuleuse; il ne connaissait que la politique de l'intérêt. Par ses ordres, la flotte anglaise attaqua dans la Manche à l'improviste la flotte de France qui croyait n'avoir rien à en redouter. Cette victoire, peu glorieuse, fut complète: la flotte royale perdit huit vaisseaux et un brûlot; amoindrie, dispersée, désemparée, elle dut se replier sur Brest.

Dunkerque, par suite de cette indigne attaque, n'ayant pu être secouru dans les délais stipulés par la capitulation, le comte d'Estrade remit, le 16 septembre, cette place entre les mains de l'archiduc [1].

Du même coup, la ville de Bordeaux échappait au péril qui la menaçait.

L'incapacité politique et militaire du parti populaire eût, dès le mois de septembre 1652, entraîné infailliblement la soumission de cette ville sans la diversion dont nous venons de faire le récit; mais il est juste d'ajouter que l'Ormée, en voulant s'opposer à la construction par les Espagnols de deux forts dans l'île de Casau, obéissait d'instinct, contre sa cause même, à un sentiment national. Ces forts assuraient à l'Espagne déjà mise en possession de Bourg, comme place de sûreté, une base d'établissement plus formidable encore sur le sol de la patrie. Cet instinct national, malgré l'alliance contractée, poursuivait les Espagnols de l'impopularité la plus dangereuse pour leurs personnes.

[1] *Mémoires* de Montglat.

Le baron de Vatteville se promenant à Bordeaux, sur le cours, vers six heures du soir, au moment où l'effervescence était la plus vive à l'occasion de la construction des forts, quelques ormistes l'abordèrent pour lui demander s'il avait donné des ordres pour leur démolition. L'amiral leur répondit que ce n'était pas à eux qu'il avait à rendre compte de ses actions. Les ormistes, irrités de cette réponse, en vinrent aux reproches violents, l'accusant de n'avoir fourni ni les hommes ni l'argent promis, et disant qu'ils l'obligeraient bien à rendre compte. L'amiral leur répliqua qu'il n'était responsable que vis-à-vis du roi d'Espagne, son maître, qu'il servait plus fidèlement qu'eux ne servaient le leur, et qu'il n'avait rien exécuté sans l'ordre de Sa Majesté catholique; mais que les affaires de l'Ormée étaient si criminelles qu'en ce qui la concernait, elle ne saurait jamais se laver. Cette ferme réponse jeta les ormistes dans une telle irritation qu'après un torrent d'injures, ils menacèrent de jeter l'amiral à la rivière. Celui-ci ayant frappé de sa canne l'agresseur qui s'était le plus avancé, les ormistes fermèrent la porte du Chapeau-Rouge pour couper la retraite à l'amiral. Il fallut que le prince de Conti, averti du tumulte, donnât l'ordre de faire ouvrir cette porte, afin de permettre au baron de Vatteville de se retirer; mais ce prince dut promettre d'obtenir une satisfaction. L'Ormée s'ajourna au lendemain pour délibérer en assemblée sur la nature de cette satisfaction; mais l'amiral était parti dans la nuit [1].

Plusieurs villes de la Guyenne voulurent se préserver des chances dangereuses pour elles de toute participation à la guerre, en imposant une situation de neutralité de leur part qu'on n'osa pas leur refuser du côté de l'armée royale, bien que cette situation lui fût particulièrement désavantageuse. De ce nombre furent les villes de Rions et de Cadillac, qui signèrent un traité de neutralité avec le comte de Lislebonne, neveu du comte d'Harcourt. Ce traité, tout à l'avantage de ces villes et à celui de Bordeaux, portait, comme condition essentielle, le rétablissement de la liberté de leur commerce avec la ville de Bordeaux [2].

Les habitants de Bordeaux voulurent profiter de la liberté de navigation que leur donnait l'éloignement de la flotte royale pour tenter leur petite expédition maritime. Leur intention était moins de faire de glorieuses rencontres que d'opérer des prises avantageuses. L'enlèvement de quelques navires marchands amarrés au port de Royan

---

[1] *Gazette*, art. sous la rubrique : Bordeaux, 22 aoust 1652.

[2] Le texte du traité de la ville de Rions signé à Rions, le 22 août, par de Mallet et le chancelier de Jant, au camp de Cahusac, le 26 août, par François de Lorraine, comte de Lislebonne, tiré des papiers de Lenet, a été publié dans la *Collection Michaud*.

leur parut une séduisante capture. Quatre vaisseaux armés descendirent de Bordeaux et attaquèrent ces navires ; mais les habitants de Royan, jaloux de protéger la liberté et la sécurité de leur commerce, intervinrent et obligèrent les vaisseaux bordelais à se retirer après un long combat dans lequel les assaillants perdirent une cinquantaine des leurs qu'ils allèrent enterrer dans l'île de Médoc [1].

En définitive, cet échec partiel était sans importance et la marche générale des événements tournait dans l'ouest de la France d'une manière prononcée en faveur de la cause des princes. Le départ pour Dunkerque de la flotte royale produisait, entre autres conséquences, le dégagement maritime de la ville de Brouage ; aussi le marquis du Plessis-Bellière recevait-il l'ordre d'abandonner ses préparatifs de siége et de lever son camp de Marennes. Il lui était enjoint de se diriger d'abord sur Angoulême ; de traverser ensuite la Guyenne, à distance de Bordeaux, pour se rendre en Catalogne, afin de conjurer, s'il se pouvait, la perte imminente de cette conquête.

Le marquis du Plessis-Bellière ne renonça pas sans regret au siége de Brouage dont il se promettait bon succès ; outre les préparatifs que nous avons fait connaître, il s'était précautionné pour la fourniture des munitions de guerre et particulièrement de la poudre, d'un marché passé à la Ro-

[1] *Gazette*, art. sous la rubrique : Saintes, le 28 aoust 1652.

chelle avec des marchands hollandais. Le maximum des troupes placées sous son commandement n'avait jamais dépassé dix mille hommes fournissant seulement sept mille hommes effectifs en campagne [1]; mais ce nombre était fort diminué par la guerre lorsqu'il reçut l'ordre du départ.

A l'exception des régiments de Montausier et d'Estissac, et de celui de la Meilleraye destiné à être embarqué sur la flotte du duc de Vendôme [2], mais qui ne le fut pas, tout son petit corps d'armée devait le suivre, se grossir même sur la route, s'il se pouvait, de manière à passer les Pyrénées avec un effectif de quatre mille hommes de pied et de mille chevaux.

[1] Nous avons tiré ces renseignements d'une lettre inédite du marquis du Plessis-Bellière à Le Tellier; *Archives du Ministère de la guerre,* vol. 134.

[2] *Gazette,* art. sous la rubrique : Saintes, 28 aoust 1652.

CHAPITRE XXXVII.

Attitude du marquis de Montausier dans son gouvernement d'Angoulême. — Prudence du chevalier de Folleville. — Défection du marquis d'Aubeterre. — La maison d'Aubeterre; ses alliances. — Lettre inédite de Julie d'Angennes, marquise de Montausier, du 6 août. — Traité du marquis d'Aubeterre avec le prince de Conti. — Tentatives pour faire révoquer l'ordre de départ pour la Catalogne donné au marquis du Plessis-Bellière. — Lettre inédite de l'abbé de Guron de Rechignevoisin et de Brachet à Le Tellier, du 26 août. — Lettre inédite du marquis de Montausier à Le Tellier, du 29 août. — Le marquis du Plessis-Bellière et le chevalier de Folleville reprennent possession du château et de la ville d'Aubeterre. — Le marquis du Plessis-Bellière continue sa route pour se rendre en Catalogne.

(1652.)

Pendant que la diversion du secours de Dunkerque venait paralyser en Guyenne, dans l'Aunis et la Saintonge, les effets de la victoire navale remportée par le duc de Vendôme, le parti royal était tenu en échec en Angoumois, non-seulement par ses ennemis, mais de plus compromis par les troupes chargées de le soutenir.

La lettre circulaire adressée par le duc d'Orléans en qualité de lieutenant général du royaume aux gouverneurs des provinces, dont les conséquences nous ont fourni l'épisode relatif à la ville d'Uzerche et à l'attaque du château de Blanchefort, en Limousin, était naturellement parvenue au marquis de Montausier, gouverneur d'Angoulême. Son zèle et sa fidélité pour le roi, qu'il ne séparait pas du dévouement le plus absolu à la personne du cardinal Mazarin, ne pouvaient lui permettre d'obtempérer à aucun degré aux instructions de cette circulaire [1]. Réduit à l'impuissance d'agir par lui-même, car s'il n'avait pas succombé aux graves blessures reçues au combat de Montançais, il était cloué encore sur son lit de douleur, réduit également à l'impuissance d'agir utilement par ses subordonnés, en raison des forces trop faibles restées sous son commandement, il s'efforçait seulement par de pressantes instances adressées à la noblesse de son gouvernement, de la détourner de se joindre à celle du Poitou et du Périgord pour réprimer les brigandages et les excès des troupes royales. La politique ministérielle frappait, nous le savons, ce désir légitime de se protéger du même anathème dont elle frappait toute tentative pour obtenir la convocation des états généraux [2].

Le chevalier de Folleville, chargé du commandement des troupes laissées dans l'Angoumois,

[1] Voy. t. II, p. 295, 206, 204.
[2] Voy. t. III, chap. XXIII.

loin d'oser, depuis la défaite de Montançais qui avait terni l'éclat de ses premiers succès, tenter aucune opération offensive, battait prudemment en retraite à la moindre apparence d'une agression.

Cette prudence nécessaire donna à la défection d'un seul gentilhomme de cette province le caractère d'un événement et répandit l'alarme. Ce personnage avait du reste une situation considérable par lui-même et par ses alliances de famille en Angoumois, en Périgord et en Limousin. Il était seigneur à quelques lieues d'Angoulême, sur le cours de la Dronne, du château et de la petite ville d'Aubeterre dont il portait le nom ; mais en définitive il ne disposait que d'un nombre restreint de partisans actifs. François de Lussan, marquis d'Aubeterre, sénéchal de l'Agenais et du Condomois, était pourvu, depuis le 10 juillet 1652, d'une commission de lieutenant général dans l'armée commandée par le comte d'Harcourt. Après une si récente faveur, quels étaient ses motifs pour changer de parti ? Nous les ignorons ; mais son mécontentement devait être bien vif, ou il devait juger la situation du cardinal Mazarin bien compromise, pour passer ainsi de l'armée royale à l'armée des princes.

Le marquis d'Aubeterre était fils de François d'Esbarbès de Lussan, maréchal de France, et d'Hippolyte Bouchard, vicomtesse d'Aubeterre, fille unique de David Bouchard, vicomte d'Aubeterre, chevalier des Ordres du roi, sénéchal du Périgord, et de Renée de Bourdeilles. Sa parenté proche avec la maison de Bourdeilles qui a fourni Brantôme à la littérature et aux armes, nous ne dirons pas à l'Église, malgré son titre d'abbé [1], et le comte de Montrésor à l'intrigue et à l'histoire [2], donnait au marquis d'Aubeterre un pied considérable dans cette province, à une époque où les parentés étaient la base première des relations, tradition patriarcale des vieux âges bien oubliée de nos jours. Enfin le marquis d'Aubeterre tenait d'aussi près que possible à l'une des plus considérables maisons du Limousin par son mariage avec Marie de Pompadour, fille de Philippert, vicomte de Pompadour, chevalier des Ordres du roi, lieutenant général du haut et bas Limousin.

Par une contradiction qui ne détruit pas la jus-

---

[1] Pierre de Bourdeilles, abbé commandataire de l'abbaye de Brantôme, né en 1527, mort le 16 juillet 1614, a été enterré (détail que nous donnons parce qu'il est peu connu) dans la chapelle du château de Richemond, proche Brantôme. L'auteur de ces *Souvenirs* a vu l'inscription de son nom avec son épitaphe gravées sur la pierre verticale incrustée dans la muraille qui indique l'endroit de sa sépulture. Brantôme a construit le château de Richemond et l'avait ainsi nommé en mémoire de la duchesse de Richemond à laquelle le ratachaient de tendres sentiments. Ce château appartient aujourd'hui à M. le vicomte de Saint-Légier.

[2] Claude de Bourdeilles, comte de Montrésor, favori du duc d'Orléans, frère de Louis XIII, mort en 1663. Il a laissé des *Mémoires*.

tesse de notre observation sur l'union des familles d'autrefois, parce que cette contradiction fut momentanée et amenée par le malheur de la guerre civile, ce fut par le chevalier d'Aubeterre, propre frère du marquis, que la cour reçut la première nouvelle de sa défection : Léon d'Esparbès de Lussan, dit le chevalier d'Aubeterre, chevalier de Malte avec dispense d'âge, le 2 juin 1628, avait été promu maréchal de camp dans l'armée royale le 15 septembre 1651. Nommé, lorsque la Fronde fut terminée, lieutenant général en Catalogne sous le prince de Conti, il mourut en 1707, âgé de quatre-vingt-huit ans, étant le plus ancien lieutenant général du royaume. Le duc de Saint-Simon lui reprochait d'abuser du prétexte de son âge pour se permettre le ton le plus léger. La maison d'Aubeterre eut en même temps trois frères lieutenants généraux des armées ; le troisième était Louis d'Esparbès de Lussan d'Aubeterre, comte de la Serre, qui se distingua à Nordlingue, et dont la fille unique Marguerite-Louise épousa François, marquis de Cosnac, neveu de Daniel de Cosnac; union dont naquit Angélique de Cosnac, depuis princesse d'Egmont [1]. En outre, Le Tellier fut informé de la défection du marquis d'Aubeterre, non par le marquis de Montausier, encore incapable

---

[1] Voy. dans le P. Anselme la généalogie de la Maison d'Aubeterre, ainsi que les *Mémoires* de Saint-Simon et de Cosnac.

d'écrire, mais par une illustre correspondante dont nous sommes heureux de pouvoir placer une lettre inédite écrite en entier de sa main, sous les yeux du lecteur, par la belle Julie d'Angennes, marquise de Montausier. Nous l'avions laissée dans le calme riant et littéraire de l'hôtel de Rambouillet, nous la retrouvons, au chevet de son mari blessé, au milieu du trouble des guerres civiles :

«D'Angoulême, ce 6 aoust 1652.

« Monsieur,

« Vous apprendrés par M. le chevalier d'Aube-terre l'estat des affaires de Guyenne, et pour celles de cette province, je vous diray que la meschante résolution qu'a prise M. le vicomte d'Aubeterre [1] de se déclarer pour les princes nous nuist beaucoup ; car il a donné passage à leurs trouppes par Aube-terre pour entrer dans ce pays. L'on croit qu'elles veulent essayer de charger M. de Folleville qui s'est retiré bien viste, ou de se saisir de plusieurs chasteaux qui sont dégarnis parce que toute nostre infanterie est avec M. du Plessis à Marennes. M. de Montauzier a eu bien de la peine à empescher beaucoup de noblesse de s'assembler avec celle de Poitou

[1] Bien qu'elle l'appelle le vicomte d'Aubeterre, d'après le titre de sa terre, le titre qu'il portait réellement est celui de marquis d'Aubeterre.

et de Périgord, prétendans mestre ordre aux ravages que font les trouppes qui véritablement sont si grands qu'ils aliènent les espritz des gentilshommes les plus zélés pour le service du Roy. Mais comme, sous prétexte de cela, il se feroit peut-estre des choses contre le service, il l'a destournée de cette résolution par le moyen de ses amis le plus adroitement qu'il a pu. Je croy mesme qu'il ne se déclarera pas beaucoup de noblesse pour M. d'Aubeterre. Je vous rendis compte, il y a huit jours, des lettres que M. le duc d'Orléans et le parlement de Paris avoyent écrittes à M. de Montauzier et aux maire et eschevins de cette ville. Depuis cela l'on a encore adressé un paquet au maire remply des imprimés que je vous envoye. M. de Montauzier m'avait chargée, il y a quelque temps, de vous écrire une lettre, laquelle je croy a esté perdue, touchant le sujet qu'il avoit de différer à mestre le sieur de la Jarrie dans le chasteau d'Ambleville[1], parce que c'est un homme duquel M. de Rouannès ne sauroit respondre luy mesme, après le tour qu'il a fait, ayant pris des commissions du Roy et des princes en même temps ; et M. d'Harcourt fut tout prest à le faire pendre à cause de cela. Vous devez juger par beaucoup d'expériences que nous avons veues en nos jours que les gens qui manquent une

---

[1] Petite ville qui fait aujourd'hui partie de l'arrondissement de Cognac.

fois en leur devoir y retombent souvent ; et comme ce chasteau est entre Coignac et Xaintes, il est d'une conséquance estrange si les ennemis le prenoyent. M. de Rouannès ne doit point craindre que M. de Montauzier se serve de ce prétexte pour mettre quelqu'un dans ce chasteau, car il est prest de le mettre entre les mains de tous ceux qu'il nommera, hors la Jarrie. Il me charge de vous assurer de son très-humble service, et pour moy je n'alongeray cette lettre que des assurances que je vous donne d'estre plus que personne,

« Monsieur,

« Votre très-humble et très-
affectionnée servante,

« Julie d'Angennes [1]. »

Le marquis d'Aubeterre, en se déclarant pour les princes, ne s'était pas donné sans conditions ; il avait signé un traité en règle avec le prince de Conti. Nous reproduisons ce traité [2], non pour son importance dans la balance des événements, mais comme une des particularités curieuses de l'époque et de la situation. Ce n'était pas à de minces conditions que le marquis assurait son concours ; l'égoïsme de la politique du prince de Condé appelait

---

[1] *Lettre inédite*, Archives du Ministère de la Guerre, vol. 134.
[2] Papiers de Lenet conservés à la Bibliothèque nationale.

non le dévouement, mais l'égoïsme de ceux qui se déclaraient pour sa cause :

« Aujourd'hui, dixième du mois d'aoust 1652, à Bordeaux, Nous, Armand de Bourbon, prince de Conti, prince du sang, pair de France, etc., ayant ouï les propositions qui nous ont été faictes de la part du sieur marquis d'Aubeterre, pour entrer dans toutes les conférences et traictés faitz par Monsieur mon frère, Monsieur le prince, et nous, pour l'expulsion du cardinal Mazarin, ses fauteurs et adhérans, et parvenir à la paix générale, luy avons accordé, tant au nom de mondit seigneur le prince qu'au nostre, ce qui s'en suit :

« A sçavoir que commission lui sera expédiée pour servir en qualité de lieutenant général dans les armées que le sieur comte de Marchin commande de nostre part ou autres estant sous l'autorité de Monsieur le prince et la nostre, à son choix.

« Que pareillement lui sera délivré par le trésorier de l'armée la somme de dix mille livres pour mettre sur pied la compagnie de ses gardes.

« Qu'en cas qu'il aye besoin pour la seureté des villes et chasteau d'Aubeterre, qui dorénavant demeureront pour le service du Roy ès-fins des traictés sous l'autorité de Monsieur le prince, de plus grande garde que celle qui y est establie, sera donné de l'infanterie suffisamment pour leur conservation et deffense, et que l'officier qui la commandera y estant, recevra les ordres de celuy qui sera estably par ledit sieur d'Aubeterre pour y commander.

« Et en cas que ladite place vinst à estre prise par les troupes dudict cardinal Mazarin ou autres ennemis, nous avons accordé ès dits noms et promis audit sieur marquis d'Aubeterre de ne point faire la paix sans qu'elle luy soit restituée et luy indemnisé des pertes qu'il y aurait souffertes, et sans qu'il soit remis dans toutes ses charges.

« Et mesme après la paix faite, que Monsieur le prince et nous employerons nos soings et rendrons nos offices auprès du Roy pour faire obtenir audit sieur marquis d'Aubeterre un baston de mareschal de France et des titres portant érection de la terre d'Aubeterre en duché-pairie, et supplierons Sa Majesté de luy faire payer trois-cent-mille livres qu'il nous a dit luy estre dheues pour la récompense du gouvernement de Blaye qui appartenoit jadis à Monsieur le mareschal d'Aubeterre, son père.

« Comme aussy ledit sieur marquis d'Aubeterre promet d'entrer, comme en effet il entre dès à présent, dans tous les traités faicts et à faire par Monsieur le prince et nous pour les fins susdites, sans jamais en faire aucun particulier sans son consentement; et de demeurer dans nos intérêts jusqu'à la conclusion de la paix.

« Fait à Bordeaux, le 11 aoust 1652.

« Armand de Bourbon.

« Aubeterre.

« Par monseigneur, Meuret de La Tour. »

« Ce tresiesme aoust 1652, nous François de Lussan, marquis d'Aubeterre, avons reçeu le traité cy-dessus, ainsi qu'il a plu à S. A. Monseigneur le prince de Conty l'avoir pour agréable, tant pour S. A. Monseigneur le prince que pour luy, et promettons l'exécuter en ce qui nous touche selon sa forme et teneur.

« Fait à Aubeterre, ce 14 aoust 1562.

« Aubeterre. »

Après la conclusion de ce traité, l'armée des princes prit possession d'Aubeterre; la *Gazette* raconte ce fait en ces termes [1] :

« Les troupes du colonel Balthazar et de Marsin qui estoient à la Tour Blanche après avoir longtemps mugueté Aubeterre, s'y sont logées, mais elles tesmoignent vouloir marcher de là plus avant, et d'autant plus que le sieur de Folleville n'est pas assez

[1] Article sous la rubrique : Xaintes, le 21 aoust 1652.

fort pour l'empescher; il s'est contenté de laisser garnison dans Barbézieux, et, avec son armée, est allé à Merpins entre Coignac et Pons. »

Ce n'était pas sans amertume que le marquis de Montausier voyait ainsi décliner dans son propre gouvernement la cause dont il était le fidèle défenseur. Elle était menacée de se trouver compromise plus gravement encore par le prochain départ du marquis du Plessis-Bellière pour la Catalogne, lorsque deux émissaires de la Cour, dont l'un, l'abbé de Guron de Rechignevoisin, nommé évêque de Tulle l'année suivante en récompense de son zèle, écrivirent à Le Tellier pour obtenir la révocation de cet ordre de départ :

« Monseigneur,

« Messieurs du Plessis et d'Estissac avecq les Mareschaulx de camp qui doibvent servir en Xainctonge et dans les gouvernements de la Reyne, s'estans assemblés en cette ville pour concerter ce qu'il y a à faire pour l'exécution des ordres du Roy apportés par le sieur Robineau, il y a esté résolu que conformément à l'intention de Sa Majesté, M. du Plessis partira dans deux jours de Marennes pour marcher vers le Périgord et laissera à M. d'Estissac le régiment de Montausier et le sien. Je croy qu'il vous escrira, comme il nous a dict, qu'il ne peut se charger de conserver les postes aux environs de Brouage et fera beaucoup s'il prend celuy de Soubize que je croy qu'il pouroit faire et luy seroit fort avantageux en ce que, par ce moyen, il s'exemptera de manger l'Aunix et seroit en estat de passer la Charente et aller le secourir, si M. du Daugnon vouloit y dessendre et faire des courses. Outre qu'il faciliteroit l'enlèvement des sels des rébelles qui pouroient ayder au payement du pain qu'il faudra donner à ces deux régiments auquel vous n'avez point pourveu ; et les choses sont pour ce regard et les autres affaires d'Aunix d'une manière que je ne puis y servir davantage s'il n'y est remédié sur ce que je vous en représenteray ; et pourquoi M. l'abbé de Guron et moi partirons dans huit jours de La Rochelle pour nous rendre en Cour.

« M. le commandeur de Neufchaize doibt estre parti aujourd'hui de La Rochelle avecq l'armée navale. Je ne sçay s'il aura pris le régiment de la Meilleraye pour le porter à Dunquerque ayant dict qu'il ne le feroit pas si on ne luy bailloit la subsistance pour un mois ; et, sur ce que M. d'Estissac n'a pu le satisfaire, j'ai faict que M. du Plessis-Bellière luy a envoyé neuf mille livres qui est pour dix jours, qui semblent pouvoir suffire pour le traject dudict régiment, puisque tous les vaisseaux n'en ont que pour un mois en tout pour aller et retourner.

« M. de Vandosme estant allé en Cour vous aura dict sans doubte l'estat auquel on laisse tous ces pays ici et les apparences qu'il y avoit d'y bien réussir, soit à Brouage ou à Olleron. Si nous n'avons pas la paix et qu'on veuille encore entendre sur ce que M. l'abbé de Guron et moi vous en représenterons, il n'y a qu'à envoyer ordre à M. du Plessis de ne passer pas la Dordogne, ce qu'aussy bien il ne peult faire d'un mois pendant lequel il trouvera assez de quoi s'occuper dans les terres de M. d'Aubeterre et en Périgord; et le siége de Villeneuve estant levé et Barcelonne secouru par le chevalier de la Ferrière, il semble qu'on aura peu affaire de ses troupes en l'un et l'autre de ces lieux-là. Joignez que pour le dernier, il ne peult y arriver de deux mois, et y conduire quatre mille hommes de pied et mille chevaux, comme on leur ordonne, à moings que de ne rien laisser en Guyenne. Vous y ferez la réflexion qu'il vous plaira vous suppliant me faire toujours l'honneur de croire que je serai éternellement,

« Monseigneur,

« Vostre très-humble et très-obéissant serviteur,

« Guron, Brachet.

« A Saintes, le 26 aoust 1652 [1]. »

[1] Lettre inédite, *Archives du Ministère de la Guerre*, vol. 134.

Le marquis de Montausier décidément entré dans la période de la convalescence écrivait de son côté au même ministre :

« D'Angoulesme, ce 29 aoust 1652.

« Monsieur,

« N'estant pas en estat de vous escrire lorsque Monsieur le chevalier d'Aubeterre passa icy, je priay madame de Montausier de vous dire ce qu'il y avoit de nouveau en ces quartiers. Depuis cela, suivant les seconds ordres que vous m'avez envoyés touchant les intentions du Roy pour les troupes qui sont dans ces provinces, M. du Plessis-Bellière a résolu de quitter le poste de Marennes et de marcher avec la cavalerie et l'infanterye, à la réserve d'un régiment d'infanterye qu'il laisse à M. d'Estissac, avec le sien qui est descendu de dessus les vaisseaux et si mal mené qu'il n'a pas cent hommes. Vous pouvez bien juger qu'avec si peu de forces, il ne sera pas en estat de tenir un poste proche Brouage, où M. du Dognon a une assez forte garnison. Quoy que les ordres que j'ai euz en mon particulier m'expliquent assez, que mon régiment me doit demeurer, l'on n'a pas laissé de le donner à M. d'Estissac, d'auprès duquel je ne l'ai pas voulu oster, parce que j'ay tenu à cœur le service du Roy, et que j'évite tant que je puis d'avoir des brouilleryes aveq ceux qui comme moy servent Sa Majesté; mais j'ay peur à l'avenir que je seray contraint de le retirer, tant pour en mettre une bonne partye dans Xaintes que pour en tenir aussy dans plusieurs autres endroits de cette province, où il en est de toute nécessité besoing; et je vous supplie très-humblement de me vouloir faire la grâce d'envoyer promptement des ordres qui approuvent que je m'en serve, puisqu'il m'est absolument nécessaire. Lorsque M. d'Aubeterre se déclara du party des princes, cela fit un assez grand bruit en ces quartiers et mesme beaucoup d'autres gens branlèrent aussy pour faire comme luy; mais j'ay esté assez heureux pour les en avoir destournés, quoyque presque toutte la noblesse soit à demy revoltée à cause des pilleryes terribles que font les gens de guerre qui vivent dans une licence qu'il n'est pas possible d'imaginer les désordres qu'ils font. Cela me fait juger qu'il seroit à propos de tenir de bonnes et fortes garnisons dans nos places pour les conserver et pour tenir en bride celles des places des ennemis. Ce qu'en faisant on pourroit bien se passer d'en avoir dans la campagne, particulièrement si M. du Plessis demeure en Périgord. J'ay quelque intelligence dans Aubeterre qui me réussira ou me manquera avant qu'il soit six jours; sy par cette voye je ne puis rien faire,

M. du Plessis en pourra faire le siége, car il doibt marcher de ce costé là. Mais je crains que les ennemis sçachant que ces troupes qui estoient devant Villeneufve d'Agenois sont à présent éloignées d'eux et dans des quartiers qu'ils ne doivent pas quitter sy tost, ne se mettent en campagne pour s'opposer à ce dessein aveq plus de mille ou douze cens chevaux qu'ils ont, et de l'infanterye qu'ils pourront aussy mettre en campagne, par l'assurance qu'ils ont que l'on n'est pas en estat d'attaquer leurs bonnes places. Les forces de M. du Plessis ne sont qu'en infanterye, il n'y a que le régiment de Lislebonne qui a tousjours esté ou à peu près le seul corps de cavalerie qui estoit en ce pays qui n'est que de quatre cens chevaux, et encore dans une si grande espouvante que les partis qu'on en destache au lieu d'aller chercher des nouvelles des ennemis, s'en vont à une lieue ou deux du quartier faire des désordres dans les maisons des gentilshommes. Je crois estre obligé de vous apprendre que j'ay veu M. de Conille qui commandoit les gendarmes de M. le comte d'Harcourt en l'absence de M. d'Estouvailles et les officiers du régiment d'Armagnac; ils m'ont tous promis de demeurer dans le service du Roy; et outre qu'ils croyent que c'est l'intention de M. le comte d'Harcourt, c'est qu'ils n'en ont donné leurs parolles de façon qu'il m'a paru qu'ils n'avoient pas dessein d'y manquer.

Voilà tout ce que je me trouve obligé de vous escrire à présent, sur quoy j'attendray que vous me fassiez l'honneur de me faire savoir de vos nouvelles, en la qualité que j'ay d'estre,

« Monsieur,
« Vostre très-humble et très-
« obéissant serviteur,

« Montausier [1]. »

Les démarches faites auprès du ministre secrétaire d'État de la guerre ne purent faire révoquer la résolution prise de diriger sur la Catalogne le marquis du Plessis-Bellière avec les troupes qu'il commandait ; mais le marquis de Montausier put du moins tirer un utile parti de leur passage dans son gouvernement. Le gouverneur d'Angoulême parle dans sa lettre d'une intelligence dans la ville et le château d'Aubeterre qui devait réussir ou lui faire défaut dans un délai de six jours. Ces intelligences appuyées d'une démonstration militaire aboutirent au succès désiré.

Le marquis du Plessis-Bellière avait levé son camp de Marennes le 29 août ; il était arrivé à Barbezieux le 3 septembre. Le chevalier de Folleville l'avait, le même jour, rejoint dans cette ville. Le lendemain, ces deux chefs, avec leurs troupes

---

[1] Lettre inédite, *Archives du Ministère de la Guerre*, vol. 144.

combinées, marchèrent sur Aubeterre, et l'occupèrent sans avoir rencontré aucune résistance à vaincre [1].

La remise de cette place au parti des princes par le traité du 11 août précédent n'eut donc que le résultat le plus éphémère. L'abandon du siége de Brouage avait permis sur ce point une concentration de forces inattendue qui avait déjoué toutes les prévisions contraires. Après avoir confié la garde du château au capitaine La Forest, le marquis du Plessis-Bellière se mit en devoir de continuer sa route.

Le comte de Marsin et le colonel Balthazar, qui se trouvaient à trois lieues d'Aubeterre sans avoir pu secourir cette place, voulaient manœuvrer de manière à lui intercepter le chemin de la Guyenne [2] ; mais la ferme résolution du marquis du Plessis-Bellière de pousser en avant suffit à lui ouvrir une route que les chefs de l'armée des princes renoncèrent à lui disputer. Une lettre du 16 septembre [3], de Lenet au prince de Condé, signale le passage à Brantôme du marquis à la tête de deux mille cinq cents fantassins et de six cents cavaliers ;

---

[1] *Gazette,* art. sous la rubrique : De Barbezieux, le 3 septembre 1652.

[2] *Gazette,* art. sous la rubrique : De Mareuil, le 11 septembre 1652.

[3] Lettre publiée dans la *Collection Michaud.*

de ce point, du Plessis-Bellière se dirigea sur la Dordogne qu'il franchit en s'appuyant sur l'armée royale de Guyenne qui avait ordre d'assurer sa marche.

CHAPITRE XXXVIII.

ÉPISODE.

Le duc de Guise. — Motifs de l'importance attachée par le prince de Condé à sa liberté. — Quel était ce singulier personnage ? — Ses nombreuses passions plus ou moins conjugales. — Son voyage à Rome. — Sa tentative pour mettre sur sa tête la couronne de Naples. — Sa captivité en Espagne. — Lettre du duc de Guise au prince de Condé, du 11 novembre 1652. — Négociations par l'intermédiaire de Saint-Agoulin pour sa délivrance. — Lettre inédite du duc de Guise au prince de Condé, du 11 mars 1652. — Lettre inédite du roi d'Espagne au prince de Condé, du 10 avril 1652. — Pleins pouvoirs envoyés par le prince de Condé. — Nouvelles hésitations de la politique espagnole. — Lettre inédite du roi d'Espagne au prince de Condé, du 29 juin. — Deux lettres inédites de reconnaissance du duc de Guise au prince de Conti et à Lenet, du 5 juillet. — Impatience du prince de Condé. — Lettre de ce prince à Lenet, du 16 juillet. — Lenet s'imagine que l'offense commise par le comte de Rieux peut refroidir le bon vouloir du prince de Condé à l'égard du duc de Guise. — Lettre inédite de remercîments du prince de Condé à don Louis de Haro, 16 juillet. — Échange de présents. — Lettre inédite de remercîments de Françoise de Lorraine, abbesse de Montmartre, à Lenet. — Arrivée du duc de Guise dans la Gironde. — Article de la *Gazette*. — Traité signé par le duc de Guise, le 31 août 1652. — Condition essentielle imposée. — Dégoût inspiré au duc de Guise par une députation de l'Ormée. — Motifs de l'ingratitude du duc de Guise à l'égard du prince de Condé. — Désir du prince de Condé d'employer les services du duc de Guise en Guyenne ou en Provence. — Le duc de Guise fait son accommodement avec la cour. — Suite de ses excentricités conjugales. — Sa désagréable rencontre avec la comtesse de Bossu. — Infidélité du duc de Guise à ses engagements vis-à-vis de l'Espagne. — Le duc de Guise qualifié de *héros de la fable*. — Il poursuit vainement jusqu'à la fin de sa vie la cassation de son mariage.

(1652.)

Le mois d'août fut témoin de l'arrivée à Bordeaux du duc de Guise revenant de sa captivité du château de Ségovie, en Espagne. Cet événement, dans la pensée du prince de Condé, était de nature à donner une vive impulsion au succès de sa cause. Le duc portait un grand nom et il était connu par son courage aventureux. A cette époque, où le nivellement jaloux de la démocratie n'avait pas fait rejeter comme une superstition sociale la foi dans les traditions, le prestige de la naissance était considéré comme une des conditions essentielles du prestige du commandement nécessaire pour enlever les troupes ; on ne croyait pas, à de rares exceptions près, dans ce cas très-méritées, qu'un grade conféré fût suffisant pour créer ce prestige qui donne au soldat le respect et la confiance. La démocratie moderne a changé tout cela ; mais, hélas ! la vieille gloire militaire de la France est aussi bien changée ! En vain la démocratie voudrait revendiquer à son actif les succès des armées de la première république et du premier empire ;

les officiers de ces armées étaient formés à l'école du vieil esprit militaire de la France ; ils ont été des copies plus ou moins exactes de leurs modèles ; mais ceux qui leur ont succédé n'ont pu être que la copie de ceux qui eux-mêmes étaient des copies. Le type primitif s'est graduellement altéré, et le soldat, ne trouvant plus dans ses chefs le prestige de l'autorité, la confiance qu'elle inspire, et la communication du feu sacré qui se sent mieux qu'il ne se définit, se mit à prononcer le mot injuste et funeste de trahison qui fait perdre les batailles avant même qu'elles soient engagées.

Le grand Condé, dont la compétence militaire ne saurait être mise en doute, même par la démocratie, était donc imbu de ces vieilles idées qui expliquent l'importance qu'il attachait à la délivrance du duc de Guise des liens de sa captivité. Son nom, en outre, rappelait le souvenir de grandes luttes et par ce lien la Fronde se rattachant à la Ligue devait dans ses calculs donner à réfléchir aux conseillers du jeune roi.

A tous ces titres, le fil des négociations suivies avec l'Espagne pour obtenir sa liberté mérite un récit particulier. Si le résultat ne répondit point à l'attente du prince de Condé, c'est que le duc de Guise faillit au concours qu'il en espérait : les règles souffrent leurs exceptions; la loyauté, le plus précieux héritage des traditions nobiliaires manquait au duc de Guise, on l'ignorait encore ; la suite de sa conduite, autant vis-à-vis du prince de Condé que vis-à-vis de l'Espagne, vint le prouver. L'inconstance et la bizarrerie de son caractère jointes à l'antipathie que lui inspira à première vue la faction de l'Ormée entrèrent aussi pour une bonne part dans la manière d'agir du duc de Guise ; mais si, par des raisons trop bien justifiées, il considérait la cause du prince de Condé comme une mauvaise cause, il devait ne pas accepter de sa main la délivrance, ou, après l'avoir acceptée, il devait, renonçant à le servir, retourner volontairement à sa captivité. Le roi Jean, par un noble exemple, lui avait tracé sa conduite !

Henri II de Lorraine, duc de Guise, dans la vie duquel la galanterie tint plus de place encore que la politique, était petit-fils du *Balafré;* né à Blois, le 14 avril 1614, il avait été destiné à l'église dès son berceau, pourvu de quatre abbayes et nommé à quinze ans archevêque de Reims. Il n'avait pas encore reçu les ordres sacrés lorsque la mort de son frère aîné lui fit revendiquer les titres de sa maison. Rentré dans le monde, il épousa par amour, en 1639, Anne de Gonzague, fille du duc de Nevers, après une liaison qui avait jeté un éclat fâcheux. Compromis dans le parti du comte de Soissons contre le cardinal de Richelieu, il fut condamné à mort par contumace en 1641 ; il obtint sa grâce en 1643.

Dans l'intervalle, il s'était réfugié à Bruxelles, où il s'était épris pour Honorée de Glymes, veuve d'Albert Maximilien de Henin, comte de Bossu. Il fit casser son premier mariage pour l'épouser, et il passa le reste de sa vie à essayer de faire casser son second mariage pour épouser mademoiselle de Pons, fille d'honneur de la reine Anne d'Autriche. En sens contraire, la comtesse de Bossu soutenait la validité de son mariage par des démarches non moins acharnées. Le volage époux ne se contentait pas de brûler de l'espoir de légitimes unions ; son cœur inflammable menait de front d'autres intrigues. Devenu l'un des adorateurs de la duchesse de Montbazon, il tua en duel le comte de Coligny, son rival. Enfin les extravagances de sa passion pour mademoiselle de Pons le poussèrent à partir pour Rome pour y aller solliciter d'une manière plus pressante auprès du Pape la cassation de son mariage avec la comtesse de Bossu.

Le pape Innocent X accueillit le duc de Guise avec des témoignages d'amitié, celui-ci du moins le rapporte dans ses Mémoires ; et il ajoute qu'il mit à profit ces dispositions bienveillantes pour faire revenir le Souverain Pontife de ses préventions contre la France et en particulier contre le cardinal Mazarin. Il obtint même, ce que le pape avait obstinément refusé jusque-là, le chapeau de cardinal pour l'archevêque d'Aix, frère du premier ministre, faveur inaccoutumée de revêtir deux frères de la pourpre romaine ; elle ne s'était vue que dans les familles des papes et dans les maisons souveraines. L'affaire du mariage marchait par exemple avec une désespérante lenteur, lorsqu'à Naples une révolution vint ouvrir une carrière à son ambition.

A la voix de Mazaniello, le peuple s'était soulevé pour renverser le gouvernement odieux des vice-rois d'Espagne. Ce pêcheur vulgaire, arrogant et cruel, comme tous les héros de la démocratie que leur indignité et leur incapacité pour gouverner ensevelissent toujours dans leur triomphe, fut abandonné par ceux même qui l'avaient élevé sur le pavois et périt après huit jours de royauté ; mais il lui survivait une grande cause : l'indépendance napolitaine. Le duc de Guise prétendit en relever le drapeau. Descendant par les femmes de la maison d'Anjou, il en invoqua l'héritage ; et, rêvant une couronne, il partit pour la placer sur sa tête. Pour le soutenir dans cette difficile entreprise, il n'avait que son audace et les acclamations d'un peuple inconstant. Durant quatre mois entiers, sans appui du côté de la France, sans soldats, sans armes, sans argent, du côté des Napolitains, il lutta vainement contre les Espagnols qui le firent prisonnier; le 6 avril 1648. Depuis il était par eux étroitement gardé comme un dangereux ennemi.

Les négociations entreprises pour obtenir de

l'Espagne la liberté du duc de Guise, remontent à l'année 1651. Le duc en prit l'initiative en sollicitant l'intervention du prince de Condé, avec la promesse, en cas de succès, d'un dévouement sans bornes.

Il lui écrivit de sa prison :

« Monsieur,

« La passion que j'ay de m'attacher inséparablement à vos intérests me fait vous despescher le sieur de Taillades, personne en qui j'ay une particulière confiance, pour vous offrir tout ce qui dépend de moy. Je vous supplie très-humblement, Monsieur, d'ajouster une entière créance à tout ce qu'il vous dira de ma part, et de me faire la grâce de crère que je puis et que je veux debvoir ma liberté à vostre générosité et protection ; que je ne la souhaite que pour l'employer, avec ma vye, pour vous tesmoigner par mes services très-humbles en toutes sortes d'occasions, que je veux estre sans réserve et contre qui que ce soit,

« Monsieur,

« Vostre très-humble et très-
« obéissant serviteur,

« Le duc de Guise.

« Au château de Ségovie, le 11 de novembre 1651 [1]. »

[1] Papiers de Lenet ; lettre publiée dans la collection Michaud.

Le prince de Condé chargea Saint-Agoulin, son envoyé à Madrid, de poursuivre avec insistance auprès de la cour d'Espagne des négociations pour la liberté du duc de Guise. Saint-Agoulin s'y employa avec zèle, et parvint à ébranler assez la résistance que la politique espagnole apportait à accéder à cette demande pour que le duc de Guise, plein d'espoir, pût, quatre mois plus tard, écrire au prince de Condé :

« Monsieur,

« Comme je connois que vous estes le plus généreux de tous les hommes aussy prétends-je faire conestre à toute la terre que je suis le plus reconessant ; mais comme je ne le puis sans estre en liberté, aussy vous suplies-je très-humblement de vouloir achever d'authorité ce que vous avez comancé avec tant de bonté. M. de Saint-Agoulin s'est aquité avec tant de soin, d'adresse et de fidélité des ordres que vous m'aviez fait l'honneur de lui donner que je ne conte pas entre les moindres obligations que je vous ay le choix que vous avez fait de sa personne sur laquelle je me remets pour vous informer de l'estat de toutes choses et de ce qui reste à faire, affin que je puisse bientost vous tesmoigner au péril de ma vye en toutes sortes de rencontres que personne ne sera jamais ny avec plus de passion ny plus de vérité que moy,

« Monsieur,

« Votre très-humble, très-obéissant
« et très-obligé serviteur,

« Le duc de Guise.

« Au chasteau de Ségovie, le 11 de mars 1652 1. »

La négociation faisant de sensibles et favorables progrès, bientôt le roi d'Espagne écrit lui-même au prince de Condé :

« Monsieur mon bon cousin, don Louis de Haro m'a rendu compte de ce que vous lui avez escrit de nouveau le 25me du mois passé sur le sujet de la liberté du duc de Guise et de ce que le sieur de Sainct-Agoulin lui en a aussy représenté de vostre part et combien que pour prendre la résolution sur cett'affaire, j'attendois la responce à ce que je vous en escrivis le 26me de feuvrier, et peu après au baron de Batteville [2]. Néantmoins desirant avec tant

---

[1] Lettre inédite ; Bibliothèque nationale, Portefeuille du prince de Condé, Fonds français, 6731, f° 98. Cette lettre d'une grande écriture très-lisible est en entier de la main du duc de Guise.

[2] Cette orthographe et cette prononciation avaient été adoptées en Espagne. Voy. sur le baron de Vatteville la note du t. 1er, p. 319.

de passion vous complaire et donner la satisfaction que se doibt à votre personne et à l'estime si particulier, comme je fais, de voštre mérite, j'ordonne que le dit duc soit mené à Victoria, afin qu'il soit plus près et plus à main, pendant qu'arrive vostre response, et que pour gaigner toutes les heures possibles dans le traicté et la conclusion de cett'affaire, en tirant aussy pour vos intérêts et ceux du party, comme pour mon service, tous les avantages et seuretés qui seront jugés à propos, soit envoyé audict baron de Batteville un pouvoir espécial, comme vous le pourrez voir par sa copie que vous rendra le dit sieur de Sainct-Agoulin. On luy a donné part de cette résolution en suitte de vostre créance et la permission qu'il a demandée pour s'en retourner auprès de vous, afin de vous informer de tout ce qu'il a entendu icy, à quoy je me remets, y adjoustant seulement l'assurance que vous devez avoir de l'application et sincérité avec laquelle je procureray tousjours par tous les moyens et voyes l'advancement de vos intérests, la sureté de vostre personne et de toute vostre maison; et cependant je prie Dieu, Monsieur mon bon cousin, qu'il vous aye en sa saincte garde.

« Philippe, »

« Ger^{mo} de la Torre [1]. »

[1] Lettre inédite; Bibliothèque nationale, Portefeuille du prince de Condé, Fonds français, 6731, f° 104.

Pour arriver au dénoûment le prince, de Condé envoie à Bordeaux le plein pouvoir suivant :

« Je donne plain pouvoir à Monsieur le prince de Conty, mon frère, et à M. Lenet de traicter de la liberté de Monsieur le duc de Guise avec M. le baron de Vatteville, ou tel autre qui sera chargé pour cet effet des ordres de S. M. C ; et ce à telles conditiõns qu'ilz jugeront à propos. Promettant d'entretenir toutes les choses dont il sera entr'eux convenu, pour mettre ledit sieur duc de Guize en liberté. Faict à Paris, le 16me may 1582.

« Louis de Bourbon [1]. »

Au moment de relâcher son prisonnier, la politique espagnole s'est sentie prise de quelques regrets et de quelques hésitations, la lettre suivante du roi d'Espagne au prince de Condé le témoigne ; mais toutes les appréhensions sont surmontées, et le roi d'Espagne s'en remet au prince de Condé lui-même pour fixer les conditions du traité à intervenir :

« Monsieur mon bon cousin, don Louis de Haro m'a rendu conte de la lettre que vous lui avez escrite par Sainct-Agoulin, alléguant de rechef com-

---

[1] Document inédit ; Bibliothèque nationale, Portefeuille du prince de Condé, Fonds français, 6731, f° 110.

bien vous avez à cœur la liberté du duc de Guise et les raisons qui vous y portent, le requérant de faire à ce regard de particulières et vives instances auprès de moy : Sainct Agou-lin en a faict de mesme de bouche et par escrit en vertu de sa créance, et Lenet encore plus distinctement par une sienne lettre au mesme don Louis de Haro. De sorte qu'ayant examiné et considéré le tout, et comme quoy vous préférez les raisons qui vous obligent à désirer la liberté du duc à toutes celles que je vous ay faict représenter cy-devant sur cette matière, j'ay trouvé bon de vous faire plaisir en ce point avec la mesme facilité et bonne volonté dont je vous ay donné tant de fois asseurance par le passé : réputant estre de mon plus grand intérest tout ce qui sera de vos convenances ; et croyant (comme je le tiens) que quelque traité que ce soit, pourveu qu'il passe par vos mains et direction, non-seulement ne sçauroit estre dommageable à mon service ; mais qu'au contraire il sera tousjours rempli d'avantages et d'asseurance pour moy. J'ay résolu donc de vous donner procuration et pouvoir afin qu'en mon nom, vous traitiez, arrestiez et concluiez cette affaire, ratifiant, comme je fais dès maintenant, ce que vous en ferez, et jugeant pour mes propres avantages ceux que vous pourrez tirer de la personne du duc pour appuyer, affermir et asseurer vostre parti, dont je dois préférer tousjours (ainsi que je vous ay offert de faire) la conservation à mes plus grands intérests. En cette conformité on donne advis au baron de Batteville afin qu'il sache que le traité sur la liberté du duc vous est renvoyé pour en disposer ainsi que je vous en donne la commission absolue, sans qu'il ait à se mesler d'autre chose que d'obéir et exécuter ponctuellement ce que vous luy ordonnerez sur cette affaire, comme vous entendrez encore plus particulièrement par celle que don Louis de Haro vous escrit, à laquelle je me remets, priant Dieu, Monsieur mon bon cousin, qu'il vous aye en sa saincte garde.

« Vostre bon cousin,

« PHILIPPE,

« Ger^{mo} de la Torre[1]. »

Le duc de Guise prévenu que sa délivrance est désormais certaine, écrit le même jour les deux lettres suivantes pour témoigner sa vive reconnaissance :

« *A Monsieur le prince de Conti :*

« Monsieur,

« Enfin je me tiens en liberté puisque l'on m'envoye à la disposition de Monsieur vostre frère, à la géné-

[1] Lettre inédite; Bibliothèque nationale, Portefeuille du prince de Condé, Fonds français, 6731, f° 127.

rosité duquel reconessant la devoir seulement, et à la protection dont vous m'avez honoré auprez de luy, je n'estimeray désormais la vye que pour l'employer aux intérêts de l'un et de l'autre, et pour vous tesmoigner avec combien de passion et de vérité je suis obligé d'estre éternellement,

« Monsieur,

« Vostre très-humble et très-
« obéissant serviteur,

« Le duc de Guise.

« De Victoria, ce 5ᵐᵉ de juillet 1652 [1]. »

« *A Monsieur Lenet :*

« Monsieur, je vous jure que j'ay moins de joie de passer à Bourg que de vous aller embrasser comme le plus généreux amy du monde et la personne à qui je dois le plus. J'espère de vos soins et de la générosité de monsieur le Prince, qu'il ne se contentera pas de me faire changer de cage ; mais qu'il m'en ouvrira bientost la porte, affin de pouvoir bientost publier combien je luy suis redevable et luy en donner des preuves l'espée à la main. Pour

---

[1] Lettre inédite en entier de la main du duc de Guise ; Bibliothèque nationale, Portefeuille du prince de Condé, Fonds français, 6731, fº 129. La lettre était fermée par un double cachet en cire rouge dont l'empreinte a été emportée par la soie qui a disparu.

vous que je reconnois pour mon libérateur, sçachez que sans cajolerie je suis plus passionnément qu'homme du monde,

« Monsieur,

« Vostre très-affectionné et très-
« obligé serviteur,

« Le duc de Guise.

« De Victoria, ce 5ᵐᵉ de juillet 1652 [1]. »

L'impatience du prince de Condé de voir le duc de Guise en liberté, s'irritait par les lenteurs, il écrit à Lenet :

« Il me tarde tant que M. de Guise soit hors de prison, que je vous prie de l'en aller tirer vous-même et de ne vous attacher à autre chose qu'il ne soit en pleine liberté. J'écris à M. de Vatteville de vous le remettre. Après quoy vous le conduirez à Bordeaux où vous luy ferez rendre tous les honneurs deubs à une personne de sa condition, soit par le parlement, soit par les jurats, soit par le peuple. La seule parole que vous aurez à tirer de luy, est qu'il ne se servira nullement des intelligences qu'il peut

---

[1] Lettre inédite en entier de la main du duc de Guise; Bibliothèque nationale, Portefeuille du prince de Condé, Fonds français, 6731, fº 131. Le nom de Lenet est libellé comme il suit sur la suscription : A monsieur de l'Aynet.

avoir à Naples, au préjudice de Sa Majesté Catholique, et qu'il entrera dans mes intérests, sans l'obliger davantage pour ce dernier regard. Après quoy, et lorsqu'il sera à Bourdeaux, vous me manderez le dessein qu'il peut avoir soit de venir à Paris ou de faire telle autre chose qu'il desirera, dont vous me donnerez advis pour vous en mander mes sentiments.

« J'escris pour ce subject des lettres de compliment à Sa Majesté Catholique et à don Louis de Haro, que vous leur envoyerez, de quoy je me remets à vous pour en presser M. de Vatteville, envers lequel j'approuve toutes les choses que vous avez faites et que vous vous proposez de faire. N'oubliez pas aussi de leur témoigner la part que je prends au succès arrivé à don Juan d'Autriche.

« Pour les livres et les armes dont vous m'escrivez, j'y feray travailler et vous les feray tenir pour les envoyer à M. don Louis pour qu'il les présente a Sa Majesté Catholique... etc. »

« Louis de Bourbon.

« Paris, le 16 juillet 1652. »

« Quant à la seureté de Naples, il faut que vous
« tiriez un mot par écrit de M. de Guise, de ne rien
« entreprendre directement ou indirectement au
« préjudice du service de Sa Majesté Catholique,

« et que vous mettiez cet escrit entre les mains de
« M. de Vatteville. Et pour ce qui me regarde, il
« ne faut que sa parole... etc.[1]. »

Lenet crut un instant que la grave offense commise par le comte de Rieux envers le prince de Condé[2] pouvait changer les bonnes dispositions de ce prince pour la liberté du duc de Guise, le comte de Rieux appartenant à la maison de Lorraine ; il lui demanda de nouvelles instructions ; mais le prince de Condé lui répondit dans un *post-scriptum* de sa lettre du 19 août[3] :

« L'affaire de M. de Rieux ne doibt point retarder celle de M. de Guise, au contraire elle doibt avancer sa liberté, et je vous prie d'y travailler avec plus de zèle que jamais. »

La liberté du duc de Guise n'avait donc plus d'autres lenteurs à surmonter que les lenteurs d'exécution inséparables du caractère espagnol ; mais comme sa délivrance n'était plus douteuse, le prince de Condé adressa cette lettre de remercîments à don Louis de Haro, le premier ministre d'Espagne :

---

[1] Papiers de Lenet. Lettre publiée dans la *Collection* Michaud.
[2] Voy. tome II, p. 291.
[3] Voy. cette lettre, chap. xxxv.

« Monsieur,

« Vous avez employé si généreusement votre cré-
« dit envers Sa Majesté Catholique pour la liberté
« de M. le duc de Guise que l'on peut dire que
« c'est à vos soins que l'on doit la meilleure partie
« du succès de cette affaire. Je vous assure aussy
« que j'ay toute la reconnaissance que je dois
« d'une obligation si particulière, et quand l'oc-
« casion se présentera de vous en pouvoir tesmoi-
« gner mon ressentiment, je le feray avec la plus
« grande joye du monde. Cependant je ne vous
« puis cacher celle que j'ay reçu de l'heureux suc-
« cès arrivé à M. don Juan d'Autriche près de
« Barcelonne, que je ne fais plus de doute devoir
« estre bientost suivie de la prise de cette place.
« Pour le surplus des autres affaires, M. Lenet vous
« en doit écrire amplement de ma part, ce qui fait
« que je ne vous en toucheray aucune chose pour
« le présent, me contentant de vous dire que je
« ne manqueray jamais d'estre avec toute sorte de
« passion,

« Monsieur,
« Vostre très-affectionné serviteur,
« Louis de Bourbon.

« A Paris, ce 16ᵐᵉ juillet 1652. »

« Je vous remercie des beaux chevaux que vous
« m'avez envoyés ; je croy que M. Lenet vous en
« aura desjà remercié de ma part [1]. »

La satisfaction éprouvée par le prince de Condé
à l'occasion de la délivrance du duc de Guise allait
donc jusqu'à féliciter le roi d'Espagne et son ministre des succès de don Juan d'Autriche qui devaient entraîner la capitulation de Barcelone et la
perte de la Catalogne pour la France. Cette délivrance du prince lorrain était accompagnée d'un
échange de présents ; en retour des beaux chevaux
d'Espagne, les dons que le prince de Condé, sur
les conseils de Lenet, devait offrir au roi catholique,
étaient une collection de livres de l'imprimerie
royale reliés en maroquin du Levant et dorés sur
tranche, dont un exemplaire de la Bible manquait à la bibliothèque de l'Escurial. Les dons destinés à don Louis de Haro étaient une douzaine
de fusils et plusieurs paires de pistolets [2].

Lenet, qui avait été l'intermédiaire le plus actif
de la négociation, reçut aussi sa part de remerci-

[1] Lettre inédite en entier de la main du prince de Condé ;
Papiers de Lenet, Bibliothèque nationale, tome VII, 6708, f° 71.
Le même jour, le prince de Condé adressa de sa main deux
autres lettres de remerciments, l'une à M. de Vatteville, même
tome, f° 72 ; l'autre, au roi d'Espagne, f° 73.
[2] Relevé par nous sur la minute de la lettre de Lenet au
prince de Condé ; *Manuscrits* de Lenet, Bibliothèque nationale.

ments; nous citerons, entre autres, une lettre qui lui fut adressée par Renée Françoise de Lorraine, abbesse de Montmartre, sœur du duc de Guise[1] :

« Monsieur,

« Sachant la générosité et la bonté avec laquelle vous vous estes employé pour procurer la liberté à Monsieur mon frère que je ne scaurès m'empescher de vous tesmoigner combien mon cœur est sensible à ceste obligation. Il faudret que vous puissiès cognestre quelle a tousjours esté ma tendresse pour ce frère pour demeurer bien persuadé de ma recognaissance à qui le tire d'une malheureuse prison. Je vous suplie de tout mon cœur de crere que de toutes les personnes du monde je suis celle qui est le plus touchée de cette grâce et qui souhaitte avec plus de passion les occasions de vous prouver par mes services qu'il ne se peut rien adjouter à l'affection avec laquelle je suis,

« Monsieur,
« Vostre très-humble et très-affectionnée servante,
« Rénée Françoise de Lorraine[2]. »

[1] Elle était née le 10 janvier 1620; elle avait été abbesse de Saint-Pierre de Reims. Elle mourut le 4 décembre 1682 et fut enterrée dans son abbaye de Montmartre.

[2] Cette lettre inédite, sans date, est d'une grande écriture masculine et très-courante. Nous l'avons tirée des Papiers de Lenet, Bibliothèque nationale, Fonds français, 6708, f° 125.

Pendant cet échange de lettres et de présents, le duc de Guise était parti de Victoria. Le 29 du mois d'août entrait dans la Gironde un navire de guerre qui mouillait à Paulliac, il portait l'illustre prisonnier. La *Gazette* annonce son arrivée en ces termes :

« Le 29 du passé le duc de Guise étant arrivé à Pauillac dans un grand navire appelé *La Gloria*, le prince de Conty qui était allé audevant de lui à Bourg, l'envoya complimenter par les sieurs de Sarrazin et Chémeraut qui eurent assez de peine de l'amener dans ce lieu de Bourg, à cause qu'on le traitait encore comme prisonnier, et mesme avec plus de rigueur que lorsqu'il estoit en Espagne, jusques là que le baron de Batteville refusa permission à deux de nos Jurats de le saluer : mais ledit prince de Conty lui en ayant tesmoigné son mécontentement, l'obligea de le mettre en liberté : ce que ce baron fit après l'avoir engagé par serment et par écrit à ne porter jamais les armes contre Sa Majesté Catholique. Il entra donc hier dans cette ville au bruit du canon qu'on avait exprès mené sur nostre port ; et en mesme temps alla voir la duchesse de Longueville. Il fut aussi incontinant visité par ceux de l'Ormée, dont trouvant le nom nouveau, quelqu'un lui en fit entendre la naissance, le progrez et la conduite ; mais ce prince lui repartit seulement que les divisions n'estoient pas bonnes et que la politique de ces gens ne pouvoit estre approuvée[1]. »

La teneur du traité que le duc de Guise avait dû signer à Bourg, avant d'être mis en liberté et de pouvoir se rendre à Bordeaux, est celle-ci :

« Ayant pleu au Roy Catholique accorder aux instantes prières de M. le prince de Condé la liberté de M. le duc de Guise, à telles conditions que Monseigneur le prince jugeroit à propos, nous, Armand de Bourbon, prince de Conti, prince du sang, pair de France, tant de nostre nom que comme ayant charge de mondit seigneur le prince, par son escript cy-joint, en datte du 28 juin dernier, déclarons au dit sieur duc de Guise icy présent, que nous n'avons d'autres conditions à lui proposer, ny autres choses à luy demander, sinon qu'il promette et nous donne sa parolle de conserver tousjours le souvenir du signalé bienfait qu'il reçoit présentement de Sadite Majesté, et de ne se servir jamais des intelligences et habitudes qu'il peut avoir à Naples, contre son service, ains de procurer par tous moyens qui dépendront de luy l'effect du traité fait entre Sa Majesté Catholique et

[1] *Gazette;* art. sous la rubrique : De Bordeaux, 5 septembre 1652.

nous pour parvenir à la paix générale entre les deux couronnes. Ce qui a été accepté par nous, Henri de Lorraine, duc de Guise, pair de France, avec tous les sentiments de recognoissance et de respect que nous devons à Sa Majesté Catholique, pour une grâce aussi grande que celle de la liberté que nous confessons debvoir à sa bonté royalle et aux sollicitations qu'il a pleu à M. le prince faire pour l'obtenir de Sa dite Majesté.

« Faict à Bourg, le dernier aoust 1652, en présence de M. Lenet, conseiller ordinaire du Roy en ses conseils, et plénipotentiaire de nosdits seigneurs princes. »

« Armand de Bourbon,
« Henri de Lorraine duc de Guise,
« Lènet [1]. »

Les termes du traité, hormis la condition de respecter la domination de l'Espagne dans les États napolitains, n'imposaient au duc de Guise, vis-à-vis du prince de Condé, aucun engagement écrit pour le service rendu ; mais ce prince croyait devoir compter d'autant plus sur la gratitude du duc qu'il ne la lui imposait pas. D'ailleurs, dans sa correspondance,

[1] Portefeuille du prince de Condé, Bibliothèque nationale, Fonds français, 6731, f° 135. Ce traité a été publié dans la collection Michaud ; mais nous en avons rétabli exactement le texte sur l'original.

le duc de Guise n'avait-il pas déclaré qu'il brûlait de donner au prince de Condé, l'épée à la main, des preuves de sa reconnaissance? A peine débarqué à Bordeaux, il publia un manifeste dans lequel il témoignait hautement son intention d'aider le prince de Condé à renverser la puissance du cardinal Mazarin. Ce manifeste fort étendu renferme ce passage :

« Ce coup de générosité ne luy (le prince de
« Condé) ayant pas moins réussi au gré de ses desirs
« que de mes attentes, m'engage si sensiblement à
« prendre tous ses intérêts pour les porter contre
« l'injustice de l'État, que j'espère qu'avec les
« troupes que la cour d'Espagne m'a données pour
« cette intention, je contribuerai de tout mon pou-
« voir pour la défaite de ce monstre, que tous les
« véritables Français doivent regarder comme le
« plus mortel ennemi de leur liberté. »

Le prince de Condé, après avoir fait de si actives démarches pour la délivrance du duc de Guise, avait donc de sérieuses raisons d'espérer qu'il trouverait en lui un ardent défenseur de sa cause; mais il se trompait en croyant avoir acquis un allié bien sûr.

L'histoire assigne des motifs à l'ingratitude du duc de Guise ; mais nous ne serions pas étonné d'avoir rencontré dans l'article de la *Gazette* que nous avons précédemment cité l'une des raisons qui eurent sur sa conduite une décisive influence.

Pour un prince aussi léger de caractère que l'était le duc de Guise, son observation sur l'Ormée était pleine de sens. Il dut évidemment se trouver froissé de recevoir les compliments des représentants du parti de la vile populace, et il faut convenir que ceux-ci ne manquaient pas d'impudence pour oser, comme aurait pu le faire un corps d'honnêtes gens régulièrement constitué, venir rendre visite à un prince de maison souveraine. La politique du prince de Condé vis-à-vis de l'Ormée explique cette hardiesse; mais elle lui nuisit certainement dans l'esprit du duc de Guise. Il éprouva une indignation qu'il ne se gêna même pas pour manifester. Aussi, sans vouloir justifier aucunement son ingratitude vis-à-vis de celui auquel il devait sa liberté, nous soupçonnons volontiers que le dégoût que lui inspira l'association étrange du parti des princes avec une faction si basse ne fût pas étranger à sa conduite.

Au lieu de rester à Bordeaux et dans la Guyenne ou d'aller en Provence, le duc de Guise se rendit à Paris. Les mauvaises impressions qu'il avait rapportées de Bordeaux l'aidèrent d'autant mieux à retrouver dans sa mémoire certaines réminiscences. Il se souvint que le cardinal Mazarin lui avait quelques obligations dont il pourrait tirer avantage, et il s'empressa de faire son accommodement avec la cour.

Le désir du prince de Condé eût été que le duc de Guise restât dans la Guyenne où son nom et sa présence eussent donné au parti une cohésion nouvelle et exercé sur les troupes un ascendant de nature à réparer les mauvais effets produits sur elles par le caractère difficile du comte de Marsin. Tout au moins, il aurait voulu qu'il se fût rendu en Provence au secours de sa cause perdue par le duc d'Angoulême [1], si quelque aventureuse tentative ne venait la relever [2]. Pour s'attacher plus étroitement encore le duc de Guise par les liens de l'ambition et de l'intérêt, le prince de Condé avait, nous le rappelons, traité avec le duc d'Angoulême de la cession du gouvernement de Provence. Ce prince ne considérait pas la nomination du duc de Mercœur, par la faveur du cardinal Mazarin comme une dépossession sérieuse et légitime du duc d'Angoulême et sa combinaison d'échange du gouvernement de Bourgogne avec celui de Provence devait, suivant lui, satisfaire toutes les visées de son protégé [3].

---

[1] Voy. chap. xxx, p. 57, et suiv.

[2] Voy. sur l'emploi que le prince de Condé aurait voulu faire du dévouement du duc de Guise, la correspondance échangée entre ce prince et Lenet que nous avons insérée au chapitre suivant.

[3] Voy. chap. xxxiv, p. 295 et 303.

Le duc de Guise fut assez oublieux envers celui qui avait brisé ses fers pour accompagner le roi le jour de son entrée dans Paris, bien plus pour assister au lit de justice qui dépouillait le prince de Condé de ses honneurs et de ses biens. Enfin il envoya un gentilhomme au cardinal Mazarin pour le complimenter. Son ingratitude et sa versatilité politiques s'alliaient en tous points avec l'humeur de ses volages amours. Il se mit à continuer ses procédures afin de faire casser son mariage avec la comtesse de Bossu. Toujours enflammé pour mademoiselle de Pons qui refusait de l'épouser tant qu'il n'aurait pas fait vider l'opposition que la comtesse de Bossu avait faite à la cassation de son mariage, il voulait faire épouser à la comtesse M. de Malicorne, fils de M. Tellier, maître des comptes. Sur le refus de celle-ci, il lui proposait, comme transaction amiable, de se faire religieuse, lui promettant de lui faire obtenir une des meilleures abbayes de France; mais la comtesse lui faisait cette réponse peu satisfaisante, car il n'avait pas renoncé à l'archevêché de Sens pour revenir à la cléricature, que s'il voulait se faire prêtre, elle y consentirait. Peu de jours avant la rentrée du roi dans Paris, il lui était arrivé avec la comtesse de Bossu une rencontre piquante dont voici le récit inédit :

« La comtesse de Bossu arriva icy le 15 du courant (octobre) et s'enferma dans un couvent de religieuses du faubourg Saint-Germain où elle demeura sans sortir jusqu'au 18 au soir, qu'estant venue au palais d'Orléans (le Luxembourg), Madame la reçut en qualité de duchesse de Guyse et luy donna le tabouret. Pendant qu'elle estait dans la chambre de Madame, le duc de Guyse survint dans le palais, ce qui obligea Madame de passer dans son grand cabinet et cette duchesse dans la chambre de Mademoiselle qui peu après la mena dans ce cabinet, et où elle se jeta aux pieds de Madame et de M. de Guyse qui fust bien surpris de cette rencontre. Elle luy demanda justice, et il luy respondit seulement, quoyqüe bien empesché, qu'il y avait des nullités dans ce mariage, lesquelles il fallait lever auparavant. Après quoy il dit à Mademoiselle qu'elle l'avait extrêmement désobligé et que cet affront l'obligerait à ne mettre jamais le pied chez elle. Il sortit là-dessus fort en colère ; mais il aura bien de la peine à s'en défaire, toute la cour estant contre luy, et madame de Guyse mesme, la douairière ; laquelle fait préparer un appartement dans son hôtel pour sa belle-fille [1]. »

---

[1] *Relation de ce qui s'est passé en France depuis le 5 janvier 1652, jusqu'au 26 avril 1653* ; article sous la rubrique : de Paris, le 22 octobre 1652 ; Bibliothèque nationale, fonds de Sorbonne, n° 1257.

Le désagrément éprouvé par le duc de Guise dans cette rencontre fut pour lui encore un motif de rompre avec le parti des princes ; la même relation inédite que nous venons de citer s'exprime ainsi à ce sujet :

« Depuis que Mademoiselle fit la prière à M. de Guyse de lui présenter la comtesse de Bossu dans le palais d'Orléans, il n'y est plus retourné, et dès le lendemain il songea à s'accomoder avec la cour, comme il fit, et il se trouva à la suite du roy lorsqu'il rentra dans Paris [1]. »

Sa réconciliation avec la cour, qui lui valut la charge de grand chambellan de France, n'eut pas, relativement à son mariage, les effets qu'il en espérait ; la même relation raconte en ces termes l'accueil fait par la reine à la comtesse de Bossu :

« Madame la comtesse de Bossu peut veoir, il y a sept ou huit jours, la reyne qui luy fit donner le tabouret comme duchesse de Guyse, et luy dit qu'il ne s'estoit point encore parlé de son affaire; mais qu'il s'en parlerait bien tost et qu'on feroit tout ce qui se pourroit pour elle [2]. »

Vis-à-vis de l'Espagne, le duc de Guise ne fut ni

[1] Sous la rubrique : de Paris, 25 octobre 1652.
[2] Sous la rubrique : de Paris, 13 décembre 1652.

plus scrupuleux, ni plus fidèle à ses promesses qu'il ne l'avait été envers le prince de Condé. Foulant aux pieds ses engagements, il renouvela, en 1654, une tentative sur le royaume de Naples. Il surprit Castellamare : mais il ne put s'y maintenir et fut heureux de pouvoir se dérober par la fuite au sort qui l'eût attendu s'il fût tombé une seconde fois entre les mains des Espagnols.

Revenu en France, le duc de Guise ne vécut plus que de la vie de cour; et, au fameux carrousel de 1662, en le voyant paraître avec le prince de Condé, l'un et l'autre à la tête de l'un des cinq quadrilles, tourbillonnant sur des chevaux ardents, les spectateurs s'écriaient : Voilà le héros de la fable en face du héros de l'histoire !

La principale préoccupation de ce héros de la fable fut encore la continuation de ses démarches pour obtenir la cassation si désirée de son mariage avec la comtesse de Bossu; sans aboutir jamais, elles durèrent jusqu'à la fin de sa vie.

APPENDICE

NOTE PREMIÈRE.

Pour le ch. xxviii, p. 389, du IIIe vol.

La Motte Védel, le brave colonel du régiment de Champagne, reçut la sépulture dans l'abbaye d'Eysses. Un manuscrit du fonds latin de la Bibliothèque nationale lui consacre cette notice, p. 179 :

« Pierre de la Mothe-Bedel, escuyer, fils de Jean de la Mothe-Bedel, escuyer, et de damoiselle Marye de Mollère, naquit le 15 mars 1600 dans la ville d'Auvillars, en Armagnac, où son ayeul Jean estoit maryé, estant sorty de maison noble de Villefranche de Rouergue, en laquelle ville il y a encore quatre chapelles fondées dont l'ayné de la maison est patron.... Il porta d'abord le mousquet dans la compagnie de Jean de la Mothe-Bedel, son ayné; fut dans les cent mousquetaires du roi Louis XIII après le siège de Montauban où il fut blessé au visage, devint lieutenant au régiment de Champagne en 1638, capitaine le 2 octobre 1639, lieutenant-colonel le 8 avril 1643, mareschal de camp en 1652 [1]. »

[1] Nous devons ces intéressants renseignements sur La Motte Védel à un article d'un savant critique, M. Tamisey de Laroque, qui a consacré plusieurs études pleines de bienveillance à notre ouvrage dans la *Revue bibliographique universelle* et dans la *Revue de Gascogne*. Il rappelle nous avoir y indiqué les registres des Archives nationales où nous avons puisé plus d'un précieux document dont il avait lui-même publié quelques-uns dans les *Archives historiques du département de la Gironde*. Cette collection que la *Bibliothèque nationale* ne possède que d'une manière très-incomplète ne nous a pas permis de relever ceux des documents publiés par M. Tamisey de Laroque, indication que nous nous serions empressé de donner.

NOTE DEUXIÈME.

Pour le ch. xxviii, du IIIe vol.

Lettre du comte d'Harcourt au marquis de Saint-Abre [1].

Monsieur,

Je me suis longtemps deffendu d'ajouster foy à tous les bruitz que l'on a fait courir contre moy pendant mon séjour à l'armée, ne pouvant me persuader que mes services et ma fidélité deussent m'estre reconnus par une injustice sans exemple, et j'estois résolu, après avoir mis les affaires de la province dans le meilleur estat qui m'auroit esté possible, de m'en aller à la cour comme une victime innocente par la netteté de mes actions, exposer ma personne à toutes les extrêmitez que l'ambition de mes envieux auroit peu inspirer aux puissances supérieures, lorsque mon bonheur a voulu qu'un amy dont la sincérité m'est

[1] L'original de cette lettre qui jette un jour très-précieux sur les motifs qui déterminèrent le comte d'Harcourt à abandonner son armée, est conservé aux Archives de La Cropte de Chantérac ; il nous a été communiqué, depuis la publication du troisième volume, par notre éminent collègue du Conseil de la Société de l'histoire de France, M. le marquis de Chantérac, avec la note suivante relative au destinataire de la lettre :

« Jean de la Cropte, chevalier, seigneur de Saint-Abre, Beauséjour, comte de Rochefort, d'Aixe, en Limousin, et de Rochemeaux, en Poitou, fils de François de la Cropte, blessé à mort au combat de Sintzheim (16 juin 1674) où périt son fils le comte de Rochefort, inscrit aux tables de marbre de Versailles. Il avait épousé Catherine de Salignac, dame d'Aixe, de Rochefort et de Rochemeaux. Sa sœur, Louise de la Cropte, mariée à Pons de Salignac, comte de Fénelon, fut la mère de l'archevêque de Cambray.

« Saint-Abre (aujourd'hui représenté par une femme) est un rameau de Bourzac aujourd'hui éteint, formant avec celui de Chantérac-Beauvais, la maison de Cropte, en Périgord. »

conneüe ainsy que la part qu'il a dans les résolutions secrettes de la cour, m'ayt adverty du dessein formé que l'on avoit fait de m'arrester pendant que j'exposois ma vie et donnois tous mes soins à servir le roy utilement dans cette province. Cette confirmation à tant de salutaires advis ne m'a pas permis de les négliger et m'a fait prendre la résolution de partir sans retardement pour éviter l'accident dont j'estois menacé, qui du plus innocent et du plus fidelle des hommes m'auroit fait passer pour un coupable parmy ceux qui n'auroient pas esté témoins de la candeur de ma conduite ; mais ma satisfaction est sans égale d'avoir eu le bonheur de commander pendant cette guerre à des personnes sans reproche comme vous qui serez bien aise de rendre ce juste témoignage à la vérité, et vous ne me blasmerez pas je m'asseure de m'estre conservé des biens si chers qui sont ma liberté et ma réputation qui auroit receu par cette injustice une tache notable. Je ne me sépare point pourtant de vous avec des sentimens de vanger l'affront que l'on m'a voulu faire ; je vay dans mon gouvernement avec une ferme résolution de ne m'esloigner jamais des sentimens que j'ay tousjours eus pour le service du roy et le bien de l'Estat et à dessein de donner à M. le Cardinal quand j'y seray arrivé les mesmes témoignages de l'amitié que je luy ay promise que si les soubçons que mes ennemis luy ont donné n'avoient pas prévalu sur la fidelité dont il a receu de ma part tant de preuves solides, et si je n'avois pas lieu de me plaindre au dernier point du peu de confiance qu'il a pris aux nouvelles protestations que je luy ay faites sur ce qui m'est arrivé au sujet de Bri-

sac. Je ne doute pas que cette affaire ne vous soit
conneüe tant par ce que je vous en ay dit que par les
bruitz qui en ont couru. Mais comme bien souvent
ilz déguisent la vérité des choses, je suis obligé par
l'interrest de ma réputation de vous faire voir que
je n'ay rien oublié de ce que je dois au service du
roy, à l'amitié que j'ay promise à M. le Cardinal et
à ma propre satisfaction, puisqu'au moment que je
sceus l'avantage que la bonne fortune m'avoit donné
sur cette place, j'envoyay un courrier exprès à M. le
Cardinal luy offrir mon nom pour traiter de ce gouvernement sur ce que M. de Charlevois s'estoit déclaré ne
vouloir plus se confier à tout ce qui porteroit le sien,
disant qu'il avoit esté arresté pendant qu'on luy donnoit de sa part mille asseurances d'estime et de sincérité. Je ne pouvois, ce me semble, donner une marque plus désintéressée de l'attachement que j'avois
pour luy; mais au lieu de recevoir cette defférence
de bonne grâce et de se confier à toutes les seuretez que
j'ay offert de luy donner sur ce sujet (bien qu'il ne
deust pas estre nécessaire d'en exiger ce me semble
d'autres que celles de ma conduite passée), il a donné
beaucoup plus de complaisance à l'envie de mes
ennemis et ilz l'ont trouvé bien plus disposé de former (sur des aparences simulées) un mauvais dessein
contre moy que de me procurer une récompense solide à des services utilles que j'ay eu le bonheur de
rendre à l'Estat, et qui m'en ont attiré les plus puissantes testes pour ennemis déclarez, je ne dois pas
moins vous faire connoistre que tout ce que mes amis
ont fait en Alsace à l'esgard de Brisac n'a eu d'autre
visée que la conservation de la place dont la garni-

son estoit solicitée de toutes parts de se départir de l'obéissance du Roy, comme on peut faire voir par des preuves essentielles, et je crois que vous m'avoüerez que ce dernier service qui asseure toute une province à l'Estat me devoit faire espérer un traitement plus favorable et des sentimens plus reconnaissans. Mais ce n'est pas pour me plaindre que je vous informe de ma conduite, c'est pour en justiffier la netteté que je conserveray si également toute ma vie que mes amis pourront sans scrupule deffendre ma réputation contre la médisance de mes envieux; je vous connois assez généreux pour ne pas consentir que l'on luy fasse aucune injure et assez fidelle serviteur du Roy pour contribuer de tout ce qui dépendra de vous à ce que Sa Majesté soit servie pendant mon absence aussi utilement qu'elle l'a esté durant que j'ay eu l'honneur de commander son armée; vous sçavez combien est essentielle pour cet effet une parfaite union entre MM. vos camarades et vous; et avec combien de soin j'ay tâché de la conserver pendant ma présence; aussy est-ce la plus importante prière que je vous fais avec celle de croire qu'en quelque endroit que la fortune me porte vous pourrez faire estat assuré,

« Monsieur, sur

« Vostre très-affectionné serviteur,

« Harcourt.

« Au camp près Monflanquin, le 16 août 1652. »

A Monsieur, Monsieur de St-Abre, Maréchal de camp ès armées du roy.

(Cachets aux armes du comte d'Harcourt Lorraine.)

NOTE TROISIÈME POUR LE CHAPITRE XXX.

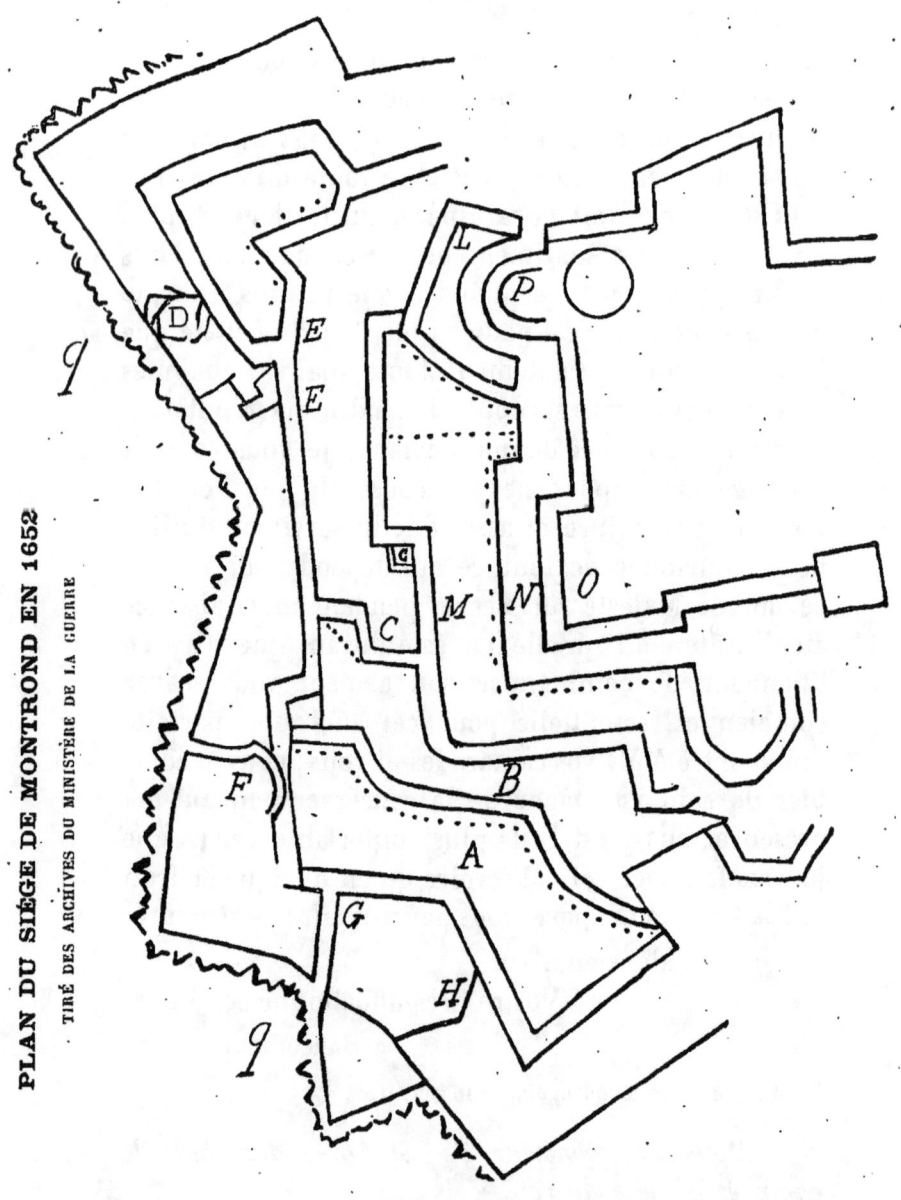

LÉGENDE.

A La Tenaille.
B Premier retranchement des ennemis ou traverse.
C Seconde traverse.
D Mine jouée au bastion des Pommiers.
E Deux mines prêtes à jouer, l'une au flanc du bastion, l'autre à la courtine.
F Mine jouée à la Tenaille.
G Mine jouée à la Tenaille. } Ces trois là aux premières attaques.
H Autre mine jouée.

L Retranchement qu'ils font à présent pour couvrir la tour nommée Pot-à-Beurre.
M Contre-escarpe du donjon.
N Faussé.
O Bastion du donjon appelé Charbonnier.
P Pot-à-Beurre, tour dudit donjon.
Q Logement sur la contre-escarpe.

NOTE QUATRIÈME.

Pour le ch. xxxvi.

RELATION

DE LA

BATAILLE NAVALLE

DONNÉE

ENTRE LES ARMÉES DE FRANCE ET D'ESPAGNE

SUR LES MERS D'OLLÉRON ET DE RÉ

Le 9 aoust 1652

Avec l'estat des vaisseaux, dont les deux Armées étaient composées,
et les noms des Capitaines

A PARIS

CHEZ NICOLAS ET JEAN DE LA COSTE

AU MONT SAINT-HILAIRE, A L'ÉCU DE BRETAGNE
ET EN LEUR BOUTIQUE A LA PETITE PORTE DU PALAIS
QUI REGARDE LE QUAI DES AUGUSTINS

M. D. C. L. II

---

[1] Nous devons la communication de cette pièce imprimée à l'obligeance d'un érudit distingué, M. Louis Audiat, bibliothécaire de la ville de Saintes.

Relation de la bataille, donnée entre les armées de France et de l'Espagne, sur les mers d'Olléron et de Ré, le neufiesme jour d'aoust 1652.

Monsieur le duc de Vendosme, admiral de France, ayant reçeu les ordres du Roy, de mettre en mer une armée considérable, fit son armement à Brest, et secondé des soins et de l'industrie du commandeur de Neufchaise, son lieutenant général, par une diligence toute extraordinaire, soutenüe d'une puissante despense contre toutes les traverses qui luy furent données, appareilla enfin, et mit ensemble douze vaisseaux de guerre, trois frégates, une gallère, quelques barques longues, et douze chàlouppes. Avec ces forces il partit de la rade de Brest, le dix-neufiesme juillet, et faisant sa route prit à Blanet les deux vaisseaux nommés le Sourdis et l'Elbeuf que le mareschal de la Meilleraye luy retenoit, et un autre vaisseau de la Rochelle, nommé le Fort, avec un bruslot de l'isle de Ré, et quatre Galliotes bien armées. En cet estat il arriva par un vent assez favorable à la rade d'Olonne, où le vent s'estant changé, il employa le temps à faire embarquer deux cens hommes du régiment d'Estissac, commandez par le sieur du Frateau, lieutenant colonel, et quelques matelots, qui furent distribuez dans les vaisseaux qui se trouvèrent en avoir le plus de besoin; particulièrement le Sourdis et l'Elbeuf. Des Sables d'Olonne, l'armée fut deux jours à venir à la rade de la Palice, vis-à-vis du fort de la Prée, où le sieur de Louches, qui commande pour la reine en l'isle de Ré, amena à M. l'admiral de fort bonne infanterie françoise et suisse, qui fut aussi partagée dans tous les vaisseaux, sa personne demeurant dans le bord de l'admiral avec quelques gentis-hommes volontaires qu'ils avoit amenez. Cependant une frégate de l'armée Espagnole ayant reconnu et porté à son admiral nouvelle de l'armée de France, les vaisseaux d'Espagne et du comte de Doignon se retirèrent vers le Pertuis d'Antioche dans le temps que les vaisseaux du roy entraient par le Pertuis Breton, et ainsi laissèrent la Rochelle libre ; ce qui obligea M. l'évesque de la Rochelle et M. d'Estissac, gouverneur de cette ville, avec les maire et magistrats d'aller à M. le duc de Vendosme luy en porter leurs remerciements. Et pour ce que le vent se rendit lors favorable aux Espagnols, et leur donnoit occasion de prendre quelque advantage sur les François, M. de Vendosme envoya le comte de Montesson, lieutenant général de la Marine, avec le chevalier de Cartray, autrefois vice-admiral d'Angleterre, très-expérimenté capitaine, à travers l'isle de Ré ; ils firent rapport que les ennemis avoient mouillé, et ne se préparoient en aucune façon à se servir de la faveur du vent : cette occasion s'estant changée et le vent tourné favorable à l'armée de France, aussitost M. l'amiral commande d'appareiller ; ce qui fut fait avec une joye et diligence extrêmes. Le comte de Montesson fait préparer tous ses hommes pour son artillerie : le commandeur de Neufchaise, lieutenant général, assisté de Desforgettes, très-expert capitaine de mer, et des capitaines Quirebat et Jamin, donne et envoye les ordres de M. l'amiral partout, dispose tous les autres vaisseaux selon l'ordre arresté pour le combat, avec chacun son bruslot à escorter, et ordonna chacun en son poste, agissant en cette occasion avec une diligence et facilité que la seule expérience au fait de la mer peut donner : le sieur de Drouilly, capitaine des gardes de M. l'admiral, place sa compagnie de cent hommes aux endroits où le danger pourroit estre le plus grand : les sieurs de la Colombière et de Boisfermé à qui M. de Vendosme et ses domestiques disposèrent leurs gens, sur les galleries et derrière le vaisseau : le comte de Goulaines, les sieurs de Louche, de la Moinerie, du Frateau, du Vigneux, de Launay, de Bonneville : les deux Chabot frères, et le capitaine du Quesne prirent les places que M. l'admiral leur donna, où ensuite ils firent tout ce qu'on peut attendre de la valeur et du courage des braves hommes. Après tous ces ordres donnez, M. l'admiral prit sa place sur la poupe de son vaisseau, pour continuer à donner de là ses ordres nécessaires pendant tout le combat, retenant près de luy le commandeur de Neufchaise et le chevalier de Cartray, dont les advis luy estoient utiles par leur grande expérience. Toutes ces choses ainsi disposées en peu de temps, l'armée de France se mit à la veüe de l'ennemy qui estoit entre les terres de Ré et d'Oléron. Aussi-tost les Espagnols voyant l'armée de France doubler la pointe de Ré qui regarde vers la Rochelle mirent sous voiles et commencèrent à porter large en mer. L'ardeur d'approcher et combattre les ennemis redoubla lors aux François, qui firent force de voile pour donner la chasse aux Espagnols : enfin sur les sept heures du matin ils les approchèrent à la portée du canon ; ainsi les Espagnols forcez au combat cher-

APPENDICE.

chans à prendre le vent, firent grand feu de leur canon. M. le duc de Vendosme défendit à ses vaisseaux de tirer aucun coup, voulant approcher l'ennemy de plus près ; ce qu'il fit bien-tost, et lors les coups furent tirez puissamment de part et d'autre, et particulièrement du bord de l'admiral de France, le comte de Montesson y faisant la charge de lieutenant général de l'artillerie, avec toute la diligence et la vigueur imaginables.

Deux heures se passèrent à canonner, et aussi-tost que M. de Vendosme vit son advantage, il donna ordre aux vaisseaux les plus proches de l'admiral de conduire leurs brusleaux, et les faire accrocher aux vaisseaux ennemis, à la faveur de la fumée des canons : ce qui réussit au brusleau nommé la Sainte-Anne, commandé par le capitaine Chéron, que le sieur de Pardejeu qui commande l'Elbœuf, et le sieur des Thurolles qui commande la galère, escortoient ; et ce brusleau mit le feu au vaisseau espagnol nommé la Nativité, commandé par Antoine Gonzalez, Dunkerquois. Ce vaisseau estoit l'un des plus grands de l'armée d'Espagne monté de quarante-deux pièces de canon de fonte verte, et de trois cens hommes dont il n'eschappa que le capitaine, luy septième, à la nage. Ce fut un spectacle horrible de voir le feu attaché par tous les endroits du vaisseau, avec un bruit et une fumée espouvantable, des poudres et du canon, qui tirèrent tous en mesme temps ; ce qui mit une telle terreur et confusion dans l'armée d'Espagne que tous les navires espagnols s'écartèrent avec désordre, et l'admiral d'Espagne commença le premier à se retirer d'espouvante, après avoir coulé à fonds de son canon le brusleau du capitaine Thibault qui luy portait le feu. Avant cela la Lune et les autres vaisseaux du comte de Doignon s'estoient retirez, et avoient honteusement abandonné les Espagnols, lesquels fuirent aussi à force de voiles, tirant tousjours leurs canons sur l'admiral de France, qui avec sa flotte leur donnoit la chasse, et leur envoyoit trois volées de canon pour une, dont on voyoit l'effet par les débris et pièces rompues des vaisseaux ennemis qui flottoient. Enfin les deux brusleaux commandez par les capitaines Michault et Riboullot, escortez d'autres vaisseaux François, s'accrochèrent à l'admiral de Naples, nommé la Concorde, qui s'en défit fort adroitement, faisant mine de demander quartier : et après cela voulant encore s'opiniastrer à la deffense, quoyque la moitié de son esquipage eust desja sauté en mer croyant le feu attaché au vaisseau. Il fut abordé par le capitaine de la Roche, commandant une frégatte, nommée la Duchesse ; et en mesme temps par le commandeur de Bois-Morau, commandant le Berger, et par le capitaine Pardejeu, commandant l'Elbœuf, qui tous ensemble le mirent facilement à la raison ; la teste de son grand mat estant rompüe et toutes ses voilles brizées de coups de canon : ce vaisseau est de trente-huit pièces de fonte verte, et son esquipage estoit de près de trois cens hommes, qui à la réserve de ceux qui s'estoient noyés, furent emmenez prisonniers à la Rochelle. Ce brave capitaine de la Roche, qui, avec le capitaine du Clos, ont tesmoigné une valeur extrême, avoit déjà pris par un combat opiniastre, une frégatte espagnole de vingt pièces de canon, nommée la Sainte Agnez, commandée par le

capitaine Antoine Rodriguez, Portugais. Le sieur de
Meuillet, vice-admiral de l'armée Françoise, commandant le vaisseau nommé la Vierge, et le sieur de
Cachal, commandant le Sourdis, se meslèrent bien
avant dans les vaisseaux ennemis pour les aborder;
mais ils leur eschappèrent par la vitesse : le sieur de
Guignaut, commandant l'Anne, et le sieur des Ardans
commandant le Beaufort, y firent merveilles, estant
ce qu'on doit attendre de la valeur et expérience des
braves capitaines; mais les vaisseaux d'Espagne estoient
meilleurs voilliers; ce que voyant M. le duc de
Vendosme, et perdant l'espérance de les pouvoir
joindre avant la nuict, et d'ailleurs connaissant que
les vaisseaux pris estoient en danger de se perdre par
leurs ouvertures, si l'on n'en prenoit un très-grand
soin, il fut conseillé de quitter la chasse de l'ennemy,
pour pourvoir à la sureté de sa prise, et au radoub
de quelques uns de ces vaisseaux et bruslots qui avoient
esté désagréez à coups de canon.

Cette victoire est d'autant plus signalée, que tous
les capitaines et officiers prisonniers confessent n'a-
voir jamais été poussez si vertement, et combattus
avec tant de chaleur et de résolution : l'escadre de
Dunkerque se vantoit avant cecy, de n'avoir jamais
esté entamée dans tous les combats qui se sont faits
durant la guerre : tellement que M. de Vendosme,
qui durant toute cette occasion tesmoigna une fermeté
de courage très-grande, et une affection et vigueur
qui n'est pas ordinaire à ceux de son aage, peut dire
comme ce premier César dont il porte le nom, *qu'il
est venu, qu'il a veu, et qu'il a vaincu* presque en
même temps des ennemis qui se glorifiaient d'estre

depuis un an les seuls maistres de la mer de Ponant, et de tenir sous leur pouvoir toutes les costes de la France : enfin toutes les marques d'une victoire entière se rencontrent en celle-cy; l'armée du roy a battu celle d'Espagne à coups de canon ; luy a bruslé et pris trois de leurs plus grands vaisseaux ; a tué plus de six cens hommes; pris quantité de personnes; et obligé tout le reste à s'enfuir dans une très-honteuse desroute, sans que du costé de l'armée Française ils ayent perdu plus de vingt-cinq ou trente personnes, entre lesquels il n'y a aucun homme de marque.

ESTAT *des navires dont est composée l'armée navale du roy avec les noms des capitaines qui les commandent.*

Escadre de l'Admiral :

Le *César*, Admiral.
La *Galère*, nommée *la Sainte-Anne*, commandée par le capitaine des Thurolles.
L'*Anne*, par le capitaine Guinaut.
Le *Sourdis*, par le capitaine Cachal.
Le *Triton*, par le chevalier de Verdille.
Le *Don de Dieu*, par le chevalier de la Carte.
Le *Fort*, par le chevalier de la Messelière.
La *Duchesse*, par le capitaine de la Roche.

Le *Croissant*, par le sieur de la Ville-Dan, fils du sieur des Forjettes.

Le *Neptune*, par le sieur de la Giraudière, major de l'armée.

La *Sainte-Agnès*, par le capitaine du Clos.

Le *Phlibot*, du sieur Jorant.

ESCADRE DU VICE-ADMIRAL :

La *Vierge*, vice-admiral, par le sieur de Meuillet, commissaire-général de la marine du Ponant.

Le *Jupiter*, par le sieur Queroin.

Le *Berger*, par le commandeur de Boismorau.

L'*Elbœuf*, par le capitaine de Pardejeu.

Le *Saint-Georges*, par le capitaine de la Giselaye.

La *Beaufort*, par le capitaine des Ardans.

Le *Saint-Louis*, par le capitaine Desgoris.

La *frégate* de Calais, commandée par le capitaine Besnard.

Quatre galiottes, commandées par les sieurs Pineau, Lilleau, Corby et Bourdet, avec ordre de se tenir proche de l'admiral.

Quatorze bruslots commandés par les capitaines :

Thibault.	La Fleur.
Chéron.	Falous.
Guillet.	De Launay.
Riboullot.	Plassières.
Michault.	Baubire.
Thomas.	Pucelivage.
Mesnard.	Salnauve.

ESTAT des navires de l'armée Espagnole.

ESCADRE DU COMTE DU DOIGNON :

La *Lune*, commandée par SALNOVE.
Le vaisseau *le Gabaret*.
Deux autres vaisseaux, dont on ne sçait pas les noms.
Cinq bruslots.

ESCADRE DE DUNKERQUE :

La *Conception*, commandée par ANTONIO MESNIL admiral.
Le *Saint-Sauveur*, vice-admiral, cy-devant commandé par ANTONIO DIEZ qui se noya entre Grois et Blavet, et à présent par CORNÉLIAS MEIGNÉ.
Le *Saint-Ignace*, par JEAN BASSELART.
La *Nativité*, par ANTONIO GONZALEZ, c'est celuy qui a esté bruslé par un des bruslots François.
La *Touche*, par MATHIEU MAS.
Le *Bon Succès*, par ROCH NICASIO.
Le *Prince d'Orange*, par MANUEL NIQUELAN.

ESCADRE D'ESPAGNE.

Le *Saint-Philippe*, par ARTHIAQUE de BISCAYE.
Le *Saint-Pierre*, par DOM JOSEPH de GALLASSE.

ESCADRE DE NAPLES.

La *Concorde*, admiral, par MARINO MAZIBRADY, qui est un de ceux qui a esté pris par les vaisseaux françois.

Le *Saint-Charles*, vice-admiral, par Antoino Stouvaille.

Le *Lion Rouge*, par Piétro Jouan.

La *Sainte-Barbe*, par Vincent Léony.

Les deux frégates des capitaines Dominique et Gévéronime.

La *Sainte-Agnès*, par Antonio Rodriguez, qui a esté prise par le capitaine de la Roche.

Une autre frégate, qui leur porta la nouvelle de l'arrivée des François.

Un bruslot, nommé *Saint-Antoine*.

APPRÉCIATIONS DIVERSES

SUR CES

SOUVENIRS DU RÈGNE DE LOUIS XIV

Suivant la méthode adoptée à la fin du volume précédent, l'éditeur donne à la fin de celui-ci un aperçu des appréciations nouvelles sur cet ouvrage parvenues à sa connaissance depuis la publication du troisième volume :

Le journal *l'Union*, 20 mars 1872, 28 mai, 18 juin, 8 et 12 juillet 1873; les *Débats*, 7 avril 1872; l'*Opinion nationale*, 22 avril 1872; le *Moniteur universel*, 23 avril 1872; le *Réveil de la province* (Tulle), 25 et 30 avril 1872; la *France*, 29 avril 1872; la *Gazette de France*, 3 mai 1872; la *Revue britannique*, livraison de mai 1872, article de M. Sachot; la *Revue bibliographique universelle*, livraison de mai 1872; la *Revue de Gascogne*, livraison de mai 1872; le *Figaro*, 11 mai 1872; le *Périgord*, 2 juin 1872; la *Dordogne*, 5 juin 1872; le *Constitutionnel*, 11 juin 1874; le *Nord* (Bruxelles), 12 juin 1872; la *Décentralisation* (Lyon), 15 juin 1872; la *Revue des questions historiques*, livraison de juillet 1872; la *Bibliographie catholique*, livraison d'octobre et novembre 1872; la *Discussion* (Limoges), 21 avril 1873, le *Courrier du Berry*, 2 juin 1873.

A quelques-uns de ces articles, nous empruntons les citations suivantes :

Les DÉBATS, 7 avril 1872; article de M. Dottain :

« Ce que l'ouvrage de M. de Cosnac nous offre de nouveau, ce n'est pas tant les lettres et documents qu'il a pu exhumer des bibliothèques publiques, que la manière originale et vraie en même temps dont il a exposé l'histoire de la Fronde, en étendant le champ où se mouvaient les acteurs grands et petits de ce drame historique que M. Michelet, usant d'une expression plus pittoresque qu'elle n'est exacte appelle « Une vive échappée d'écoliers entre deux maîtres sévères, Richelieu et Louis XIV. » Ce n'est assurément pas l'auteur du livre que nous examinons qui accepterait ce jugement un peu dédaigneux. »....

Le MONITEUR UNIVERSEL, 23 avril 1872 ; article de M. Eugène Asse :

« M. de Cosnac est un de ceux qui ont le mieux servi cette justice historique (L'équité pour la France d'autrefois), par la publication de ces *Mémoires de Cosnac*, l'archevêque d'Aix, son grand oncle, l'une des œuvres qui honorent le plus la *Société de l'histoire de France*, et maintenant par celle de ces *Souvenirs du règne de Louis XIV*, dont le troisième volume vient de paraître. Après avoir vécu longtemps au milieu des documents de cette glorieuse époque, après avoir fouillé les archives particulières de plusieurs familles du midi de la France, celles de la ville de Bordeaux, du Ministère de la guerre, les manuscrits de la Bibliothèque nationale, et s'être fait ainsi le contemporain du grand siècle, M. le comte de Cosnac a eu l'heureuse idée de mettre en œuvre cette masse de documents dans un récit suivi qu'il avait plus que personne le droit d'appeler des souvenirs ; car s'ils ne sont pas proprement les siens, ils sont bien certainement et bien légitimement ceux des Turenne, des Condé, des Conti, d'autres encore, tels que le baron de Courtalin-Montmorency, le marquis de la Roche-Posay, le marquis de Paulmy, le comte d'Harcourt, le marquis du Plessis-Bellière, le marquis de Montausier, madame de Rochefort, dont les nombreuses lettres inédites sont les témoignages personnels et quelquefois même les confidences intimes. »....

REVUE BIBLIOGRAPHIQUE UNIVERSELLE, livraison de mai 1872, article de M. Tamisey de Larroque :

« Le troisième volume des Souvenirs du règne de Louis XIV n'est pas moins intéressant que les deux premiers. L'auteur, après avoir présenté de judicieuses considérations politiques, raconte avec un grand agrément de style ce qui se passa de plus remarquable en Poitou, en Saintonge, en Guyenne, pendant le printemps et l'été de l'année 1652..... M. de Cosnac nous donne, grâce à ses recherches prolongées dans les manuscrits des Archives nationales, de la bibliothèque de la rue de Richelieu, du dépôt de la guerre, des renseignements nouveaux sur les troubles bordelais, et notamment sur cette dangereuse association qui portait le nom d'*Ormée*, laquelle avait à sa tête un médiocre avocat Vilars — hélas ! la race de ces avocats n'est pas éteinte ! — et un ancien boucher l'ignoble Dureteste, association si bien jugée par l'auteur en ces lignes énergiques (suit une citation de la p. 167)..... M. de Cosnac est le mieux informé de tous les guides, comme le prouvent du reste les nombreux et excellents documents (les uns déjà imprimés, mais devenus rares, les autres inédits) qu'il analyse ou reproduit presque à chaque page, sans compter tous ceux qu'il groupe à l'appendice. Espérons que les deux volumes qui doivent compléter la première série des *Souvenirs du règne de Louis XIV* ne tarderont pas à paraître, et soyons sûrs d'avance qu'ils nous fourniront l'occasion de féliciter encore le consciencieux et spirituel historien. »

Le FIGARO, 11 mai 1872 ; article de M. Francis Magnard :

« M. le comte de Cosnac vient de faire paraître le troisième volume de ses Souvenirs du règne de Louis XIV, très-remarqués et bourrés de pièces curieuses. M. de Cosnac à qui l'on doit la publication des Mémoires de son arrière-grand-oncle, Daniel de Cosnac, a vécu pour ainsi dire dans l'intimité des hommes du grand siècle, et ses *Souvenirs* sous leur titre modeste, ne sont autre chose qu'une histoire très-complète de la Fronde. ».....

Le PÉRIGORD, 2 juin 1872 ; article de M. Landrol :

« A notre époque si profondément troublée, alors qu'au sein de la société française et de toutes les sociétés européennes les passions politiques sont attisées par le souffle ardent des convoitises populaires qui épouvantent les uns, enhardissent les autres et portent le désordre dans toutes les classes, il est bon, il est salutaire d'étudier les époques analogues et les leçons qu'elles nous offrent. Bossuet a dit : « Quand l'histoire serait inutile aux autres hommes, il faudrait la faire lire aux princes. » Aujourd'hui que le suffrage universel a déplacé la souveraineté, il est permis de modifier la parole de l'évêque de Meaux et de dire : Quand l'histoire serait inutile aux princes, il faudrait la faire lire aux peuples... Nous emprunterons quelques considérations très-élevées sur ce sujet à M. le comte de Cosnac, l'auteur de l'excellent livre que nous signalons à l'attention des lecteurs sérieux, de tous ceux qui cultivent cette véritable et unique science devinatoire dont les secrets se trouvent dans les annales du temps passé (suivent des citations).

M. de Cosnac nous donne une histoire entièrement nouvelle de la Fronde, il nous la montre telle qu'elle fut, et bien différente de cette Fronde de convention telle que l'ont faite les historiens. Le lecteur est tout surpris de voir que ce mouvement d'apparence si frivole, où tout « finissait par des chansons, » n'était en réalité rien moins, dans ses aspirations et dans ses efforts, qu'une tentative très-sérieuse pour établir chez nous le régime constitutionnel et représentatif. »....

Le NORD (Bruxelles), 12 juin 1872 ; article de M. de Barthélemy :

« Le troisième volume des *Souvenirs du règne de Louis XIV*, par le comte de Cosnac, vient de paraître. Deux années au moins ont suspendu cette intéressante publication, que nous voyons continuer avec un grand plaisir C'est une histoire composée dans le genre des mémoires, avec beaucoup d'érudition, beaucoup de talent à tous les points de vue et une grande fidélité historique..... Le volume s'ouvre par l'étude d'une tentative très-sérieuse et peu connue de la noblesse de Poitou, plus ou moins soutenue par le clergé et la bourgeoisie, pour donner à la Fronde un dénoûment pacifique et en même temps bienfaisant en obtenant la concession d'institutions représentatives. Nous lisons ensuite un travail sur une faction populaire, révolutionnaire, existant à Bordeaux, dont les principes et les procédés ne différaient pas de ceux des communards de notre temps : ses membres avaient déjà dressé un plan d'incendie général pour Bordeaux. La troisième partie de ce livre se compose d'un ensemble de documents presque tous inédits, sur divers épisodes de cette période...... Tout son livre est plein de faits curieux et mérite les plus grands éloges. »

La DÉCENTRALISATION (Lyon), 15 juin 1872 :

« Ce qui distingue encore particulièrement ce troisième volume comme nouveautés historiques, consiste dans un récit circonstancié des troubles populaires de Bordeaux pendant la Fronde et dans un exposé complet d'une tentative de la noblesse de province pour tâcher de terminer la Fronde par l'organisation régulière d'un gouvernement représentatif. Les historiens, préoccupés surtout des prétentions politiques du parlement de Paris, ont négligé l'étude de ces aspirations qui plaçaient avec plus de logique la question débattue sur un terrain bien autrement large et fécond. »....

REVUE DES QUESTIONS HISTORIQUES, livraison de juillet 1872 ; article de M. Georges Gandy :

« M. le comte de Cosnac continue dans ce troisième volume sa très-intéressante étude sur la Fronde. Avant de poursuivre ses récits, il jette un coup d'œil sur le rôle de la noblesse en France, où il la montre, contrairement à l'opinion si généralement admise, nationale et dévouée aux libertés publiques dans les états généraux, abandonnant peu à peu ses priviléges et n'en conservant au XVIIIe siècle que ce qu'il fallait pour les rendre impopulaires, parce qu'ils n'étaient plus en harmonie avec ses anciens services. Il nous fait voir en même temps la bourgeoisie grandissant à côté de la noblesse, cumulant les priviléges, prenant des fiefs en roture, manifestant contre les ordres supérieurs un antagonisme d'autant plus ardent qu'à mesure que sa condition sociale s'élevait, elle sentait son ambition s'accroître dans la même proportion que son esprit libéral faiblissait sous l'influence d'une mesquine jalousie. »....

La DISCUSSION (Limoges), 21 avril 1873 :

« Ce qui distingue encore le troisième volume comme nouveautés historiques consiste dans la tentative qui fut faite de transférer à Limoges le parlement de Bordeaux. »....

COURRIER DU BERRY, 2 juin 1873 :

« Un épisode enfin qui intéresse notre province du Berry est le récit de la destruction, en 1651, de la grosse tour de Bourges, après l'entrée du roi et la fuite du prince de Conti au château de Montrond où il conduisit prisonnier Claude Biet, maire de Bourges. »....

Union, articles de M. Marius Sepet :

28 mai 1873.

« C'est, il faut le reconnaître à son goût évident pour les antiquités nobiliaires et à l'étude assidue qu'il en a faite, que M. le comte de Cosnac a dû de pouvoir démêler, avec une rare sûreté de main, l'écheveau embrouillé des parentés entre les familles qui figurent dans ses récits..... Il a trouvé, notamment dans l'histoire de maisons alliées à la sienne, l'occasion d'épisodes d'un intérêt à la fois historique et romanesque, et de descriptions très-réussies. Je citerai, par exemple, l'histoire de la vicomté de Turenne, passée de maison en maison jusqu'à la famille des La Tour d'Auvergne qui eut le duché de Bouillon, et dont sortit le grand Turenne.....

« L'histoire faite sur pièces et sur pièces inédites, comme la comprend M. de Cosnac, mérite toujours à mon sens les remerciements de la critique, surtout quand les documents sont mis en aussi grande abondance sous les yeux mêmes du lecteur, et que l'auteur le fait ainsi pleinement profiter de ses découvertes. La récompense de cet amour de la recherche et de ce soin consciencieux, c'est qu'on ne pourra plus travailler sur la Fronde, je dis sérieusement et honnêtement, sans se servir du livre de M. de Cosnac et sans le citer. »....

12 juillet 1872.

« Il y a en lui (M. de Cosnac) un artiste au service d'un érudit pour illustrer ses recherches et les rendres agréables aux gens du goût et aux hommes du monde. Ce mot d'artiste exprime bien ma pensée ; l'auteur des *Souvenirs* me paraît un habile distributeur de scènes et de personnages, d'ombre et de lumière, et de couleurs. Il ne veut pas seulement faire comprendre, il veut faire voir ce qu'il. raconte ; il s'adresse à l'imagination en même temps qu'à l'intelligence. »....

TABLE DES MATIÈRES

CHAPITRE XXIX.

Retour aux événements de Paris et de ses alentours. — Faveurs répandues par le cardinal Mazarin. — Ses tentatives de négociations avec le duc de Lorraine. — Un gentilhomme du duc de Lorraine dépouillé aux portes de Paris. — Le duc de Lorraine se range décidément au parti des princes. — La Fronde revient à l'espérance et à la joie. — Passages d'une lettre de Marigny. — Maladie du prince de Condé. — Ses illusions. — Marche stratégique du maréchal de Turenne. — Lettre inédite du maréchal à Le Tellier, du 27 août. — Le maréchal de Turenne modifie son plan de campagne. — Lettre inédite du maréchal à Le Tellier, du 31 août. — Ordre de la cour au maréchal de Turenne basé sur un espoir chimérique. — Le maréchal transgresse les ordres de la cour. — Arrivée à Paris du duc de Lorraine. — Il demande son pardon à Mademoiselle. — Collisions entre les habitants de Paris et les soldats de l'armée des princes. — Commissions délivrées par le duc d'Orléans pour l'organisation de deux régiments volontaires contre le maraudage. — Faute militaire avouée par le maréchal de Turenne. — Le maréchal occupe Villeneuve-Saint-Georges sans pouvoir empêcher la jonction de l'armée du duc de Lorraine avec l'armée des princes. — L'avantage du poste appartient aux armées combinées. — Le prince de Condé juge la temporisation plus avantageuse que l'attaque. — Ses illusions sur ce point. — Confiance du maréchal de Turenne plus affectée que réelle. — Retour du secours envoyé par le prince de Condé à son château de Montrond.......... 1

CHAPITRE XXX.

ÉPISODE.

Caractère particulier du siége de Montrond. — Origines historiques de ce château. — La seigneurie de la ville de Saint-Amand et la seigneurie de Montrond, d'abord distinctes, puis réunies. — Fortifications de Montrond, successivement augmentées et perfectionnées par Sully et le prince de Condé. — Description du château au moment du siége. — Le marquis de Persan, gouverneur de la place. — Le comte de Palluau, général des troupes assiégeantes. — Prise de Saint-Amand. — Exactions commises dans le Berry par les deux partis. — Guy de Léans, sieur de Zereaux, dit Desheraut, ses déprédations, ses violences, ses aventures. — Prise de divers châteaux par les troupes royales. — Tristes particularités de la guerre dans les campagnes. — Lenteur du siége de Montrond. — Lettre inédite du 1er mai de l'intendant Le Tellier au ministre Le Tellier. — Réflexions sur cette lettre. — Lettre inédite du 4 mai du comte de Palluau au ministre Le Tellier. — Sarcasmes au sujet des lenteurs du comte de Palluau. — La Cour assigne un délai pour la prise de Montrond. — Lettre inédite du 20 juillet du comte de Palluau au ministre Le Tellier. — Le duc d'Angoulême prisonnier dans le camp royal. — Aperçu de la Fronde en Provence. — Claude Biet, maire de Bourges, enfermé dans le château de Montrond avec d'autres prisonniers. — Il est menacé d'être pendu. — Le comte de Palluau rejette sur l'intendant la responsabilité des lenteurs du siége. — Lettre inédite du 30 juillet du comte de Palluau au ministre Le Tellier. — La Cour assigne un nouveau délai, après lequel le siége doit être levé. — Refus du comte de Palluau d'obtempérer à ces ordres. — Progrès du siége. — Lettre inédite du 7 août du comte de Palluau au ministre Le Tellier. — Marche du siége retracé d'après un plan authentique inédit. — Lettre inédite du 21 août du comte de Palluau à Le Tellier. — Capitulation conditionnelle de Montrond, signée le 22 août. — Lettre inédite du 22 août du comte Bussy-Rabutin à Le Tellier. — Le maire de Bourges mis en liberté sous condition. — Secours de Montrond tenté par Briord, soutenu par les marquis de Lévis, de Coligny, de Valançay, de Saint-Geran. — Contre-secours conduit par le vicomte de Montbas. — Rencontre sanglante entre les habitants de Châteauroux et d'Issoudun. — Le tocsin sonne dans tout le Berry. — Briord tente une charge infructueuse de cavalerie; sa retraite. — Rapport inédit du dernier août du comte de Palluau au ministre Le Tellier. — Le comte de Persan rend le château de Montrond. — Le comte de Palluau nommé maréchal de France. — Ordre de raser Montrond. — Démarches et menaces du prince de Condé pour empêcher cette destruction. — Lettre inédite du 9 septembre du roi au maréchal de Turenne. — Lettre inédite du 10 septembre du comte de Palluau au prince de Condé. — Note inédite de Lenet sur la valeur de Montrond et sur l'armement du château. — Ordre de destruction maintenu; douze milliers de poudre font sauter les fortifications. — Visite des ruines de Montrond par l'auteur de ces *Souvenirs*.................... 24

CHAPITRE XXXI.

Le fil des négociations avec la cour échappe aux princes par la méfiance du parlement, de la bourgeoisie et du peuple. — Députation du clergé conduite au roi par le cardinal de Retz. — Échec de cette tentative. — Lettre inédite, du 13 septembre, du roi au cardinal Mazarin, lui reprochant d'être sorti de France sans ordres. — Lettre inédite, du 19 septembre, du roi au Chapitre de Liége, contenant des reproches de son mauvais accueil au cardinal Mazarin. — Réponse inédite du Chapitre. — Le cardinal Mazarin échappe à une embuscade des troupes espagnoles et revient à Sedan. — Missive inédite, du 18 septembre, du roi au maréchal de L'Hôpital. — Perte de Dunkerque. — Organisation des manifestations royalistes à Paris. — Assemblée de la bourgeoisie au Palais-Royal. — Le signe du papier arboré aux chapeaux en opposition au signe de la paille. — Rechute de la maladie du prince de Condé. — Divers incidents de la guerre. Le maréchal de Turenne quitte par surprise son camp de Villeneuve-Saint-Georges. — Colère du prince de Condé. — Réception par le roi de la députation des six corps des marchands. — Un singulier trophée conquis par le duc d'Orléans. — Mort de Chavigny. — Le prince de Condé quitte Paris. — Réception par le roi de la députation de la garde bourgeoise. — Dépêche inédite du 19 octobre du roi au duc de Mercœur pour retenir le nonce du pape en Provence. — Rentrée du roi à Paris le 24 octobre ; récit de la *Gazette*. — Réflexions sur la valeur des acclamations populaires.. 111

CHAPITRE XXXII.

Ordre royal à La Louvière de remettre le commandement de la Bastille. — Ordre royal au duc d'Orléans de quitter Paris. — Déclaration d'amnistie. — Le duc d'Orléans se retire à Blois. — Mlle de Montpensier erre à l'aventure et se retire à Saint-Fargeau. — Le roi écrit à Mademoiselle. — Lettre inédite du 11 novembre 1652 de cette princesse à Le Tellier. — Exil de la duchesse de Montbazon. — Mort de Mlle de Chevreuse. — Plan de campagne du maréchal de Turenne contre les armées du prince de Condé et du duc de Lorraine. — Lettres inédites du maréchal de Turenne à Le Tellier des 26, 27 et 29 octobre 1652. — Révélation inédite des causes du retour différé du cardinal Mazarin. — Impatience du cardinal à l'occasion des retards apportés à renforcer l'armée royale. — Sa lettre inédite du 5 novembre 1652 à Le Tellier. — Réflexions suggérées par cette lettre. — Le levier puissant des faveurs. — Passion de la bourgeoisie pour les titres nobiliaires. — Un type nouveau : le bourgeois courtisan. — Lettre inédite du duc de Gueldres, comte d'Egmont, au roi, du 7 novembre 1652. — Lettre inédite du roi au comte de Broglie, du 12 décembre 1652. — Opérations militaires du maréchal de Turenne et du prince de Condé. — Prise de

Château-Porcien, de Réthel et de Mouzon par le prince de Condé. — Deux lettres inédites du maréchal de Turenne à Le Tellier, du 9 et 12 novembre 1652. — Prise de Sainte-Menehould par le prince de Condé. — Les troupes du duc d'Orléans quittent l'armée du prince de Condé. — Ravages commis par ce prince. — Lit de justice tenu contre le prince de Condé. — Il est, ainsi que son frère, déclaré déchu de ses dignités et de ses biens. — Le prince de Condé déclaré généralissime de l'armée espagnole. — Les rentiers mécontents font à Paris des manifestations. — Remise aux locataires de deux termes de loyer. — Lettre inédite du maréchal de Turenne à Le Tellier, du 20 novembre 1652. — Prise de Bar-le-Duc par le prince de Condé. — Le cardinal Mazarin arrive à Châlons-sur-Marne. — Lettre inédite du comte de Broglie à Le Tellier, du 26 novembre 1652. — Le cardinal Mazarin refuse de recevoir la visite du duc de La Rochefoucauld. — Le cardinal Mazarin se rend à l'armée. — Il y concilie des rivalités de commandement. — Le maréchal de Turenne prend résolûment l'offensive. — Le prince de Condé bat en retraite. — Le comte de Tavannes quitte le prince de Condé. — Prise de Ligny et de Bar-le-Duc par le maréchal de Turenne. — Un acte d'indiscipline de l'armée du prince de Condé l'empêche de secourir Bar-le-Duc. — Prise de Château-Porcien et de Vervins par l'armée royale. — Le maréchal de Turenne renonce à assiéger Sainte-Menehould. — Les armées prennent leurs quartiers d'hiver. — Mort du duc de Wurtemberg. — Le véritable obstacle qui diffère la rentrée à Paris du cardinal Mazarin, dévoilé. — Étude de trois combinaisons pour se défaire du cardinal de Retz. — Son arrestation. — Protestations du clergé de Paris et de la cour de Rome. — Le nonce repart sans avoir rempli sa mission. — Rentrée à Paris du cardinal Mazarin.............. 147

CHAPITRE XXXIII.

ÉPISODE

Commissions envoyées par le duc d'Orléans pour lever des impôts dans les provinces. — Aspect pittoresque de la ville d'Uzerche. — Aperçu de son ancienne histoire. — Siége d'Uzerche par les Sarrasins. — Destruction d'Uzerche par les Normands. — Son monastère. — Visite du pape Urbain II. — L'anti-pape Bourdin. — Éléonore d'Aquitaine et Richard Cœur-de-Lion à Uzerche. — Le troubadour Gaucelme Faydit. — Uzerche refuse de reconnaître le traité de Brétigny et repousse les Anglais. — Les armoiries de la ville d'Uzerche à trois époques. — La sénéchaussée d'Uzerche; ses vicissitudes. — Louis XI à Uzerche. — Les sénéchaussées, les bailliages et les présidiaux. — Rétablissement de la sénéchaussée d'Uzerche par Henri III. — Le duc d'Épernon et le comte de Scomberg accourant, l'un pour prendre, l'autre pour défendre Uzerche. — Mission du comte de Bonneval pour lever une imposition sur la ville d'Uzerche. — Particularités sur sa maison. — Sa lettre aux Consuls, 16 juillet 1652. — Vieilles rancunes entre la ville d'Uzerche et la maison de Bonneval datant des états généraux de 1614. — L'archevêque de Bourges, gouverneur du Limousin. — Particularités sur la maison de Lévis. — L'archevêque de Bourges chargé d'assurer l'exécution de l'ordonnance royale transférant à Limoges le parlement de Bordeaux. — Lettre du roi à l'archevêque, 9 avril 1652. — L'archevêque accourt avec des troupes au secours d'Uzerche menacé par le comte de Bonneval. — Son entrée à Uzerche. — Comparaison avec d'autres entrées. — Mécontentement du marquis de Pompadour, lieutenant général de la province, contre l'archevêque de Bourges. — Sa lettre à Le Tellier, 19 juillet. — Particularités sur la maison de Pompadour. — Préparatifs de l'archevêque de Bourges pour assiéger Blanchefort, château du comte de Bonneval. — Sa lettre à Le Tellier, 19 juillet. — Description actuelle du château de Blanchefort. — Capitulation du château, 20 juillet. — Traité conclu, 23 juillet. — Lettre inédite de l'archevêque de Bourges à Le Tellier, Tulle, 25 juillet. — Autre lettre inédite de l'archevêque au ministre, Ussel, 30 juillet. — Dernière lettre inédite de l'archevêque au ministre, Ussel, 6 août. — Conclusion du différend entre l'archevêque de Bourges et le marquis de Pompadour. — L'archevêque de Bourges se démet de sa charge de gouverneur du Limousin. — Le maréchal de Turenne lui succède dans ce gouvernement......... ... 209

CHAPITRE XXXIV.

Retour aux événements de Bordeaux et de la Guyenne. — Nécessité de la résidence à Bordeaux du prince de Conti. — Sa petite cour ; ses favoris. — Maladie de ce prince. — Daniel de Cosnac ranime dans son cœur les sentiments de piété. — Il gagne son affection. — Lettre inédite, du 30 juin, de don Louis de Haro au prince de Conti sur son chapeau de cardinal. — Les bonnes dispositions du prince disparaissent avec la maladie. — Billet inédit du prince de Conti à Lenet. — Lettre inédite de Lenet au prince de Condé, du 1er juillet. — L'Ormée reprend son ascendant ; nouvelle de la Gazette. — Lettre inédite de Lenet à Saint-Agoulin, du 5 juillet. — Divergence de politique entre les princes de Condé et de Conti. — Lettre inédite du prince de Condé à Villars, l'un des chefs de l'Ormée. — Fragments d'une lettre inédite de Lenet au prince de Condé, du 15 juillet. — Le prince de Condé se range à la politique du prince de Conti. — Lettre inédite de Lenet au prince de Condé, du 18 juillet. — Alliance de la France avec le Portugal. — Procédés du comte du Dognon. — Lettre inédite, du 24 juillet, du prince de Condé à Lenet, lui ordonnant de satisfaire le comte du Dognon dans toutes ses prétentions............................ 273

CHAPITRE XXXV.

Influence des troubles politiques sur la santé publique. — Presque tous les chefs de la Fronde sont atteints de maladies. — L'Ormée s'assouplit dans la main des princes. — Rapport inédit de Lenet, au prince de Condé, du 29 juillet. — L'Ormée dominée d'autorité. — Succès obtenu pour l'élection des Jurats. — Dépêche inédite de Lenet au prince de Condé, du 8 août. — Brouillerie de Marigny avec Sarrasin. — Le prince de Condé et la duchesse de Longueville prennent parti dans ce différend. — Deux lettres de Marigny à Lenet sur ce sujet. — L'animosité des deux Frondes du parlement de Bordeaux se réveille. — Arrêt d'adhésion du parlement de Bordeaux à l'arrêt du parlement de Paris instituant la lieutenance générale du royaume. — Dépêche inédite de Lenet au prince de Condé, du 12 août. — Lettre inédite du prince de Condé à Lenet, du 19 août. — Refus d'adhésion du parlement de Toulouse aux arrêts de Paris et de Bordeaux. — Tentative de transfèrement du parlement de Bordeaux à Dax. — Le président Pichon menacé et rançonné. — Brouillerie entre le comte de Marsin et le colonel Balthazar. — Lettre inédite à ce sujet du comte de Marsin à Lenet, du 18 août. — Appréciation générale de la situation............. 327

CHAPITRE XXXVI.

Opérations maritimes de la guerre de la Fronde. — Le comte du Dognon et la place de Brouage. — Préparatifs du siège de cette place. — Projet d'une diversion en assiégeant Blaye. — Croisières du comte du Dognon ; ses prises. — Trois vaisseaux de guerre hollandais occupent l'embouchure de la Charente. — L'île d'Oléron occupée par M. de Polastron. — Nouvelles incursions du comte du Dognon. — Son espionnage organisé. — Équipement de la flotte royale dans les ports de Bretagne. — Adjonctions de vaisseaux étrangers. — Aventure de la reine Christine tombant à la mer. — La flotte royale, sous les ordres du duc de Vendôme, met à la voile de Brest pour les côtes de la Saintonge. — Elle se renforce sur sa route. — Son effectif. — Le comte du Dognon rallie avec son escadre la flotte espagnole. — Effectif de leurs forces réunies. — Grande bataille navale. — La flotte espagnole est vaincue ; le comte du Dognon se retire avant la fin du combat. — Dépêches inédites, du 12 et du 15 août, de Lenet au prince de Condé. — Conséquences de cette victoire. — Petite expédition maritime couronnée de succès. — Restitution d'un navire hollandais ; lettre inédite de remercîments, du 20 août, des états généraux des Provinces unies des Pays-Bas, au prince de Conti. — Bordeaux menacé. — Inintelligente opposition de l'Ormée, dans l'intérêt de sa cause, aux fortifications de l'île de Casau. —

La diversion du siége de Dunkerque sauve la flotte espagnole et Bordeaux. — La flotte de France cingle vers le nord pour secourir Dunkerque. — Le duc de Vendôme se rend à la cour. — Le commandeur de Neuchaise le remplace. — Guerre maritime entre l'Angleterre et la Hollande. — Tentatives du prince de Condé pour obtenir l'alliance de Cromwel. — La flotte de France, traîtreusement surprise par la flotte d'Angleterre, est vaincue et dispersée. — Capitulation de Dunkerque. — Impopularité des Espagnols à Bordeaux. — Les Ormistes menacent le baron de Vatteville de le jeter à la rivière. — Traité de neutralité des villes de Rions et de Cadillac. — Quatre vaisseaux bordelais attaquent à Royan des navires de commerce. — Abandon du siége de Brouage. — Ordre au marquis du Plessis-Bellière de se rendre en Catalogne...................................... 367

CHAPITRE XXXVII.

Attitude du marquis de Montausier dans son gouvernement d'Angoulême. — Prudence du chevalier de Folleville. — Défection du marquis d'Aubeterre. — La maison d'Aubeterre; ses alliances. — Lettre inédite de Julie d'Angennes, marquise de Montausier, du 6 août. — Traité du marquis d'Aubeterre avec le prince de Conti. — Tentatives pour faire révoquer l'ordre de départ pour la Catalogne donné au marquis du Plessis-Bellière. — Lettre inédite de l'abbé de Guron de Rechignevoisin et de Brachet à Le Tellier, du 26 août. — Lettre inédite du marquis de Montausier à Le Tellier, du 29 août. — Le marquis du Plessis-Bellière et le chevalier de Folleville reprennent possession du château et de la ville d'Aubeterre. — Le marquis du Plessis-Bellière continue sa route pour se rendre en Catalogne....... 403

CHAPITRE XXXVIII.

ÉPISODE.

Le duc de Guise. — Motifs de l'importance attachée par le prince de Condé à sa liberté. — Quel était ce singulier personnage? — Ses nombreuses passions plus ou moins conjugales. — Son voyage à Rome. — Sa tentative pour mettre sur sa tête la couronne de Naples.—Sa captivité en Espagne. — Lettre du duc de Guise au prince de Condé, du 11 novembre 1652. — Négociations par l'intermédiaire de Saint-Agoulin pour sa délivrance. — Lettre inédite du duc de Guise au prince de Condé, du 11 mars 1652. — Lettre inédite du roi d'Espagne au prince de Condé, du 10 avril 1652. — Pleins pouvoirs envoyés par le prince de Condé. — Nouvelles hésitations de la politique espagnole. — Lettre inédite du roi d'Espagne au prince de Condé, du 29 juin. — Deux lettres inédites de reconnaissance du duc de Guise au prince de Conti et à Lenet, du 5 juillet. — Impatience du prince de Condé.—Lettre de ce prince à Lenet, du 16 juillet. — Lenet s'imagine que l'offense commise par le comte de Rieux peut refroidir le bon vouloir du prince de Condé à l'égard du duc de Guise. — Lettre inédite de remercîments du prince de Condé à don Louis de Haro, 16 juillet. — Échange de présents. — Lettre inédite de remercîments de Françoise de Lorraine, abbesse de Montmartre, à Lenet. — Arrivée du duc de Guise dans la Gironde. — Article de la *Gazette*. — Traité signé par le duc de Guise, le 31 août 1652. — Condition essentielle imposée. — Dégoût inspiré au duc de Guise par une députation de l'Ormée.—Motifs de l'ingratitude du duc de Guise à l'égard du prince de Condé. — Désir du prince de Condé d'employer les services du duc de Guise en Guyenne ou en Provence. — Le duc de Guise fait son accommodement avec la cour. — Suite de ses excentricités conjugales. — Sa désagréable rencontre avec la comtesse de Bossu. — Infidélité du duc de Guise à ses engagements vis-à-vis de l'Espagne. — Le duc de Guise qualifié de *héros de la fable*. — Il poursuit vainement jusqu'à la fin de sa vie la cassation de son mariage.................. 423

APPENDICE

NOTE PREMIÈRE (pour le ch. xxviii, p. 389 du IIIe vol)..... 453
La Motte Vedel, colonel du régiment de Champagne.

TABLE DES MATIÈRES 489

Note deuxième (pour le ch. xxviii du IIIe vol.).......... 455
Lettre inédite du comte d'Harcourt au marquis de Saint-Abre, 17 août 1852.

Note troisième (pour le ch. xxx).......................... 459
Plan inédit du siége de Montrond, en 1652, tiré des archives du Ministère de la guerre.

Note quatrième (pour le ch. xxxvi).................... 461
Relation de la bataille navale donnée entre les armées de France et d'Espagne sur les mers d'Olléron et de Ré, le 9 aoust 1652, avec l'estat des vaisseaux dont les deux armées étaient composées et les noms des capitaines.

APPRÉCIATIONS DIVERSES SUR LES SOUVENIRS DU RÈGNE DE
LOUIS XIV... 473

ERRATA

Tom. III, page 43, note 2, ligne 1, au lieu de *M. de Ruble*, lisez : *M. de Ribbe*.
— page 78, ligne 7, au lieu de *Marie de Rohan*, lisez : *Anne de Rohan*.
Tom. IV, p. 148, ligne 7, au lieu de *il y aplanit*, lisez : *il y concilie...*
— page 295, note 1, ligne 4, au lieu de *nous n'avons donné...* lisez : *nous en avons donné*.
— page 310, ligne 11, au lieu de *un ordre au régiment de Conty et de Chouppes*, lisez : *aux régiments....*
— page 358, ligne 17, *pour lui prêter, cette frégate*, retranchez la virgule.

CORBEIL. — TYP. ET STÉR. DE CRÉTÉ FILS.

www.ingramcontent.com/pod-product-compliance
Lightning Source LLC
Chambersburg PA
CBHW060232230426
43664CB00011B/1622